Manifeste du cinéaste

Réalisation de films

Dix courts métrages, dont *Fumeurs de charme* (avec Serge Gainsbourg, Bernard Lavilliers, Michael Lonsdale et Picha), *Vroum Vroum* (avec Jean-Paul Comart, Annie Cordy, Michael Lonsdale et Claire Nebout) et *Climax* (avec Loránt Deutsch et Patrick Chesnais).

Trois longs métrages

Regarde-moi, 2001 (avec Mathieu Carrière, Jean-Paul Comart, Carmen Chaplin, Claudio Bigagli et Claire Nebout).

Cinéastes à tout prix, 2004 (documentaire sur trois « Ed Wood » belges : Jacques Hardy, Max Naveaux et Jean-Jacques Rousseau). Sélection officielle au Festival de Cannes.

Hitler à Hollywood, 2010 (avec Maria de Medeiros et Micheline Presle). Prix International de la critique au Festival de Karlovy Vary.

Livres sur le cinéma

Coordination d'une dizaine d'ouvrages sur le cinéma belge, le cinéma européen, le scénario, la direction d'acteur, la production, Luc Besson, les frères Dardenne.

Comme auteur :

La Kermesse héroïque du cinéma belge, préface de Jean A. Gili, 3 volumes, L'Harmattan, 1999.

Main basse sur le film, préface de Bertrand Tavernier, Séguier, 2002.

André Delvaux, le cinéma ou l'art des rencontres, Éditions du Seuil-Archimbaud, 2005.

Luc Besson, un Don Quichotte face à Hollywood ?, Séguier-Archimbaud, coll. « Carré Ciné », 2005.

Arte et le cinéma. Le désir d'autre chose, entretiens avec Michel Reilhac, Séguier-Archimbaud, coll. « Carré Ciné », 2006.

Plaidoyer pour l'avenir du cinéma d'auteur, entretiens avec Michel Reilhac, Klincksieck-Archimbaud, coll. « Essai caméra », 2009.

Pratiques du cinéma, Klincksieck-Archimbaud, coll. « Essai caméra », 2011.

Frédéric Sojcher

Manifeste du cinéaste

Klincksieck

Le *Manifeste du cinéaste* a été publié une première fois aux Éditions du Rocher, en 2006. Il a obtenu le Prix Jean-Jacques Rousseau décerné par l'Académie des sciences, arts et belles lettres de Dijon. Une deuxième édition, revue et corrigée, est parue en 2009. La troisième édition est actualisée et complétée.

Les dix articles du *Manifeste* sont présentés en fin de volume.

Klincksieck, 2011
ISBN 978-2-252-03817-8

À mon père, qui avant d'être écrivain et philosophe, voulait être cinéaste.

« *Quand on rate un film, c'est parce qu'on se ment à soi-même* ».
Pier-Paolo Pasolini

PRÉFACE

Ce que propose Frédéric Sojcher est un parcours approfondi dans la création cinématographique. Les nécessités de maîtriser un art multiple dans tous ses aspects à la fois.

Nous allons donc voyager dans le rêve d'abord, puis avancer scrupuleusement dans toutes ses fonctions matérielles, les dangers, les problèmes de confiance avec les partenaires, les problèmes d'argent et de contact avec les acteurs, les techniciens, l'élaboration pratique et le savoir-faire, tout ce qui est indispensable pour mener à bien ce travail de chef d'orchestre.

Nous abordons les vrais créateurs, et ceux aussi qui font un métier d'argent et de routine.

Vaste sujet que Sojcher décortique avec la question récurrente de préciser ce qu'est un cinéaste véritable.

Le programme peut être très profitable à tous les jeunes et leur apprendre clairement ce qu'ils auront à affronter.

On remercie l'auteur de clarifier, de déblayer le terrain avec le sérieux nécessaire à ce fantastique art où le monde est réinventé, recréé dans toutes ses glorieuses possibilités.

Michael Lonsdale

INTRODUCTION

Écrire sur le cinéma est-il absurde ? Ne vaut-il pas mieux voir les films que de les disséquer ? Quel intérêt d'en comprendre la genèse ?

Penser le cinéma peut-il augmenter ensuite le plaisir à voir les films ? Affirmer cette complémentarité est moins évident qu'il n'y paraît de prime abord. Les critiques de cinéma sont de plus en plus souvent fustigés parce qu'ils ne reflètent pas dans leurs analyses les goûts du public. Or la critique est non seulement essentielle à la démocratie, mais aussi à l'idée même d'émulation artistique. Pas d'art sans jugement. Sans références. Sans débat. Sans légitimation. Sans histoire de l'art. Appréhender le processus de création cinématographique est aussi une manière d'interroger les tensions vertueuses et les effets pervers des rapports entre production et réalisation.

*

« On entend souvent à Hollywood cette formule : "Chacun a deux métiers, le sien et critique de cinéma." C'est vrai et l'on peut, à volonté, s'en réjouir ou s'en plaindre. J'ai choisi depuis longtemps de m'en réjouir, préférant cet état des choses à l'isolement et l'indifférence dans lesquels vivent et travaillent les musiciens et surtout les peintres », écrit François Truffaut. Je croise un ami dans la rue qui me demande quel film je viens de voir et je lui en fais un résumé, accompagné de considérations sur le jeu des acteurs, l'histoire, l'échec ou la réussite de l'entreprise. À conseiller ou à déconseiller. Tous, nous avons déjà formulé ce type de jugement péremptoire. Pourquoi le cinéma prête-t-il le flanc aux jugements de valeur de néophytes plus que n'importe quelle autre forme d'art ? Est-ce, pour reprendre une formule célèbre, parce que « le cinéma substitue à notre regard un monde qui s'accorde à nos désirs ? » Le *Manifeste* interroge le processus par lequel nous nous projetons, nous spectateurs, à travers le regard d'un cinéaste. Comment le cinéma, art à la fois individuel et collectif, arrive à cette prouesse.

*

Les cinéastes sont des conteurs, des griots des temps modernes, les intercesseurs entre le public et le récit qu'une société, à un moment donné, se renvoie. L'imaginaire est porté par un regard singulier et donné en partage. Mais cette rencontre entre cinéma d'auteur et grand public appartient-elle au passé ou est-elle encore possible ?

Il existe un grand nombre de monographies, de biographies ou de livres d'entretiens avec l'un ou l'autre cinéaste, mais curieusement peu d'ouvrages cherchent à définir les questions qui se posent à un cinéaste, pendant les différentes étapes de réalisation d'un film.

Dans la première partie du *Manifeste*, je tente de définir les fonctions et les responsabilités du cinéaste. Je ne veux pas donner de *mode d'emploi*, ni écrire un livre de recettes, mais montrer par quels cheminements chaque cinéaste trouve sa mise en scène et fait face aux contingences qui jalonnent toujours un film.

Dans la deuxième partie du livre, j'interroge les relations entre choix artistiques de mise en scène et contraintes économiques. Aujourd'hui, l'évolution de la télévision et de l'audiovisuel peut remettre en cause le statut du cinéaste. La logique économique et la logique culturelle, si elles ont pu, un temps, se conjuguer de manière complémentaire, tendent de plus en plus à s'exclure, à entrer en antagonisme.

Certains thèmes reviennent, de manière transversale, comme des contrepoints ou des échos. Le rôle du producteur, par exemple, sera évoqué dans le chapitre sur la composition de l'équipe, mais aussi sur le choix du casting ou encore sur les choix de mise en scène, qui ont des conséquences financières.

*

Pour réaliser mon premier long métrage, j'ai rencontré une série d'obstacles, qui m'ont appris autant sur moi-même que sur la dynamique de groupe et le cinéma. Sans les combats artistiques, juridiques et financiers que j'ai dû mener pour terminer le film (une rébellion d'une partie de l'équipe, une interruption des prises de vues et l'acteur principal qui voulait achever le tournage à ma place), je n'aurais sans doute pas cette sensibilité aiguë aux combats du cinéaste. Je me suis juré de tout faire pour ne plus jamais vivre un tel calvaire (et le faire vivre à mon entourage). J'ai réalisé plusieurs autres films, depuis. J'ai retrouvé la joie de tourner. Même s'il y a toujours des problèmes à régler, des imprévus auxquels il faut faire face, des aléas auxquels répondre, cela peut se faire dans une émulation partagée, dans un rapport de confiance, avec la production, avec les acteurs, avec les chefs de poste (image, son, assistant à la réalisation, décors, costumes, scripte, montage, mixage…).

L'immense privilège d'*être cinéaste* ne souffre aucune complainte.

*

Une autre motivation vient de mon parcours d'enseignant de la pratique du cinéma, à la Sorbonne. Combien de fois des étudiants ne sont-ils pas venus me voir à la fin d'un atelier de réalisation pour que je leur donne en référence un ouvrage qui puisse les initier à la mise en scène ?

Si l'on veut comprendre le processus de création cinématographique, il est essentiel de connaître les mécanismes de production, de constitution de l'équipe et la place du cinéaste dans les différentes opérations de fabrication du film. C'est la méconnaissance de ces éléments qui le plus souvent tronque les analyses. Le *Manifeste du cinéaste* part d'exemples vécus, vus, lus ou entendus, qui en disent souvent plus long que n'importe quelle approche formelle. Étudier la « cosmogonie » des films implique un travail d'investigations et de recoupements. Passion et rigueur peuvent se rencontrer.

*

Mon propos n'est pas de prétendre que toute la part créative d'un film repose sur le cinéaste, dont les fonctions et responsabilités peuvent aussi différer d'une personne à l'autre, en fonction de la cinématographie dans laquelle un cinéaste inscrit son parcours (le mode d'organisation d'une équipe, d'un plateau de tournage peuvent varier selon qu'on étudie le cinéma hollywoodien ou le cinéma d'auteur français, par exemple). L'histoire du cinéma peut mettre en perspective la place du cinéaste, qui a évolué avec le temps. Mais ce ne sont pas des analyses de films que je souhaite ici entreprendre : davantage une interrogation ontologique sur le cinéma.

*

Je dois aussi souligner l'ethnocentrisme de ce livre. Les références bibliographiques sont essentiellement françaises. Cette faiblesse congénitale se rencontre dans la plupart des ouvrages sur le cinéma : les citations et réflexions étant souvent cantonnées à un champ géographique, à l'une ou l'autre cinématographie, dans une période donnée. Mes références filmographiques sont majoritairement françaises et américaines, un peu italiennes, un peu allemandes, un peu belges (je suis belge francophone). La question culturelle du rapport entre le spectateur, son pays et le cinéma se pose. Les « petits pays » ont-ils le « droit » de représenter leurs imaginaires, cinématographiquement ?

*

Idéalement, j'aimerais qu'on puisse lire ce livre sans connaître aucun nom des cinéastes mentionnés. J'imagine un extraterrestre qui débarque sur notre planète bleue, tombe sur cet ouvrage et découvre à quel point être cinéaste est romanesque. Plus sérieusement, je désire qu'un lecteur qui ne connaisse rien à l'organisation interne au cinéma, puisse avoir une *petite idée* de ce que vivent les cinéastes… sans référer à une personnalité plutôt qu'à une autre. Pas besoin de connaître l'histoire du cinéma, d'être un cinéphile patenté, pour saisir les clés du théorème. Les citations des cinéastes sont là pour appuyer une démonstration : l'organigramme d'une équipe ne peut souffrir de la déficience d'*un* point de vue, porté par un solitaire auquel le groupe se confie, le temps d'un film. Et cette hiérarchie, d'après moi essentielle, non seulement à l'art mais aussi à la démocratie, est en péril.

*

Nombreux sont les mauvais augures qui depuis cent ans ont périodiquement annoncé la mort du cinéma. Je n'y crois pas, mais ce qui est plus vraisemblable, en revanche, c'est qu'il subisse de nouvelles mutations, tant dans ses contenus narratifs et de mise en scène (dans son rapport au temps, par exemple) que dans ses dispositifs de diffusion. Puisse l'avenir préserver *les* regards *des* cinéastes, dans toutes leurs singularités, et nous préserver d'une vision globalisante qui ne vise qu'au seul divertissement. Étymologiquement, « se divertir » étant « se détourner de soi », je rêve au contraire du cinéma comme d'un appel à la curiosité et à la découverte de l'autre. Sans point de vue personnel à donner en partage, être cinéaste n'a plus de sens : l'auteur-réalisateur se transmute en technicien de la mise en scène. En mercenaire. L'autre danger est que le cinéaste, tel Jean-Luc Godard aujourd'hui, ne fasse plus œuvre que pour un public marginal d'aficionados. Le cinéma, sans un nombre significatif de spectateurs, perd une bonne part de son rapport au monde. Questionner le cinéaste, c'est aussi interroger la place de l'Artiste dans la Cité.

PREMIÈRE PARTIE

La solitude du cinéaste

SCÉNARIO ET RÉALISATION

Le scénario peut-il être comparé à une œuvre littéraire ? À quel point prédétermine-t-il le film ? Le néophyte n'a qu'une perception vague de la création scénaristique. Généralement, la publication d'un scénario n'est pas fidèle au texte initialement écrit par le(s) scénariste(s). Les scénarios édités sont adaptés aux changements opérés par le cinéaste, au tournage ou au montage. Benoît Peeters évoque l'hybridité du scénario : « La première particularité du scénario serait de n'exister qu'en tant qu'ossature – ou qu'embryon – d'un récit destiné à être développé plus tard sous une autre forme. [...] Une métaphore éculée vient immédiatement à l'esprit : celle de la chenille et du papillon. Image qui n'est pas sans justesse à condition de ne jamais oublier que, si la chenille est la cause d'existence du papillon, elle est aussi destinée à être anéantie par ce devenir qu'elle n'a cessé de préparer. »[1] Le scénariste accepte, dès le départ, de travailler sur un objet sur lequel il perdra l'emprise. À l'inverse, le cinéaste apparaît comme celui qui doit prendre possession du scénario pour, si possible, l'amener plus loin, le transformer de l'état de papier à celui de lumières et de sons, de rythme et de cadrages, d'acteurs dont il assume la coordination.

Un scénario seul n'a pas de sens et que peu d'intérêt. C'est par la transmutation du scénario en film que la forme prend corps. Le scénario est le squelette du film. La mise en scène ce qui lui porte vie, sa chair.

« La mise en scène au cinéma doit cesser de simplement illustrer »[2], écrit Andrei Tarkovski.

1. Benoît Peeters, « Une pratique insituable », in *Autour du scénario*, ouvrage collectif dirigé par Benoît Peeters, Bruxelles, Éditions de l'Université de Bruxelles, 1986, p. 5 et 6.
2. Andrei Tarkovski, *Le Temps scellé*, Paris, Cahiers du cinéma, coll. « Petite bibliothèque des Cahiers du cinéma », 2004, p. 31 (première édition : 1989).

Mettre en scène ne se réduit pas à mettre en images un scénario. Un scénariste digne de ce nom ne peut se satisfaire d'un tel nivellement. Le cinéaste, virtuose de la métamorphose. L'alchimie renvoie à l'idée occulte d'un savoir secret, toujours à percer.

*

Une frontière existe entre scénario et mise en scène. Il ne faut pas confondre continuité dialoguée et découpage technique ; scénario et *story board*. Le scénario se compose de l'exposé des dialogues et de la description de tout ce qui doit être perceptible à l'image : comment on passe d'un lieu à l'autre, sans entrer dans les détails de la prise de vues. Le découpage technique, lui, part du scénario pour y apporter des précisions de grosseurs de plans, de mouvements de caméra. Il appartient à la mise en scène. Tous les cinéastes ne souhaitent d'ailleurs pas indiquer leur découpage technique par écrit : certains préfèrent décider sur le plateau du positionnement de la caméra, du point de vue sur la scène à tourner. Le choix des cadrages peut s'adapter au jeu des acteurs, certains cinéastes trouvent *pendant* le tournage une vérité ontologique au film. À l'inverse, d'autres cinéastes, obsessionnels de l'image, désirent prévoir exactement à l'avance les positionnements de la caméra dans le décor. C'est pourquoi ils rédigent (ou font rédiger d'après leurs indications) un *story board*, sorte de bande-dessinée qui indique les plans à tourner.

*

Différents malentendus subsistent à propos de la « politique des auteurs », de la place du scénariste et du cinéaste pour les tenants de la Nouvelle Vague. On peut encore lire aujourd'hui sous la plume de pourfendeurs du mouvement, tel Jean Cluzel, ancien sénateur et membre de l'Institut (Académie des sciences morales et politiques) : « Depuis la Nouvelle Vague, le scénario est devenu le parent pauvre et méprisé du cinéma français. [...] C'était l'époque où Truffaut déclarait le scénariste *persona non grata*. »[3] Cette vision est d'autant plus fausse que la plupart des cinéastes de la Nouvelle Vague ont travaillé avec des scénaristes : Chabrol avec Paul Gégauff, Truffaut avec Jean Gruault...

3. Jean Cluzel, *Propos impertinents sur le cinéma français*, Paris, Presses Universitaires de France, 2003, p. 44.

L'idée que le cinéaste était l'auteur principal du film amena certes les leaders de la Nouvelle Vague à co-signer le scénario de leurs films, à en être à l'origine, à en superviser l'écriture, mais en aucun cas à nier l'importance du scénariste. Francis Vanoye établit avec justesse deux approches possibles du scénario. La première – *le scénario programme* – « organise des péripéties en une structure prête à être tournée » et la deuxième – *le scénario dispositif*, qui est « ouvert aux aléas du tournage, aux rencontres, aux idées de l'auteur surgissant dans l'ici et le maintenant »[4]. Au lieu de le mépriser ou de renoncer au scénario, ce sont d'autres formes d'écriture et de rapport à la mise en scène que la Nouvelle Vague propose.

Le quiproquo autour de la Nouvelle Vague vient aussi d'un célèbre article de Truffaut, « Une certaine tendance du cinéma français », publié en 1954 dans les *Cahiers du cinéma*. Truffaut fustige un cinéma d'adaptations de grandes œuvres littéraires pour l'écran. Il s'en prend particulièrement violemment à un couple de scénaristes écrivant les scénarios des plus grandes productions françaises de l'époque : Jean Aurenche et Pierre Bost. La critique porte sur le procédé dit des « équivalences », qui consiste à « trahir » l'œuvre d'origine en l'adaptant pour le cinéma à travers des scènes et des dialogues du propre cru des scénaristes. Ils insufflaient dans leurs adaptations leur propre idéologie anticléricale et antibourgeoise, sans qu'il y ait forcément de rapport avec le propos d'origine. Truffaut attaque un « cinéma de scénaristes » n'osant passer derrière la caméra de peur de donner à voir leurs idées (s'arc-boutant derrière l'alibi de l'adaptation) – un cinéma de « littérateurs » ne pouvant qu'alimenter l'académisme. Pourtant, d'après Bertrand Tavernier, quand on relit l'article de Truffaut, « on s'aperçoit que toutes les attaques qui sont faites contre Aurenche et Bost devraient être portées le plus souvent contre les réalisateurs qui ont filmé leurs scénarios. Truffaut se trompe de cible. Les défauts de certains des films, et quelquefois aussi les qualités, sont imputables à la réalisation »[5]. L'analyse de Tavernier éclaire le débat sous un nouveau jour : les fai-

4. Francis Vanoye, *Scénarios modèles, modèles de scénario*, Paris, Éditions Nathan, 1991.
5. Bertrand Tavernier, entretien donné pour le film *Portraits volés*, documentaire sur François Truffaut de Serge Toubiana et Michel Pascal, 1992.

blesses d'un « cinéma de scénaristes » sont-elles imputables aux auteurs des scénarios ou au manque de transcendance de la mise en scène ?

*

Pour essayer de comprendre ce qu'est la mise en scène, on peut aussi interroger les films qui *a priori* n'ont « rien de cinématographique » – je pense à ces films qualifiés de théâtraux, qui semblent n'être que les enregistrements de dialogues ou de numéros d'acteurs. Deux cinéastes en particulier furent l'objet de tels sarcasmes : Sacha Guitry et Marcel Pagnol. Tous deux ont écrit des pièces de théâtre avant de passer derrière la caméra. Tous deux ont été méprisés par la majorité de la critique contemporaine de leurs films. Tous deux ont été admirés par les tenants de la Nouvelle Vague, réhabilités par les *Cahiers du cinéma*. La « politique des auteurs » privilégiant le cinéaste homme-orchestre, (co)-scénariste et éventuellement aussi producteur de ses films, ne suffit pas à expliquer cet engouement. Dans un texte célèbre sur le rapport entre théâtre et cinéma, André Bazin indique « ce qu'on peut considérer comme l'hérésie majeure du théâtre filmé : le souci de "faire cinéma" »[6]. N'est-ce pas là une autre forme d'accusation du système des équivalences : la transposition étant la fausse bonne idée, la dramaturgie et la mise en scène ne pouvant se contenter de ce pis-aller ?

Dans une préface qu'il écrit pour un livre sur Guitry, Truffaut explique ce qui appartient, d'après lui, au régime de la cohérence cinématographique. Il commence par citer deux exemples d'adaptations d'après deux pièces de Guitry : la première, *Le Blanc et le Noir* (1930), est mise en scène par Robert Florey ; la deuxième, *Faisons un rêve* (1936), est réalisée par Guitry lui-même. Or, dit Truffaut : « Il suffit de comparer aujourd'hui *Le Blanc et le Noir* à *Faisons un rêve* pour constater que si le premier réussit à faire oublier son origine théâtrale c'est au prix d'une perte totale de rythme ; entre chaque réplique, les personnages traversent d'immenses décors, on change d'endroit sans arrêt et sans raison, on n'écoute plus le dialogue. [...] Par contre, *Faisons un rêve* qui fut tourné [...] comme une *pièce filmée*, reste aussi vif, aussi drôle qu'au moment de sa sortie – c'est un film qui a trouvé

6. André Bazin, « Théâtre et cinéma », in *Esprit*, juin 1951. Texte repris dans le recueil d'articles *Qu'est-ce que le cinéma ?*, Paris, Éditions du Cerf, 1975, p. 139.

sa forme adéquate. » Truffaut prône-t-il pour autant l'épure du découpage comme principale vertu ? « Je prétends seulement que les décisions simplificatrices de Sacha Guitry donnaient à ses films une forme nette, pure et décisive. »[7] Plus que des démonstrations de mise en scène par de brillants mouvements de caméra, c'est « la vérité du film » qui prime sur toute autre considération, et cette vérité est toujours à trouver, film par film, cinéaste par cinéaste. La défense de Guitry par Truffaut est aussi en rapport avec cette idée que la technique n'est pas une fin en soi, qu'elle doit se mettre au service de l'œuvre, et non l'inverse. Les anecdotes rapportées par Truffaut sur les décisions prises par Guitry sur un plateau face au « conformisme » de l'équipe se lisent avec saveur... même si Truffaut dit lui-même ne pas savoir s'il s'agit de légende ou si elles sont authentiques : « À un chef opérateur qui lui propose un jour de commencer une scène en pointant la caméra vers un lustre puis en la faisant descendre vers la table, Sacha répond : *"Mais, mon cher ami, le lustre n'a pas de dialogue !"* À un assistant réalisateur qui lui propose d'installer un travelling de trente mètres, Sacha refuse : *"Certainement pas : le travelling, c'est le cinéma des autres"*. » Si on se contente d'analyser le découpage des films de Guitry, il n'y a pas grand-chose à dire. Alors, pourquoi ses films sont-ils uniques ? Parce qu'il y a le jeu si particulier de Guitry-acteur, parce qu'il domine à tel point son univers, son sens des répliques et de la répartie... qu'il est le seul à pouvoir coordonner et maîtriser son univers avec pertinence. Pour preuve, le ratage des *remakes* des films de Guitry, idée lancée par le producteur Daniel Toscan du Plantier, et qui se sont révélés être à la fois des échecs critiques et commerciaux... bien que réalisés par différents cinéastes. Ce qui sépare le cinéma du théâtre dans les films réalisés par Guitry est à la fois infime et infini. Car les films de Guitry sont empreints d'un « réalisme » totalement absent des représentations théâtrales. Le personnage joué et forgé par Guitry a beau être emphatique, il devient comme le témoin aujourd'hui d'une époque révolue et apparaît paradoxalement comme beaucoup plus « crédible » que le jeu des comédiens dans la majorité des films contemporains

---

7. François Truffaut, « Sacha Guitry, cinéaste », préface au livre de Sacha Guitry, *Le Cinéma et moi*, recueil de textes présentés par André Bernard et Claude Gauteur, Paris, Éditions Ramsay, 1977.

des siens. Derrière chacun de ses films, il y a son regard, son ombre, son empreinte. On peut donc être un grand « auteur » de cinéma sans faire montre de prouesses de mise en scène.

La question se pose de manière différente pour Marcel Pagnol. Avant de devenir cinéaste « à part entière », Pagnol confia l'adaptation cinématographique de certains de ses écrits à d'autres réalisateurs, plus expérimentés. C'est ainsi qu'Alexandre Korda signe la mise en scène de *Marius* (1931), Marc Allégret le film *Fanny* (1932) et enfin Pagnol lui-même le troisième volet de la trilogie, *César* (1936). Le spectateur non averti et peu soucieux de lire le générique des trois films peut ne pas se rendre compte qu'il y a trois réalisateurs différents pour une histoire qui se suit chronologiquement, dans le même cadre et avec les mêmes acteurs. Si cette fois la teneur des films est d'un acabit plus ou moins équivalent, c'est que la patte de Pagnol peut se percevoir dès *Marius*, au-delà du scénario. Pagnol participe non seulement au choix de la distribution des rôles (la plupart des comédiens retenus ont déjà joué la pièce au théâtre), mais co-produit aussi le film (pour *Marius*, avec la Paramount) et enfin assiste de très près au tournage, donnant ses indications. *Marius*, première partie de la trilogie, est tourné en versions multiples (comme cela se faisait à l'époque du début du cinéma parlant, il y avait parfois à partir d'un même scénario plusieurs tournages successifs en plusieurs langues et avec d'autres interprètes). Pagnol est officiellement superviseur de la « version française » et délaisse à d'autres le soin de veiller au bon aboutissement des versions allemande et suédoise… Seule la version française a connu un véritable succès. Comme le précise Jacques Lourcelles, la Paramount refusant de produire le deuxième épisode de la trilogie « sous prétexte que les suites ne marchent jamais », Pagnol produit *Fanny* avec sa seule société. De nombreux témoignages attestent de la volonté de Pagnol de maîtriser l'outil cinématographique, non pour transformer ses pièces de théâtre, mais pour en assurer la pérennité. Avant de s'introniser cinéaste, Pagnol veut avoir compris comment les prises de vues et, de manière plus générale, le cinéma fonctionnent. Il tente très vite d'acquérir le maximum d'indépendance en aménageant des studios de tournage dont il est propriétaire et en contrôlant toutes les étapes de fabrication du film. « Pagnol n'a pas mis longtemps à comprendre que la réussite d'un film dépend pour beaucoup de la qualité et de la cohérence de l'organisation de son tournage ainsi que du degré de contrôle que peut exercer sur cette organisation le réalisateur. »[8] Ce qui différencie Pagnol de Selznick ou d'autres « moguls » hollywoodiens, c'est qu'il assume tant l'origine que la création inhérente à ses films (il n'écrit pas des scénarios de commande). Il est davantage, sinon tout autant, créateur que producteur. Son désir de mise en scène minimaliste peut plus facilement se décliner en faisant, au départ, appel à des réalisateurs-exécutants, en réalité au service de sa vision. Bazin consacre un article au « cas Pagnol » et à ce qui distingue ses films des pièces de théâtre. Pour Bazin, la réussite cinématographique de Pagnol tient d'abord à son ancrage régional. « L'accent ne constitue pas, chez Pagnol, un accessoire pittoresque, une note de couleur locale, il est consubstantiel au texte et, par là, aux personnages. Ses héros le possèdent comme d'autres ont la peau noire. L'accent est la matière même de leur langage, son réalisme. Ainsi le cinéma de Pagnol est-il tout le contraire de théâtral, il s'insère par l'intermédiaire du verbe dans la spécificité réaliste du film. »[9] Tant Guitry que Pagnol partent d'un projet et d'une habitude littéraire qu'ils transmutent en essence cinématographique sans tenter le jeu des équivalences. Tous deux deviennent « cinéastes de la parole ». Tous deux imposent leur vision, non seulement par le scénario et les dialogues, mais aussi par des choix d'interprétation et une rigueur dont le minimalisme fait la force.

Le « cinéma de la parole » peut se décliner avec richesse et à travers des personnalités très diverses. Un cinéaste comme Jean Eustache fait en grande partie œuvre cinématographique par son usage des mots et de la bande-son (quand Jean-Pierre Léaud écoute dans son intégralité une chanson de Piaf, dans *La Maman et la Putain* – 1973). Dans *Les Photos d'Alix* (1980), le cinéaste établit un décalage entre ce que ses deux acteurs disent et ce que le spectateur voit (une photographe montre ses travaux à un ami et leurs commentaires sur ces photos n'ont petit à petit plus rien à voir avec elles). L'acteur Michael Lonsdale, qui avait interprété le rôle principal dans son film *Une sale histoire* (1977), m'a raconté qu'Eustache avait un projet de réalisation dont

8. Jacques Lourcelles, *Dictionnaire du cinéma, Les Films*, Paris, Éditions Robert Laffont, 1992, article sur le film *César*, p. 225.
9. André Bazin, « Le Cas Pagnol », in *Qu'est-ce que le cinéma ?, op. cit.*, p. 181.

l'entièreté de l'action serait constituée par des conversations téléphoniques entre deux personnages (Lonsdale et Jean-Pierre Sentier). Sont « cinéastes de la parole » tous ceux pour qui les dialogues représentent un enjeu cinématographique qui dépasse le caractère informatif.

*

La plupart des ouvrages sur le scénario dénoncent la propension à utiliser plus qu'il ne faut les dialogues et préconisent de transformer, dès que cela est possible, des mots en actions. Mais ne peut-on pas prétendre, comme Bazin, que la « parole cinématographique existe, sinon d'abord, au moins par et pour elle-même ; c'est l'action qui la prolonge et qui, presque, la dégrade »[10] ? Il y a là deux philosophies opposées du cinéma : une approche ontologique (celle de Bazin) et une autre ne visant qu'à l'*efficacité*.

Le malentendu porte sur *la nature* du dialogue. Claire Vassé l'expose avec pertinence : « L'un des principaux risques est que le dialogue véhicule une trop grande densité d'informations et donne l'impression d'avoir été écrit pour éclairer le spectateur. » Mais : « Une autre manière d'introduire habilement des informations est de jouer sur l'implicite et le sous-entendu. »[11] Comment n'en dire ni trop, ni trop peu. Comment montrer, en évitant les pléonasmes.

*

Les manuels de scénario présupposent (parfois sans l'avouer) que le scénario *domine* la mise en scène. Ainsi les trois coordinateurs d'un ouvrage intitulé *Manuel du scénario américain* précisent-ils dans leur avant-propos : « Même surdoué, un réalisateur n'est jamais qu'un exécutant. »[12] Le scénario serait l'alpha et l'oméga de toute réussite cinématographique. C'est évidemment là une thèse opposée à la « politique des auteurs ». Dans la plupart des ouvrages consacrés au scénario, les références aux films cités en exemples sont symptomatiques d'une certaine vision du cinéma, assez réductrice. Ainsi, Linda Seger, qui se présente comme « la plus célèbre consultante de Hollywood » en scénario, dans

10. *Ibid.*
11. Claire Vassé, *Le Dialogue, du texte écrit à la voix mise en scène*, Paris, Éditions Cahiers du cinéma, coll. « les petits Cahiers », 2003, p. 6.
12. John W. Bloch, William Fadiman et Lois Peyser, *Manuel du scénario américain*, traduit de l'anglais par Benoît Boëlens (titre original : *The Manuel of Screenwriting*, Bruxelles, Éditions CIAM, 1992).

son livre intitulé *Faire d'un bon scénario un scénario formidable*[13], cite abondamment *Les Aventuriers de l'Arche perdue* (1980), *Witness* (1984) ou *Retour vers le futur* (1985), dont elle décompose les structures dramatiques. Je n'ai rien de particulier *contre* ces films, sauf qu'il ne me viendrait jamais à l'esprit de les présenter comme des réussites absolues, des modèles dont il faut s'inspirer. Le malentendu provient sans doute de cette propension qu'ont certains à établir une équivalence entre succès commercial et qualités narratives. Comme si seuls les « bons films » pouvaient atteindre le public. Ou alors, il y a ces ouvrages qui citent abondamment les classiques, pour les soumettre à une grille de lecture strictement scénaristique. Alfred Hitchcock est le cinéaste le plus souvent manipulé de la sorte, ses exégètes s'encombrant peu du fait qu'il ait ou non participé aux scénarios des films qu'ils analysent. Je ne nie pas qu'il y ait des règles, des rouages dramatiques propres au scénario, une dramaturgie fonctionnant sur l'empathie et la projection qu'on peut avoir avec les personnages principaux d'un film... mais je pense que cette *poétique* ne peut se résumer au scénario. Tout livre de recette scénaristique m'apparaît comme éminemment suspect. Si règles il y a, ce sont les exceptions qui m'intéressent. Et cela ne concerne pas pour moi que le cinéma, mais tout un rapport au monde, tout un rapport à l'art, que l'on peut aussi bien avoir comme créateur que comme amateur. Réduire le cinéma au scénario, c'est promouvoir une norme narrative.

Souvent, les films souffrent d'un manque de rigueur dans le travail scénaristique, d'un manque d'exigence dans la narration.

Règles et invention ne sont pas incompatibles. Le scénariste Gilles Taurand parle d'intuition et d'une « relation presque physique à l'écriture »[14].

*

13. Linda Seger, *Faire d'un bon scénario un scénario formidable*, traduit de l'anglais par Brigitte Gauthier, Paris, Éditions Dixit, 2000. Première édition parue au États-Unis sous le titre *Making a Good Script Great*, en 1989.
14. Dialogue entre Jérôme Soubeyrand et Gilles Taurand au Festival de Dieppe, le 2 octobre 2011, à propos des « Enjeux du scénario ». Soubeyrand et Taurand sont d'accord pour dire que quand ils écrivent un scénario ils n'ont pas le souci de respecter à la lettre des règles qui viendraient corseter l'écriture. Si des règles existent, elles sont intéressantes comme outils, pas comme livre de recettes.

Les manuels scénaristiques sont utiles… car il est important de connaître et de comprendre les règles dramaturgiques. Mais il faut éviter une application dogmatique de ces règles, de vouloir les *appliquer* à la lettre. L'un des ouvrages les plus intéressants (et les plus lus) en France sur l'écriture du scénario est *La Dramaturgie*, d'Yves Lavandier[15]. L'auteur y fait une brillante synthèse des textes précédemment parus en anglais sur le sujet et apporte sa propre contribution, à travers de nombreuses analyses de films (sous l'angle du scénario) et des chapitres passionnants comme celui sur l'ironie dramatique. Mais Lavandier commet, d'après moi, l'erreur de réduire le scénario à une table des lois qui seraient similaires au théâtre et dans d'autres formes d'expression, comme la bande-dessinée. En évoquant uniquement le contenu narratif et la construction des intrigues, il oublie les deux spécificités premières du cinéma – la mise en scène et le rapport au réalisme – qui ne se posent pas de la même manière au théâtre. Le cinéma serait l'art par excellence de la *révélation du réel* (même dans les films oniriques ou expressionnistes, il y a un « effet de réalité » que l'on ne trouve pas au théâtre). Pour mieux comprendre ce qui distingue cinéma et théâtre, peut-être faut-il faire appel au jeu de l'acteur. Comme l'indique le comédien Michel Bouquet : « Au théâtre, le spectateur sent, consciemment ou non, que l'acteur est un interprète tandis qu'au cinéma, tout est fait pour qu'il soit confondu avec un personnage. Au cinéma, l'acteur est mythifié et malgré lui, mystifiant. […] Ce qui arrive au personnage, c'est à l'acteur que ça arrive. Greta Garbo c'est la reine Christine. Marlène Dietrich c'est l'impératrice rouge. »[16] Cette incarnation se fait à travers les acteurs, mais aussi les décors et la manière dont ils sont filmés, c'est-à-dire à travers des choix de mise en scène.

Autre symptôme de la différence entre la pièce et le film : les *remakes* cinématographiques. Leurs aboutissements artistiques sont autant liés aux choix de mise en scène qu'au scénario original. Il n'en va pas de même au théâtre, où les pièces classiques bénéficient d'une pérennité, par-delà la mise en scène.

15. Yves Lavandier, *La Dramaturgie*, Éditions Le Clown et l'enfant, 1994 (quatrième édition, 2011).
16. *La Leçon de comédie*, entretiens de Michel Bouquet avec Jean-Jacques Vincensini, Paris, Librairie Séguier-Archimbaud, 1988, p. 96. Texte réédité aux Éditions Klincksieck-Archimbaud, 2010.

*

Lavandier met sur le même plan « les acteurs, le metteur en scène, le directeur artistique, le compositeur, le monteur » qui ne doivent d'après lui n'avoir comme seule « tâche » qu'être les « interprètes » de l'auteur dramatique. Il précise : « le travail de l'auteur dramatique est déjà, en soi, un travail de mise en scène. »[17] Nous avons là une vision qui s'oppose à la modernité cinématographique, qui consiste au contraire à voir dans les opérations de mise en scène le cœur organique du film (Jacques Aumont énumère différents dispositifs de mise en scène : l'apparente passivité chez Renoir pour que « quelque chose advienne », l'ascèse chez Bresson, le piège tendu au réel chez Rivette ou Rossellini ; l'intuition, pour trouver le « moment du risque, de la surprise, de l'inattendu » ou au contraire la maîtrise permettant *la révélation*, ce qui était programmé mais pas encore cristallisé). « Le découpage, comme la mise en scène, est tout sauf une opération technique. Il est une démarche intellectuelle et esthétique. »[18] Le scénario n'est pas l'équivalent d'une partition, pour le musicien. Le film s'écrit aussi *par* la mise en scène. La mise en scène ne peut se réduire à une interprétation. Elle est consubstantielle au film.

Le philosophe Clément Rosset ne dit pas autre chose. Dans ses *Propos sur le cinéma*, il évoque « la multitude de circonstances et même de hasards imprévisibles », sur un tournage. « C'est ici que le cas du cinéma se distingue fondamentalement de toute autre œuvre d'art : il est quelque chose qui s'élabore au moment même où il s'exécute, non quelque chose qui s'exécute après qu'il a été élaboré par un *auteur*, comme un opéra ou une pièce de théâtre. »[19]

*

Attention aux cours de scénario qui omettent d'évoquer les enjeux de la mise en scène, qui font comme si elle n'existait pas.

La mise en scène est, au cinéma davantage qu'au théâtre, une forme de narration, car le cinéma permet des effets de cadrages, de montage, une distorsion du temps et de l'espace.

17. Yves Lavandier, *op. cit.*, p. 20 et 21.
18. Jacques Aumont, *Le Cinéma et la mise en scène*, Paris, Éditions Armand Colin, 2006, p. 119 et 46.
19. Clément Rosset, *Propos sur le cinéma*, Paris, Presses Universitaires de France, coll. « Perspectives critiques », 2001, p. 29.

L'analyse filmique permet de cerner à la fois la narration et les choix formels, mais elle se positionne souvent d'un point de vue critique, en dehors de la création.

*

Une autre manière d'approcher les rapports entre mise en scène et scénario est d'étudier la genèse des films documentaires.

Il peut sembler absurde de vouloir écrire un scénario pour un film qui dépend d'éléments du réel, incontrôlables et inimaginables, avant que le tournage n'ait lieu et les saisisse. Pourtant, pour financer un projet de film, la plupart des documentaristes doivent écrire un synopsis, une note d'intention, un scénario, qu'ils présenteront à un producteur, à une commission d'avance sur recettes, à une chaîne de télévision… Le scénario ne prévoit pas tous les détails de chaque scène, mais peut déjà donner un point de vue sur un sujet. Quelle sera l'approche du cinéaste, ses moyens techniques, son équipe (qui détermineront un dispositif) ?

Les repérages, l'enquête, la documentation sont des étapes déterminantes pour l'écriture d'un scénario de film documentaire. Imprégnation, décantation.

Comment mettre en forme le réel ? Comment rester à la fois ouvert à la découverte du tournage et en même temps procéder à une série de choix préalables à la prise de vues, qui créeront empathie ou distanciation ? Comment éviter le travers du didactisme ? Comment construire ses plans ? Comment assumer un regard ?

Claire Simon commence à tourner, et rédige ensuite, en cours de route, un dossier, avec scénario et note d'intention, comme si elle n'avait pas commencé, encore, sa réalisation (pour avoir accès aux financements). Elle a besoin de tourner, avant de connaître son « scénario », ses partis pris de mise en scène. Construire le film par strates.

Nicolas Philibert s'interroge : « À partir de quel moment, en vertu de quoi peut-on dire d'un documentaire que c'est du cinéma ? » Et le cinéaste de répondre : il faut que le film « dépasse le cadre de son sujet. Que quelque chose le transcende »[20]. Un film ne peut se résumer à son propos. Sinon, autant écrire un livre.

20. Nicolas Philibert, in *Le Banquet imaginaire, réfléchir le cinéma,* dirigé par Jean-Michel Frodon, Paris, Gallimard-L'Exception, 2002, p. 39.

*

Nombreux sont les scénaristes qui ont l'impression de ne pas avoir été compris, dans leurs intentions sous-jacentes, quand ils découvrent le film auquel ils ont participé. Cette insatisfaction a amené certains parmi les plus grands scénaristes (Billy Wilder ou Preston Sturges, par exemple) à passer derrière la caméra, pour pouvoir superviser de bout en bout le récit filmique dont ils sont à l'origine.

Chacun a une inclinaison naturelle à défendre sa propre chapelle, à percevoir son travail sur un film à travers le prisme de sa propre intervention. Ainsi Jean-Paul Török, quand il écrit un livre sur le scénario, fait-il implicitement référence à son expérience de scénariste. « Un scénariste qui passe à la mise en scène a tendance à considérer la réalisation comme un processus d'enregistrement pur et simple du scénario. Et comme la matière résiste et que la "réalisation" n'est jamais à la hauteur du rêve de l'écrivain, il a l'impression de s'épuiser à mettre en images ce qui était tellement plus beau quand il l'imaginait. Et forcément, du fait de toutes les pertes d'énergie au moment du tournage, des défaillances et des accidents matériels, le résultat est décevant. »[21] Sans doute, le scénariste qui passe à la réalisation décrit par Török, n'est-il pas un *vrai* cinéaste. Le *vrai* cinéaste prend à cœur les aléas de la préparation, du tournage, du montage et prend plaisir à faire évoluer son film comme une œuvre vivante, pas comme un enregistrement.

Ce qui différencie le scénariste du cinéaste, ce qui fait que les qualités nécessaires à ces deux fonctions ne sont pas toujours réunies au sein d'une même personne, c'est l'énergie nécessaire à la réalisation d'un film, pour mener une équipe et faire face aux contingences de la production.

Tout cinéaste n'a pas le don du dramaturge. Cela est aussi vrai au théâtre. Le metteur en scène d'une pièce n'en est pas forcément l'auteur.

*

« Le travail du scénariste est le contraire de celui de l'écrivain », écrit la romancière et scénariste, Catherine Rihoit. Écrivain : « un truc d'ermite, un boulot d'autiste [...]. La première qualité du scénariste est de savoir mettre

21. Jean-Paul Török, *Le Scénario*, Paris, Éditions Henri Veyrier, 1988, p. 166.

son ego au frigo. Il est *au service* », poursuit Rihoit. Au service d'un projet qu'il ne sera pas seul à maîtriser. Rares sont les scénarios écrits d'une seule main.

« De même que tout réalisateur rêve du scénariste idéal, qui comme dans les vieux couples le devinerait au quart de tour, tout scénariste rêve du réalisateur idéal, celui qui ferait des films qu'il ne veut ou ne peut pas faire lui-même. »[22]

*

Tavernier : « Un scénariste, pendant le travail, c'est le ministre de l'Opposition, quelqu'un qui vient vous censurer, se bagarrer avec vous, tirer de vous ce que vous n'avez pas forcément envie de donner, votre part secrète. »[23]

Le « bon » scénariste, quand il travaille avec un réalisateur, essaye de savoir quelle est sa « part secrète », les raisons pour lesquelles « cette » histoire l'intéresse. Par quelles voies s'en faire l'interprète. Le « bon » scénariste est doué de psychologie. Il doit à la fois cerner les ressorts dramatiques des personnages du scénario et les motivations qui président à la naissance du film.

Si les vases communicants existent bel et bien entre le scénario et la mise en scène, à un moment donné, ce sont toujours les décisions prises par le cinéaste qui vont une fois pour toutes fixer le film, tel qu'il sera présenté au public. Les rapports qui unissent un scénariste à un cinéaste doivent logiquement privilégier ce dernier, car c'est lui qui sera le maître d'œuvre.

*

Jean-Claude Carrière, quand il donnait des cours de scénario à la FEMIS, amenait ses étudiants au marché à ciel ouvert dans le quartier de l'école, là où se réunissaient deux fois par semaine des marchands de fruits et légumes, des fromagers, bouchers, poissonniers, fripiers… Les étudiants avaient une heure pour observer quelque chose d'étrange ou de singulier qui pourrait ensuite donner matière au début d'une histoire. Un appel à l'imaginaire. Ils devaient

22. Catherine Rihoit, in *L'Art du scénario*, ouvrage collectif coordonné par N. T. Binh, Catherine Rihoit et Frédéric Sojcher, Éditions Klincksieck-Archimbaud, à paraître en 2012.
23. Bertrand Tavernier, entretien avec Michel Ciment, in *Les Leçons de cinéma*, ouvrage collectif coordonné par Antoine de Baecque, Paris, Éditions du Festival de Cannes-Panama, 2007, p. 48.

ensuite, en cours, raconter ce qu'ils avaient observé et les prémisses scénaristiques qui en découlent. *Observer* et *raconter*, c'est ce qui réunit le scénariste et le cinéaste.

Carrière insistait auprès de ses étudiants pour que, dans leur travail préliminaire d'enquête, ils n'hésitent pas à se déplacer, à passer de l'autre côté de l'étal, pour trouver le « bon » point de vue, voir ce que personne d'autre ne voit[24].

*

Certains cinéastes ont une fascination pour l'*imperfection* (le film se découvrant en cours de route). D'autres, le goût obsessionnel de soumettre le film à leurs désirs. L'écrivain peut considérer que son manuscrit est achevé quand il en a écrit la dernière ligne. Le cinéaste commence son film *après* le scénario, et il y a toujours, quoi qu'on en dise, une part d'impondérable qui se glisse dans le voyage.

*

Nicholas Ray : « Le cinéaste est le véritable auteur du film, celui qui en assume toutes les contradictions. » C'est le terme « contradiction » qui me semble important. Un scénario peut être parfait. C'est quand le cinéaste s'empare du scénario et prend toute une série de décisions liées à la mise en scène que l'œuvre prend corps. C'est pourquoi Ray désigne le cinéaste comme « l'artiste-dictateur-planificateur-logisticien-stratège-politicien-arnaqueur »[25]. Quelques-uns au moins de ces qualités et de ces défauts sont nécessaires pour mener à bien un film.

---

24. Jean-Claude Carrière m'a raconté cet exercice pédagogique en me faisant part de l'anecdote suivante. Deux hommes assez gros, des quinquagénaires, auscultaient à chacun des étals la grosseur des pommes de terre. Renseignement pris auprès des commerçants du marché, il s'agissait de Soviétiques dépêchés à Paris pour faire une étude sur la profusion alimentaire dans le monde capitaliste. C'était avant la chute du mur de Berlin.
Je ne sais pas si cette histoire a été inventée par Carrière ou s'il s'agit d'un fait authentique, mais c'est justement ce qu'il y a de merveilleux, chez lui, cet art de conter, qui transcende les frontières entre réel et imaginaire. C'est pourquoi les livres qu'il a écrits sur le scénario ne s'apparentent pas à des manuels ; bien davantage à des fables philosophiques.
25. Nicholas Ray, *Action. Sur la direction d'acteurs*, un ouvrage composé par Susan Ray, traduit par Sylvia Hill et Charles Tatum Jr, Paris, Yellow Now-FEMIS, 1992, p. 68 et 70.

Il faut faire une distinction entre l'auteur et l'interprète. L'auteur crée forme et sens. L'interprète met sa création au service d'une œuvre dont il ne supervise pas tous les éléments.

*

Le cinéaste peut s'emparer d'un scénario dont il n'est pas l'auteur, auquel il n'a pas participé, qui n'a pas été écrit « pour lui ». L'essentiel est qu'il fasse *sien*, le film.

Le malentendu vient des spectateurs qui, après l'avoir vu, racontent l'histoire du film et ne s'attardent pas à sa forme. Ou alors : pour parler d'effets spéciaux, de jeu de tel ou tel acteur. Jamais de l'indicible.

Le spectateur lambda n'a pas conscience des enjeux de la mise en scène.

*

En réaction à la Nouvelle Vague et aux abus auteuristes de quelques cinéastes, on a entendu en France, dès les années 1980, certains « professionnels » prétendre apporter une réponse aux maux du cinéma hexagonal par un nécessaire « retour au scénario ». Cette attitude n'a cessé de prendre de l'ampleur jusqu'à devenir dominante au sein des organes de financement du cinéma. Il est effectivement « plus facile » de lire un scénario que d'extrapoler sur ce que sera le film, de connaître les désirs du cinéaste, ce qui le porte et risque de l'emporter. Disant cela, je fais preuve d'un indécrottable optimisme, tant il est vrai que rares sont ceux qui, pourtant à des postes décisionnels, « savent lire » un scénario. Alors, comment leur demander d'extrapoler la mise en scène ? Autant voter pour l'impossible !

Ce que d'aucuns ont appelé la « crise du scénario » renvoie pourtant au constat, bien réel, du manque de financement affecté, en France et en Europe, aux développements des projets cinématographiques. La part dévolue au scénario est, en pourcentage et en moyenne, beaucoup moins élevée dans l'hexagone qu'aux États-Unis. Le scénariste est un auteur à part entière, qui mérite égards, respect... et salaire conséquent. On ne peut à la fois défendre l'idée que le cinéaste porte son film (et ne peut être démis de ses fonctions, jeté comme un kleenex à la mode des studios hollywoodiens) et admettre la valse des scénaristes, qui voient trop souvent sur un projet leur labeur pillé, transfiguré. La collaboration entre un cinéaste et son (ses) scénariste(s) implique un minimum de loyauté. Honte aux scénaristes qui acceptent de changer les axes narratifs en fonction des demandes de la production, « contre » l'avis du cinéaste. Honte aux cinéastes qui ne défendent pas, bec et ongles, leurs principaux complices de création.

Parfois, le scénariste abandonne le cinéaste en cours de route, parce qu'il est pris par un autre projet, parce qu'il estime ne pas être assez rémunéré par la production. Et le cinéaste se retrouve seul.

*

Les cinéastes, les premiers, devraient se battre pour que les scénaristes avec lesquels ils travaillent soient correctement rémunérés et reconnus pour leur tâche. Mais on peut aussi dire, avec tout autant de justesse, que de nombreux cinéastes travaillent en Europe au développement d'un film… sans être rétribués. Discussion sur le scénario, casting, rencontres avec les co-producteurs, découpage technique, repérages… sont souvent réalisés bénévolement, la production se réservant d'intervenir financièrement quand elle aura la certitude que le projet « se fait ». Si l'on évoque le manque d'investissement dans le développement des films, il faut aussi réclamer une rémunération pour le temps et le travail entrepris par le cinéaste, avant les prises de vues et leur préparation.

Le « Manifeste des scénaristes » rédigé par les représentants de la FSE (Fédération européenne des scénaristes) lors d'une rencontre professionnelle à Thessalonique en 2006[26] est assez inquiétant, car il mélange des revendications légitimes et une ignorance totale des questions de mise en scène, comme si un film pouvait se faire avec un scénario, sans réalisateur. Le mot de mise en scène et la fonction de cinéaste ne sont jamais évoqués dans le « Manifeste », qui procède de la même non-reconnaissance de l'autre, qu'il dénonce… quand cette ignorance concerne les scénaristes. Les points 3 et 5 du « Manifeste » évoquent le rôle du scénariste dans les différentes étapes de production du film,

26. Le « Manifeste des scénaristes » a été rédigé en novembre 2006, il comporte dix points et est consultable sur le site Internet de la FSE. Le fait que le « Manifeste des scénaristes » ait été rédigé quelques mois après la première publication du présent volume, le *Manifeste du cinéaste*, est sans doute le fruit du hasard. On ne peut comparer un texte issu d'une fédération professionnelle et un essai, quels que soient leurs qualités ou défauts respectifs.

sous-entendant que rien ne pourrait être changé à son travail sans son accord… ce qui concrètement signifie que le
réalisateur devient un simple exécutant… et place tant la
production que le metteur en scène dans une position inte-
nable, sur un plateau de tournage.

Le fossé entre les intentions autoproclamées de l'importance du scénario par les producteurs et les instances offi-
cielles et les moyens réellement mis en œuvre pour les
développements des films est abyssal. Jamais l'incompréhension de ce qu'est la mise en scène n'a été à ce point partagée par nombre de producteurs et de décideurs, en matière
de financement cinématographique. Le risque est de perdre
des deux côtés : le scénario ayant tendance à être considéré
comme une « recette » et la mise en scène ignorée.

*

Michel Reilhac, le responsable de l'Unité cinéma à Arte,
met en garde contre un écueil : « Il faut distinguer le travail
nécessaire sur le scénario, qui a été trop longtemps sous-
estimé en France, et le mode de travail sur le scénario, tel
qu'il existe à Hollywood. L'investissement important des
majors américaines dans le développement des films vise
aussi à faire entrer les projets dans un moule. […] Et s'il y a
de l'argent investi dans vingt projets pour n'en faire qu'un
seul, c'est parce qu'il n'y a qu'un seul projet sur vingt qui est
suffisamment trituré, tripatouillé, dans tous les sens, pour
devenir un produit consensuel. Même les soi-disant aspérités, les soi-disant aspects contestataires de ces films-là sont
en fait des aspects consensuels. »[27]

*

« Donnez le même scénario à cinq cinéastes différents,
et vous aurez cinq films différents, même en admettant
qu'ils aient gardé tous le même dialogue »[28]. Cela est-il
également vrai pour les séries télévisées, dont les épisodes
sont réalisés par différents réalisateurs ? Cette question
se pose aujourd'hui avec d'autant plus de pertinence que
certaines séries (américaines, en particulier) disposent de

---

27. In *Plaidoyer pour l'avenir du cinéma d'auteur*, Paris, Éditions
Klincksieck-Archimbaud, coll. « Essai caméra », p. 36 et 37 (deuxième
entretien), 2009.
28. Agnès Varda, dialogue avec Gérard Lefort, in *Les Leçons de cinéma*,
édition établie par Antoine de Baecque, *op. cit.*, p. 131.

participe à l'écriture du film, le plateau de tournage deve-nant un lieu d'expérimentations ? Voilà un concept poten-tiellement dangereux, car il n'y a rien de pire pour une équipe que d'avoir affaire à un cinéaste qui donne l'impres-sion de ne pas savoir ce qu'il veut. Il faut que la machine tourne. Seuls des cinéastes bénéficiant d'un statut d'icône se sont permis, sur certains de leurs films, de tout suspendre, le temps que l'inspiration revienne. Dans une production classique, pareille attitude met en péril la finalité du film. Un cinéaste ne peut concevoir ses films sans connaître les astreintes de la production et du travail en groupe. Le cinéma est un *art sous contrainte*. Le tournage s'étalant sur une durée donnée, tout retard risque d'avoir des consé-quences catastrophiques. Le cinéaste n'a plus le temps de penser sous forme de digressions ou de circonvolutions, sur son plateau : il faut avancer. C'est pourquoi la préparation du film a tant d'importance.

La fascination qu'exerce le cinéma ne tient pas seule-ment aux récits que véhiculent les films. Sans doute tient-elle aussi à ce mariage contre-nature, à ce mélange de l'eau et du feu : ambitions artistiques et financières. Il est du devoir des cinéastes de réfléchir à une adéquation entre moyens de création et de production.

« Faire le plan de travail, c'est faire la mise en scène », disent Luc et Jean-Pierre Dardenne[12]. Logistique et organi-sation du plateau ne sont pas qu'une affaire pragmatique : elles influent sur le cours de la création, donnent ou non une cohérence au tournage… et donc au film.

Composition de l'équipe, nombre de semaines de tour-nage, choix des décors et de l'éclairage, casting plus ou moins rémunéré auront une incidence à l'écran. C'est pour-quoi le cinéaste doit pouvoir peser sur ces choix, autant que la production.

---

12. Propos recueillis par Emmanuel Burdeau, *Cahiers du cinéma* n° 506, octobre 1996, p. 46.

LA BELLE ÉQUIPE

Le cinéaste forme successivement (et parfois aussi simultanément) un « couple » avec plusieurs de ses collaborateurs. Duo entre le cinéaste et le scénariste ; duo entre le cinéaste et le producteur ; duo entre le cinéaste et le chef opérateur ; duo entre le cinéaste et le monteur ; duo entre le cinéaste et le compositeur de la musique du film ; duo entre le cinéaste et le mixeur…

Des relations privilégiées (d'individu à individu).

Le lien au groupe (à l'ensemble de l'équipe).

Selon la manière dont un cinéaste travaille, selon l'étape de la fabrication du film à laquelle on réfère, les apartés ou la dynamique collective priment.

Quelle délégation de pouvoirs, quelles collaborations, quel contrat moral lie le cinéaste aux uns et aux autres ?

*

Les techniciens accompagnent, un temps, le cinéaste dans son cheminement. L'avancée du film dépend d'eux. Le cinéaste s'entoure d'officiers qui le seconderont… et feront que la partie sera ou non emportée. On sait à quel point la défaite de Waterloo tient à la défection d'une composante de l'armée de Napoléon. Si le Maréchal Grouchy était arrivé à temps sur le champ de bataille, le sort de 1815 aurait été tout autre.

Le cinéaste a deux types d'attitude possible. Il peut se montrer autoritaire ou au contraire essayer de prendre des conseils auprès de son équipe, pour ensuite décider d'en tenir compte ou non. Un même homme peut plus ou moins faire confiance à des collaborateurs, s'il a ou non déjà travaillé avec eux, s'il a lui-même suffisamment ou non d'assurance. Car il faut aussi être sûr de soi pour solliciter des avis et ne pas s'égarer dans les opinions données par les uns ou les autres, qui peuvent être contradictoires. La cohérence et la pertinence de la mise en scène dépendront du tri.

« Plus vous encouragez les gens à donner leur avis, plus vous avez des chances de voir survenir de vraies trouvailles », précise Terry Gilliam. « Il faut que vos collaborateurs sentent qu'ils ont suffisamment d'espace pour vraiment contribuer au film. C'est en tout cas ce que souhaitent ceux qui ont du talent. Les mauvais sont très contents de faire exactement ce qu'on leur demande, mais je n'ai pas envie de travailler avec eux. »[1] Il y a non seulement possibilité d'écouter les propositions, mais aussi de les susciter. Certains cinéastes ont le don de provoquer l'envie de fertiliser le film. Je pense à Jean Cocteau et à sa célèbre formule : « Surprends-moi. » Ces cinéastes donnent l'appétence à leur équipe. Phénomène de contagion : quand toutes les énergies se confondent dans une même direction.

*

Claire Denis parle de cette croyance partagée dans le film, qui lie le cinéaste à son équipe. « Il faut faire ce pacte. Que l'on ait de l'argent ou pas pour faire un film, sans ce pacte, cela ne peut pas marcher. Le cinéaste est un démiurge. »[2] L'engagement dans le film irrigue tous ceux qui y participent. « L'équipe d'un film, c'est la famille qu'on s'est choisie », précise de Baecque. « Le tournage d'un film, c'est la *vraie vie*. »[3]

*

Pour Tarkovski, « le plus important et le plus difficile pour un réalisateur est le rapport avec tous les membres de l'équipe. » Il faut « s'en faire de vrais collaborateurs, des alliés. Un principe important est que tout le monde doit participer pleinement à la création, qu'il n'y ait aucune passivité, ni indifférence. [...] Des montagnes peuvent être déplacées si tous ceux qui œuvrent à la réalisation d'un projet commun (avec leurs caractères, leurs tempéraments, leurs expériences et leurs âges différents) sont unis par une même passion »[4]. Le cinéaste prend à son compte (s'accapare) tout ce qui va dans le sens du film. Mais Tarkovski

1. Entretien avec Terry Gilliam, in Benoît Peeters, Jacques Faton et Philippe de Pierpont, *Storyboard – Le Cinéma dessiné*, Liège, Éditions Yellow Now, 1992, p. 43 et 44.
2. Claire Denis, à l'occasion d'un débat avec Antoine de Baecque autour de mon film, *Cinéastes à tout prix*, en mars 2005. Entretien accessible sur les bonus du DVD, édité par Imagine Films en 2008.
3. *Ibid.*
4. Andrei Tarkovski, *Le Temps scellé*, *op. cit.*, p. 159, 160, 162.

lui-même évoque le tournage de l'un de ses films où cette harmonie n'a pas eu lieu entre lui et le chef opérateur.

Le cinéaste doit avoir conscience de l'équilibre difficile à insuffler dans la dynamique de groupe. Chacun dans l'équipe doit trouver sa place. Conjugaison entre l'individualisme et l'esprit collectif. Épanouissement et abnégation.

*

Un chef d'orchestre ne sait pas forcément jouer de tous les instruments qu'il dirige, mais il sait « la couleur » qu'il veut en tirer. Il a en tête l'harmonie. On peut être cinéaste, ne pas avoir de connaissance approfondie de la direction de la photographie et pourtant requérir un travail sur la lumière très pointilleux. Ainsi, Carl Th. Dreyer, cinéaste connu pour ses obsessions formelles, déclare : « J'ai toujours eu la joie de trouver des opérateurs habiles qui comprenaient mes intentions, les faisaient leurs et les réalisaient. Moi-même je ne comprends absolument rien à la photo. »[5]

Le chef opérateur (aussi appelé directeur de la photographie) est le principal collaborateur artistique du cinéaste, sur un plateau de tournage, celui dont la fonction se rapproche le plus de la mise en scène (lumière, manière de filmer les acteurs). Deux grands chefs opérateurs ont écrit des ouvrages, qui font figure de références, en France. Henri Alekan, qui développa sa carrière des années 1930 aux années 1980 (de Cocteau à Wenders), évoque la relation entre le cinéaste et le directeur de la photographie, en soulignant la difficulté qu'ils ont souvent à trouver un langage commun : « Les uns s'expriment dans un flou artistique qui recouvre une méconnaissance des "problèmes lumière", les autres pensent en terme d'éclairagisme, en réduisant aux seules données techniques ce qui est science et art. »[6] Charlie Van Damme, directeur de la photographie pour Alain Resnais ou pour André Delvaux, se demande « quelle est la nature du travail du directeur de la photographie. Faire des belles images, sans doute… Mais quelle est la belle image ? » Question qui renvoie aux genres ciné-

5. Carl Th. Dreyer, *Réflexions sur mon métier*, Petite bibliothèque des Cahiers du cinéma, Paris, 1997, p. 94. Cette citation est extraite d'une interview radiophonique réalisé par Johannes Allen et transmis par la radio danoise le 27 septembre 1954.
6. Henri Alekan, *Des lumières et des ombres*, Éditions Le Sycomore, 1984 (nouvelle édition, Éditions du Collectionneur, 2001), p. 8.

matographiques, aux moyens mis à disposition par la production, aux modes esthétiques, aux possibilités techniques, qui évoluent. « La lumière est chaque fois au service d'un propos qui la dépasse, on ne peut l'apprécier qu'en relation avec ce propos. »[7]

Une image juste.

*

Le cinéaste n'impose pas toujours son style d'image ; parfois c'est le chef opérateur qui insuffle la démarche visuelle du film. Comme le compositeur peut faire des propositions musicales auxquelles le cinéaste n'a pas forcément pensé, le chef opérateur impose alors sa marque.

José Moure démontre combien le style visuel des films de Woody Allen a évolué en fonction des chefs opérateurs avec lesquels il a travaillé. Il y a ce qu'il appelle « les années anarchiques » (1969-1975) : « Allen réalise avec six chefs opérateurs différents six comédies burlesques où la caméra se contente d'enregistrer dans un style télévisuel des sketches. » Puis, « les années Gordon Willis » (1977-1985) : « un cachet sobrement maniériste qui passe essentiellement par une *belle* image en noir et blanc ». Ensuite, « les années Carlo di Palma » (1986-1997) : une manière de gérer la lumière avec moins de contraintes, l'utilisation du zoom permettant aussi plus de liberté dans les mouvements de caméra. »[8]

Le cinéaste, comme un caméléon, qui s'adapte à son équipe autant sinon davantage qu'elle ne s'adapte à lui, en sachant en tirer parti.

*

Il est devenu commun de dire que la direction d'acteur consiste essentiellement à faire un bon casting, à choisir les bons comédiens pour les bons rôles, mais on évoque moins souvent la composition des membres de l'équipe, tout aussi importante pour la réussite du film. La responsabilité de ce « casting » incombe autant au cinéaste qu'à la production. Sans oublier le rôle essentiel du premier assistant réalisateur, qui doit se faire courroie de transmission entre les désirs du cinéaste et ses techniciens.

7. Charlie Van Damme (avec la collaboration d'Ève Cloquet), *Lumière actrice*, Paris, Éditions Femis, 1987, p. 8.
8. José Moure, *De la critique à l'analyse. Écrire le cinéma*, Paris, Éditions Klincksieck, coll. « Essai caméra », à paraître en 2012.

Les grands techniciens sont des artisans, qui utilisent leur savoir-faire pour servir le sens du film, le porter à son firmament.

*

Prenons l'exemple de la scripte. Elle est chargée de veiller aux raccords entre les plans, mais aussi entre les scènes (qui ne sont pas toujours tournées, dans l'ordre du récit – il faut par exemple veiller à ce que les costumes portés par les comédiens soient « raccords » dans deux scènes qui sont censées se dérouler le même jour, et dont les prises de vues ont parfois lieu à plusieurs semaines d'intervalle). La scripte peut avoir deux attitudes. Celle du contremaître pointilleux, qui a une vue obsessionnelle et étroite de sa fonction. Celle d'une personne consciencieuse qui reste ouverte aux aspérités du tournage, qui comprend que si le col de la chemise d'un comédien est relevé dans une prise et pas dans une autre, cela n'est pas fondamental quand l'épanouissement du jeu est au rendez-vous. Le film doit trouver sa propre vie indépendamment des règles techniques et des questions de raccords, aussi importantes soient-elles.

*

Dans une équipe de film, se côtoient des fonctions avec responsabilités artistiques, et puis celles davantage liées à la logistique.

Éloge du régisseur général. Sur une production française, c'est le titre donné à celui qui sera chargé d'organiser les repas, les déplacements et les logements de l'équipe. La qualité d'un menu ou le confort d'une chambre d'hôtel a une incidence directe sur l'ambiance du plateau. Négociations à opérer avec le directeur de production (l'erreur à ne pas commettre : faire des économies de bout de chandelle sur le dos du bien-être de la troupe). Sans tomber dans un luxe inutile, il y a ces petites attentions, les friandises et boissons que l'on peut prendre entre deux prises, à la « table régie »… qui changent tout. On se sent compris, encouragé, quand le régisseur général a pensé à ce que vous aimiez.

Le premier assistant réalisateur, dont le rôle est d'assurer que le tournage se fasse dans les temps, peut avoir par sa dextérité d'esprit (sa capacité à rebondir), par sa psychologie (sa manière de communiquer entre les différents membres de l'équipe) une action déterminante, pour la création. Sentir quand il faut donner du temps, quand il faut accélérer le mouvement. Avoir une perception des choix de mise en scène qui permette de cerner les éléments indispensables au film. Rappeler au cinéaste la hiérarchie de ses choix. Maintenir la pression et veiller à ce que chacun reste à sa place. Si possible, dans la bonne humeur. Voilà qui demande un certain nombre de qualités.

Je rends ici hommage à Pierre Senelas, ami de Jean-Claude Biette et fidèle compagnon de route de Paul Vecchiali. Assistant réalisateur, il a la poigne, la douceur, la passion. Cinéaste, on a envie de réussir son film pour lui. Être à la hauteur de la confiance qu'il vous accorde.

*

Les collaborations varient selon les moments de la genèse du film. Dialoguer avec un chef décorateur ou une chef costumière avant que le tournage n'ait commencé exerce l'imaginaire. Voir un décor sur papier, assister à l'essayage des costumes peut se faire dans une certaine tranquillité, de l'ordre de la découverte. Le temps des prises de vues venu, les décisions à prendre, dans le feu de l'action, ne permettent plus d'hésitation. Il peut y avoir une fièvre heureuse et contagieuse qui se dégage de cette irréversibilité du tournage.

*

Importance du maquillage, pour les acteurs, comme sas de décompression, avant l'action.

*

Monic Parelle, chef costumière, par les questions qu'elle pose, par ses suggestions, amène à affiner la construction des personnages. Nous sommes là au cœur de la mise en scène. La chrysalide (le scénario) se transforme en papillon (le film).

Interactions entre les partis pris d'images, de décors, de costumes, de maquillages. Raison pour laquelle les chefs de poste communiquent entre eux, sous la houlette du cinéaste. Il est de coutume d'organiser une lecture du scénario avec, autour de la table, les membres principaux de l'équipe, pour étudier, pendant la préparation du tournage, toutes les questions qui se posent, scène par scène, en interdépendances. La couleur ou la texture d'un costume a des incidences sur la manière dont la lumière sera reflétée. Pour saisir les vases communicants entre les différents paramètres de la mise en scène, le cinéaste doit à la fois donner la direction et être à l'écoute de ses « interprètes » (acteurs, mais aussi techniciens), pour que leurs expériences et leurs émotions alimentent le film.

*

François Thomas analyse comment Resnais joue de l'alternance et de la fidélité dans la composition de l'équipe de ses films successifs. Alternance, « afin de ne pas se scléroser et de ne pas vivre sur des habitudes de travail »[9], fidélité, pour créer autour de lui l'effervescence d'un atelier de création où chacun trouve naturellement sa place. La réflexion du cinéaste sur les liens à tisser avec son équipe ne s'arrête pas là. Il y a aussi, chez Resnais, le choix de compartimenter le travail avec ses collaborateurs, de n'autoriser entre eux « que les contacts qu'il juge nécessaire au film » ; « le collaborateur ne doit rien savoir d'autre que ce que Resnais veut bien qu'il sache »[10]. Le cinéaste veille à rester maître d'œuvre, à préserver le secret de la genèse, car il risque autrement de se voir déborder, d'avoir une équipe qui se substitue à lui.

*

Pourquoi un technicien accepte-t-il de travailler sur un film ? Est-ce uniquement pour avoir un salaire, parce qu'il croit au projet artistique qu'on lui propose, parce qu'il pense le cinéaste capable d'être le maître d'œuvre du film ? Raoul Coutard, qui a signé l'image des films de Godard, Truffaut, Demy, Garrel, Costa-Gavras, Schoendoerffer… dit que ce qu'il attend d'un cinéaste, c'est qu'il ait *un discours*, c'est-à-dire *un point de vue* sur l'histoire qu'il raconte. Et ce discours porte pour lui davantage sur *le sens* du film que sur des indications techniques. Sa méthode consiste à entendre tout ce que dit le cinéaste, y compris aux acteurs, pour essayer de cerner son regard. Coutard a lui-même signé la mise en scène de trois longs métrages et il s'est rendu compte à quel point il était difficile de transmettre ses intentions de mise en scène, y compris aux directeurs de la photographie engagés sur ses films[11] !

9. François Thomas, *L'Atelier d'Alain Resnais*, Paris, Flammarion, 1989, coll. « Cinéma », p. 26.
10. *Ibid.*, p. 35.
11. Propos tenus par Raoul Coutard à l'occasion de sa venue à l'université de Paris 1 Panthéon-Sorbonne, à la rencontre des étudiants. Ces propos sont repris dans : *Les Films à petits budgets, liberté ou contrainte ?*, Éditions du Rocher, 2007.

Le cinéaste Claude Sautet ne dit pas autre chose, quand il parle d'affinités électives. « L'essentiel est à mes yeux d'entretenir avec l'opérateur un rapport étroit, un rapport dans lequel on s'entend sur presque tous les plans, si je puis dire. Les goûts, la philosophie, les choses de la vie, la politique… C'est sur ce genre d'alliance que va se bâtir le style du film. »[12]

*

Des éléments culturels interviennent dans le registre relationnel. Quand l'américain Mark Travis, dans son livre sur la mise en scène, évoque la première réunion d'une équipe qui ne se connaît pas, les conseils qu'il donne me paraissent à ce point hallucinants que je me demande s'il n'y a pas un décalage de sensibilité comportementale. Travis suggère au cinéaste de réunir son équipe en cercle, et de la faire jouer à la balle, en demandant à chacun d'envoyer le ballon, à tour de rôle, en se nommant et en indiquant sa fonction sur le tournage[13]. Je ne pourrais personnellement jamais me prêter à ce qui appartient pour moi plus à une activité de club de vacances qu'à une dynamique de groupe au service d'un film.

*

« Le grand cinéma, le cinéma pur, commence quand la mise en place du plan à tourner paraît absurde à toute l'équipe », dit Truffaut à Hitchcock[14]. Un cinéaste qui invente est un cinéaste qui déroute. Gloire aux techniciens qui n'hésitent pas à remettre en cause leurs habitudes, à tâtonner – à refuser la routine et comprendre que chaque film offre une nouvelle manière de voir et d'entendre.

*

Autant les compagnons de route peuvent se révéler des soutiens essentiels, autant les tournages peuvent être sources d'incompréhensions. « En commençant un film, tout bon metteur en scène se trouve entouré d'une famille professionnelle. Elle le met immédiatement à l'épreuve,

---

12. Propos recueillis par N.T. Binh et Dominique Rabourdin, in *Sautet par Sautet*, Paris, Éditions de la Martinière, 2005, p. 22.
13. Mark Travis, *La Mise en scène*, Paris, Éditions Dixit-ESRA, 2005, p. 164 et 165. Première édition parue aux États-Unis sous le titre *Directing Feature Films*, 2002.
14. François Truffaut, in *Hitchcock/Truffaut*, Édition définitive, Ramsay, 1983. Nouvelle impression : Ramsay poche, 1989, Paris, p. 222.

pour voir ce qu'il sait, jusqu'où va son courage. Elle défiera le premier jour, et tous les jours, jusqu'au dernier – à moins qu'il ne démontre qu'il sait ce qu'il fait. »[15] Pourtant, certains parmi les plus grands cinéastes découvrent ce qu'ils font en cours de route.

Le bizutage fait partie des tournages. Il faut s'y préparer et savoir comment y réagir, pour que la hiérarchie indispensable au bon déroulement des opérations n'en soit pas perturbée.

*

Marin Karmitz : « Dans les équipes de cinéma qui vivent en vase clos, le groupe se soude en excluant quelqu'un qui fait figure de bouc émissaire. »[16] La dynamique de groupe se fédère souvent *contre* quelqu'un. Le cinéaste a alors le choix entre prendre la défense de cette victime expiatoire (et risquer d'être à son tour rejeté) ou hurler avec les loups. Souvent, un consensus démagogique s'opère contre la production. On a ainsi vu un cinéaste lancer lui-même une grève contre la poursuite de son film, pour protester contre les conditions financières imposées par son producteur – se tirant ainsi une balle dans le pied. Il ne sert à rien de vouloir faire son film « contre » la production… mais il y a aussi parmi les cinéastes des cas pathologiques.

*

Pour Claude Chabrol, « les techniciens sont des gens qui essaient de comprendre ce que vous voulez faire. Soit ils s'efforcent de réaliser vos rêves, soit ils n'y comprennent rien et disent des conneries dès qu'ils ouvrent la bouche. Cela ne veut pas dire pour autant qu'ils soient de mauvais techniciens. Cela signifie simplement qu'ils ne sont pas ceux qui conviennent pour ce film-là »[17]. Le cinéaste doit s'entourer d'une équipe prête à s'associer à son processus de transfert du rêve à la réalité. Et il faut savoir avec qui partager ses rêves… avant de les offrir aux futurs spectateurs. Le producteur digne de ce nom veille à ce que l'entourage du cinéaste entre en adéquation avec sa sensibilité. Et si

15. Jerry Lewis, *Quand je fais du cinéma*, Paris, Buchet-Cahstel, 1972, p. 115. Première édition parue aux États-Unis sous le titre *The Total Film Maker*, 1971
16. Marin Karmitz, *Profession producteur*, conversations avec Stéphane Paoli, Paris, Hachette Littératures, 2003, p. 98.
17. Claude Chabrol, *Faire un film*, *op. cit.* p. 49.

ce n'est pas le cas, il n'hésite pas à couper les branches, à renvoyer un technicien récalcitrant. Le défaut de respect est contagieux, et il ne faut à aucun prix que la méfiance s'installe sur un plateau.

La composition de l'équipe joue un rôle majeur dans l'éclosion artistique. Le choix que fait John Cassavetes de ne pas prendre de scripte pour son premier long métrage, *Shadows* (1960), a comme conséquence, *au final*, une série de faux raccords qui fonde en partie la marque du film.

L'autorité est aussi liée au nombre de personnes sur un plateau. On ne travaille pas de la même manière pour un film à petit budget que sur le tournage d'une superproduction. La hiérarchie se dessine en fonction des troupes en présence pour mener la bataille du film. Un cinéaste ne peut être en dialogue permanent sur un plateau auprès de 50 ou de 100 techniciens. Faute de temps, il s'adresse à ses chefs de poste (image, son, décors,…), pour que ses indications soient répercutées auprès de tous.

Chaque membre de l'équipe peut se rendre compte des qualités et des défauts de son propre travail technique, mais en aucun cas avoir *totalement* accès à l'idée du film qu'a le cinéaste, à ce qu'il en fera. D'où la très grande circonspection que chacun doit garder en cours de tournage, quel que soit le maillon de la chaîne. Floraison du film par ramifications.

Les transmissions ne s'établissent pas toujours avec perfection et un moment de flottement s'empare, à un moment ou un autre, du plateau. Dans chaque cinéaste, même le plus sociable, un misanthrope sommeille. Qu'il le veuille ou non, qu'il le montre ou non, qu'il en ait conscience ou non, le cinéaste sera toujours, à un moment ou un autre, *contre* le groupe.

*

« La mise en scène est une activité qui consiste à faire harmonieusement collaborer des artistes de disciplines diverses. Et à ce que les scénaristes, les acteurs et les techniciens aient tous l'impression que le film dépend d'eux seuls. » Paradoxe. Car cela peut aussi amener les membres de l'équipe à se sentir « mal récompensés de leurs efforts au sein de ce paquebot qu'est une réalisation »[18].

---

18. Alain Riou, dans un article paru dans le supplément télé du *Nouvel Observateur* du 27 août 2011. Il évoque le passage à la réalisation de Florence Quentin. D'après lui, la brillante scénariste des films d'Étienne

Le cinéaste a l'instinct de prendre les bonnes décisions au bon moment; un mélange de souplesse (la capacité de s'adapter) et de pugnacité (ne jamais perdre de vue la direction du film); une capacité à réunir les talents, sans perdre sa singularité (savoir imposer son point de vue).

Motiver l'équipe, déléguer, prendre conseil... n'a rien à voir avec « laisser faire », être sans prise sur les événements. C'est l'ensemble des éléments de mise en scène réunis qui feront la cohérence et la force du film. Différence entre le tâcheron et le cinéaste. Le tâcheron peut *tout* confier à son équipe, dans ce qui s'apparente à une captation (comme on parle de captation d'émission télévisuelle). Le cinéaste reste le maître d'œuvre d'une forme unique, avec tout ce que cela peut avoir d'excitant et de déstabilisant.

Un réalisateur belge de ma génération m'a dit que, pour lui, un plan sur un tournage était réussi quand il plaisait à *toute* l'équipe et que quand son chef machiniste levait son pouce, pour dire combien il trouvait le plan épatant, il se sentait rassuré. J'ai su ce jour-là que ce n'était pas un « vrai » cinéaste. Le cinéaste n'a pas besoin d'être adoubé par *tous*, pour avancer. Il doit savoir lui-même ce qu'il veut ou ce qu'il refuse. Et cela n'a rien à voir avec une posture autoritaire ou « auteuriste ».

*

Idéalement, la technique est au service d'un projet – jamais l'inverse. Les rapports entre le cinéaste et l'équipe renvoient aux notions de connaissance technique et de liberté artistique. Alain Cavalier a un parcours intéressant à étudier. Il a commencé à réaliser des films de manière relativement classique, avec équipe et acteurs réputés. Mais très tôt Cavalier a aussi considéré que la mise en scène ne pouvait continuer à le passionner que si elle était source d'inventions, d'expérimentations. C'est sans doute ce qui l'a amené à tourner seul *Le Filmeur*, long métrage qui s'apparente à un carnet intime, à un essai cinématographique (comme Chris Marker peut aussi en réaliser). La vidéo numérique permet à Cavalier de ne plus avoir

---

Chatillez *La vie est un long fleuve tranquille* et *Tatie Danielle*... n'aurait pas fait preuve du même talent dans ses réalisations. « Être un réalisateur ne paraît pas sorcier. Pourtant, rares sont ceux qui y parviennent », écrit-il.

d'équipe et de filmer tous les jours, comme un écrivain peut écrire, quotidiennement[19].

Mais même sans équipe, même quand le cinéaste assure la prise de vues et enregistre le son, seul, il aura toujours à ses côtés des compagnons de route : les personnes qu'il filme, un monteur ou des proches, un producteur à qui il demandera conseil… car il aura besoin, à un moment donné, d'avoir face à lui quelqu'un qui a plus de recul, pour éclairer son travail, le faire rebondir et le pousser dans ses retranchements.

19. Lire à ce propos l'article de Jacques Mandelbaum, « Lettre d'un cinéaste qui libère son spectateur », *Le Monde*, 15 mai 2005. D'après Mandelbaum, cette démarche créatrice est aussi une forme nouvelle de cinéma offerte aux spectateurs : la liberté se situant autant du côté du cinéaste que du côté des spectateurs.

LA DIRECTION D'ACTEUR

Il existe autant de directions d'acteur que de cinéastes. Chaque nouveau film : un nouveau cas d'école. La direction d'acteur est difficile à cerner, tant elle repose sur l'indicible émotionnel.

Le terme « direction d'acteur » pose problème. Qui dirige qui et comment ? Peut-être la confusion provient-elle du terme anglais : « *director* », qui désigne le metteur en scène (comme « *movie director* » désigne le réalisateur de cinéma). Il n'est pas inutile de rappeler qu'au départ, à Hollywood, les réalisateurs étaient avant tout engagés pour mettre en scène les acteurs sur le plateau. C'est qu'il y a bien une fonction qui consiste à donner le *la* aux acteurs, à les guider, les rassurer, les mettre en lumière, leur permettre de s'épanouir au mieux de leur art… et pour le film.

Dans un film, le jeu de l'acteur se confond parfois avec le traitement de la lumière, des costumes, du maquillage… Le jeu de l'acteur peut aussi être lié à une manière de concevoir le cinéma (le glamour hollywoodien), à une empreinte culturelle (l'interprétation des acteurs dans les films indiens n'a rien à voir avec celle du cinéma occidental), à une époque (le cinéma muet, le cinéma parlant), à un genre cinématographique. Cela rend difficile, voire impossible, toute tentative de généralisation : sur ce qui fait un « bon » acteur, sur la nécessaire préparation au rôle, sur ce que l'acteur doit aller ou non puiser en lui pour incarner un personnage.

Les questions sont nombreuses. L'acteur est-il au centre du dispositif de la mise en scène ou s'intègre-t-il dans le contexte général de l'organisation du plateau ? Entre le cinéaste et l'acteur : l'envie de s'épater mutuellement stimule-t-elle le film ? À quel point l'acteur a-t-il besoin de se sentir compris ? Interpréter, est-ce *incarner* ou *composer* – quelle part laisser à la technique de jeu ?

La plupart des cinéastes aiment être épatés par leurs acteurs ; nombre d'acteurs demandent à être regardés, encouragés par leurs metteurs en scène. Il faut que le

cinéaste sache à la fois stimuler et freiner son acteur, lui
faire éviter le cabotinage, lui faire prendre des risques, mais
en même temps être son filet de sécurité. Sa boussole.

« J'ai commencé à apprendre et à comprendre que tout
repose sur la confiance. Si vous faites confiance aux acteurs,
et plus important encore s'ils sentent qu'ils peuvent vous
faire confiance, ils feront un travail formidable. Apprendre
à faire confiance à l'acteur est peut-être la chose la plus
dure qui soit pour un réalisateur. [...] La plupart des jeunes
réalisateurs ont peur des acteurs. J'en ai vu beaucoup venir
vers moi et me demander : "Qu'est-ce que vous dites aux
acteurs pour qu'ils fassent ce que vous voulez ?" Et je leur
réponds : "Je ne leur dis rien. J'attends qu'ils me posent des
questions." Et quand cela arrive, je sais que je suis sur le bon
chemin. Parce que quand un acteur a des questions, c'est
qu'il entre vraiment dans son personnage. »[1]

Quand tout se passe bien, l'acteur regarde le cinéaste à
la fin d'une prise… pour savoir s'il a été bon et il a besoin
de cet acquiescement, ou que le cinéaste le pousse à poursuivre, à aller au bout de ses émotions. Temps t où il y a
encore quelque chose à trouver.

Certains acteurs ont une personnalité telle qu'ils incarnent
le même personnage, de film en film (Louis Jouvet, Gérard
Depardieu, Fabrice Luchini). Le cinéaste fait appel à eux pour
ce qu'ils sont. Ils irradient le film de leur aura. D'autres acteurs
sont beaucoup plus à l'aise dans la composition, excellent dans
la métamorphose, ont l'envie de ne jamais être pareil physi-
quement, sont prêts à prendre du poids, à maigrir, prennent
plaisir à changer totalement d'apparence pour un rôle (Peter
Sellers dans *Le Docteur Folamour* va jusqu'à interpréter trois
personnages distincts, au physique et au mode d'expression
à ce point différent… que certains spectateurs ne se sont pas
aperçus qu'il s'agissait du même acteur).

L'acteur : « Pas un texte, mais un corps », écrit le dramaturge Valère Novarina[2].

*

Des points communs existent entre le cinéaste et l'acteur.
Tous deux vampirisent – l'un, ses collaborateurs, pour les
besoins du film, l'autre, de l'attention (et c'est légitime).

1. Arthur Penn, in Laurent Tirard, *Leçons de cinéma 2*, Paris, Éditions
du nouveau monde, 2006, p. 203 et 204.
2. Valère Novarina, *Lettre aux acteurs*, L'Énergumène, 1979.

Les acteurs et les cinéastes se cannibalisent mutuellement. Ils sont de la nourriture l'un pour l'autre. Un jeu de
projection, de transfert, d'aller et retour d'énergie.

*

La direction d'acteur peut aussi bien se développer
sous le mode de l'antagonisme (un affrontement entre le
cinéaste et son comédien) que sur le ton de la complicité.
Entre les deux, toutes les gammes de liens possibles. Haine
ou adoration peuvent évoluer, s'inverser en cours de route.
Il suffit parfois d'une parole maladroite ; le malentendu peut
naître de l'impression qu'a l'acteur de ne pas être écouté, de
la vision des *rushes*, d'atermoiements *entre* acteurs ou de la
crainte de l'échec artistique de l'entreprise. Sentiments exa-
cerbés : l'acteur se donne à la caméra et le cinéaste a besoin
de sa personnification du rôle. Que se passe-t-il quand
l'acteur n'incarne pas le personnage tel que le cinéaste l'a
imaginé ? Comment peut-il le guider ? Comment l'acteur
vit-il des indications de jeu qui ne l'aident pas ? Comment
l'acteur et le cinéaste communiquent-ils ? Y a-t-il une direction en dehors des mots ?

À l'origine de tout, il y a la rencontre, entre le cinéaste,
l'acteur et un rôle. D'où l'importance essentielle pour un
cinéaste de ne pas se tromper dans ses choix. La direction
d'acteur consiste en grande partie dans leurs désignations.
Le cinéaste qui a opté pour un acteur qui ne convient pas
au rôle n'a plus de marge de manœuvre pour rattraper son
erreur. Le « *misscasting* » est fatal au film – la direction
d'acteur se transforme alors en colmatage des brèches.

*

Question d'affinités. De plaisir à être ensemble. De
l'estime que l'on se porte. Le cinéaste Wong Kar-wai va plus
loin : « Le choix d'un acteur est totalement arbitraire. C'est
comme le désir : pourquoi tombe-t-on amoureux de telle
personne et pas de telle autre ? »[3]

Claire Denis fait un parallèle intéressant entre la timidité
qu'on peut avoir pour la personne qu'on aime et l'acteur.
La fascination et la peur. « Pour travailler avec des acteurs,
j'ai besoin d'avoir beaucoup pensé à eux. J'ai besoin d'être
amoureux d'eux, et pas du tout au sens figuré du terme.

---

3. Wong Kar-wai, in Laurent Tirard, *Leçons de cinéma*, Paris, Éditions
du nouveau monde, 2004, p. 165.

J'ai besoin de fantasmer sur eux. [...] Alors, forcément, pour moi l'étape la plus importante du travail de direction d'acteur consiste à dépasser l'intimidation et la gêne. »[4]

L'histoire du cinéma regorge de romances, entre cinéastes et comédiens, dans le travail et dans la vie. Le cinéaste peut être amoureux, en restant pudique, introverti. Le cinéaste peut aimer un acteur du même sexe que lui, en étant hétérosexuel. Le cinéaste peut se complaire dans le rêve. Alors, le passage à l'acte se limite au film – sans débordement ni intention de poursuivre quoi que ce soit en dehors du plateau. Amour du créateur pour sa créature.

Rien de pire pour un cinéaste que de se voir imposer un acteur qu'il n'aime pas, auquel il ne croit pas. Quand le cinéaste dépend du *star system* et de la nécessité, pour trouver des financements, de travailler avec des acteurs connus, cela entraîne épanouissements ou déconvenues, selon les cas.

La propension à canaliser la mise en scène, à la mettre au service d'une (ou de plusieurs) star(s), n'est d'ailleurs pas l'apanage du cinéma américain. Toute industrie du cinéma tend à imposer « les lois de l'argent », qui passent par la mise en valeur d'acteurs populaires, gages de réussites commerciales. Mais certains cinéastes arrivent à contourner, à transcender ces contraintes, à prendre un réel plaisir à composer avec des stars, à créer un rapport de force à l'avantage du film. Certains acteurs renommés choisissent aussi volontairement de travailler avec des cinéastes-auteurs, de mettre leur talent et leur notoriété à leur service. De nombreux grands classiques du cinéma n'auraient pu voir le jour sans l'alliance entre une star et un cinéaste. Jean Gabin a permis à Jean Renoir de tourner *La Grande Illusion*.

*

À Hollywood, la star peut faire virer le réalisateur d'un plateau de tournage (les exemples de films où le réalisateur a dû céder la place à cause d'une mésentente avec la vedette sur le choix artistique de mise en scène foisonnent). Mais à l'inverse, si le réalisateur parvient à bien s'entendre avec la star, elle peut devenir son meilleur allié pour réaliser le film tel qu'il l'entend. Le studio n'affrontera pas la star ; il a trop besoin d'elle pour la promotion du film et pour garder de bons contacts pour des projets ultérieurs. La star représente un potentiel commercial et l'argent est roi.

---

4. Claire Denis, in Laurent Tirard, *Leçons de cinéma 2*, *op. cit.*, p. 168 et 169.

Edgard Morin compare les stars de cinéma à des demi-dieux et évoque, pour les cerner, la mythologie – ce qui implique un processus de projection et de distanciation. « La star détermine les multiples personnages des films ; elle s'incarne en eux et les transcende. Mais ceux-ci la transcendent à leur tour et leurs qualités rejaillissent sur la star. »[5]

Alain Corneau pense que les stars ont cessé d'exister en France, à partir du moment où aucun acteur ne peut plus garantir, de par sa seule participation à un film, des entrées en salles conséquentes (et il fait remonter cette perte de pouvoir d'attraction à la fin des années 1980, parallèlement à la montée en puissance du financement des chaînes de télévision, dans le cinéma hexagonal)[6].

Que le cinéma soit un art populaire est-il consubstantiel à la présence des stars dans les films ? Quelles stars, pour quel cinéma ? Les mouvements cinématographiques (le néo-réalisme, la Nouvelle Vague) qui privilégient l'accès à des acteurs inconnus ou non professionnels pour les premiers rôles tentent-ils une autre relation avec les spectateurs ? Le *star system* télévisuel (le fait qu'un nombre croissant de stars acquièrent *d'abord* une notoriété sur le petit écran) change-t-il notre rapport au cinéma ? Se demander ce qu'est une star, c'est autant s'interroger sur le cinéma que sur notre rapport au monde.

*

La notoriété d'un acteur peut enrichir la dimension du caractère qu'il interprète, car il y a à travers son passé cinématographique l'empreinte de ses précédents rôles. Marlon Brando n'est pas seulement remarquable pour son jeu dans *Le Dernier Tango à Paris* (1972) ou dans *Apocalypse Now* (1979), mais parce qu'il apporte sa part de mythe à des personnages revenus de tout.

*

Le cinéaste peut ne pas s'entendre humainement avec un acteur et ne pas s'être trompé artistiquement.

Le choix se fait dans les deux sens. Il y a les souhaits du cinéaste de confier tel ou tel rôle à tel ou tel comédien. Et

---

5. Edgar Morin, *Les Stars*, Paris, Éditions du Seuil, 1957 (nouvelle édition, illustrée, Galilée, 1984).
6. In *Qu'est-ce qu'une star aujourd'hui ?*, Éditions du Rocher, coll. « Caméra subjective », 2009.

puis, il y a le choix des acteurs ayant acquis une certaine
notoriété de privilégier telle ou telle proposition. Sur quels
critères les choix s'opèrent-ils ? L'intérêt du rôle, un plan de
carrière, le désir de travailler avec un cinéaste particulier
ou avec d'autres acteurs qui participent au film. Certains
acteurs (et pas des moindres) privilégient le scénario sans
prendre conscience de l'importance de la mise en scène
(c'est le cas de Gabin dans la dernière partie de son parcours[7]). Il est légitime que l'acteur se préoccupe de l'histoire qui sera racontée dans le film et comment il pourra
habiter le personnage qu'il y interprétera. Le scénario est
un instrument de travail, souvent indispensable. Mais certains ne se soucient plus que du « numéro » qu'ils pourront exécuter et optent pour travailler avec des tâcherons
de la réalisation au service de leur cabotinage. C'est le cas
aujourd'hui, dans le cinéma français, de plusieurs vedettes
de comédie qui s'épanouissent dans un théâtre de boulevard filmé sans point de vue de mise en scène. La question
devient alors de savoir ce que l'on attend du cinéma.

Et si la « grandeur » d'un acteur se mesurait à l'aune de
sa filmographie ? Vincent Lindon ne dit pas autre chose :
« La différence entre une belle carrière et une carrière
honorable, c'est de faire de vrais choix. On peut se tromper, ce n'est pas un problème. […] Mais au bout de trente
fois, entre trente mauvais choix et trente bons choix, il y
en a un qui « laisse son nom » dans un petit bout d'histoire
du cinéma, et l'autre pas du tout. » Lindon précise : « On
peut quelquefois rater une carrière sur des acceptations. »
Il parle de la facilité qu'un acteur peut avoir, au moment où
il atteint le vedettariat, à se fourvoyer dans les propositions
les plus commerciales[8].

*

Intuition de l'acteur. Micheline Presle me dit que c'est
tout de suite qu'elle sait si elle a ou non envie de se lancer dans l'aventure. Dès qu'elle a parlé avec le cinéaste.
Indépendamment du scénario. Par curiosité et par instinct.
Quand elle « sent » que l'aventure vaut la peine d'être vécue.

---

7. Jean Gabin a, à plusieurs reprises, répété que trois éléments importants déterminaient la réussite d'un film : « l'histoire, l'histoire et encore
l'histoire ».
8. In *L'Art du scénarion, op. cit.*, à paraître en 2012 aux Éditions Klincksieck.

*

Un « jeu blanc », une interprétation introvertie peuvent apporter une part de mystère et donner une beaucoup plus grande efficacité dramatique qu'une interprétation extravertie.

Mieux que nul autre film, *Une sale histoire*, de Jean Eustache cerne « la vérité de l'acteur ». Le film se divise en deux parties : l'une avec Lonsdale qui joue un rôle et l'autre dans laquelle Jean-Noël Picq nous raconte une histoire censée lui être arrivée. Les deux parties sont pratiquement identiques : dans les deux cas, le dispositif scénique est le même : un homme, assis dans un salon, parle et attend les réactions de son « public » – les personnes réunies autour de lui. Épure de la mise en scène, volontairement minimaliste. Mais la « sale histoire » paraît beaucoup plus crédible dans la bouche de Lonsdale que dans celle du protagoniste « authentique ». Lonsdale est plus introverti, l'exaltation de Picq a quelque chose de dérangeant. La « réalité de cinéma » (pour reprendre une expression utilisée par Eustache) passe par l'artifice.

« Syndrome Mona Lisa », chez beaucoup d'acteurs. Comme la femme qui sourit de manière énigmatique sur la toile de Léonard de Vinci, sans qu'on sache ce qu'elle pense, si elle jouit, si elle se moque, si elle est sarcastique ou heureuse… le jeu peut consister à laisser place à l'interprétation du spectateur. Le cinéaste et critique Luc Moullet vante l'effacement, l'*underplaying* comme « la voie la plus naturelle, la plus normale pour un acteur »[9]. On prêterait ainsi au comédien des émotions qu'il n'a pas forcément, mais qui seraient amenées par le récit (et par la mise en scène – le gros plan, par exemple). Un art de la comédie « en creux » qui serait l'inverse du cabotinage.

Mais les compositions exacerbées de Guitry, de Raimu ou de Michel Simon dans *Boudu sauvé des eaux* appartiennent autant aux grandes réussites cinématographiques.

J'ai mon hypothèse sur cette diversité d'interprétations, apparemment antagonistes. Le jeu de l'acteur rayonne à partir du moment où l'on sent chez lui une faille. Et cette fêlure peut autant prendre une forme extravertie que jouer en intériorité. C'est dans *le creux* de son personnage, dans le sous-texte que l'acteur prend toute sa dimension.

9. Luc Moullet, in *Politique des acteurs*, Paris, Éditions Cahiers du Cinéma, 1993, p. 14.

« C'est l'absence de l'acteur qui frappe par sa présence »,
écrit Novarina.

*

Certains cinéastes cherchent à créer de toutes pièces
leurs propres types d'acteurs, comme Bresson. Il voulait une
vérité émotionnelle que ne pouvaient lui donner des acteurs
professionnels. Fellini, pour la figuration et les seconds rôles
de ses films, organisait de gigantesques castings, pour trouver de nouveaux visages, de nouveaux corps pouvant s'intégrer dans son univers de flamboyant caricaturiste.

Célèbre exemple du néo-réalisme. Idée de faire jouer
leurs propres rôles à des hommes, femmes ou enfants. Cas
particulier de cinéastes comme Bruno Dumont aujourd'hui,
qui recherchent des acteurs vierges de toute (dé)formation,
de toute expérience antérieure. D'après Patrice Chéreau,
« les vrais amateurs émouvants dans un film, ce sont ceux
qui sont acteurs naturellement »[10]. La question est davantage de savoir ce qu'il va advenir d'eux après avoir tou-
ché aux feux de la rampe, pour ne pas finir dans la misère,
comme le protagoniste du *Voleur de bicyclette*.

*

Certains acteurs demandent des références pour
construire le caractère et le physique du rôle : comment ils
vont s'habiller, marcher, parler, manipuler des accessoires qui
ont un lien avec la profession de leurs personnages. D'autres
s'effraient d'avoir affaire à un cinéaste « cinéphile », n'ont
aucune envie, pour s'alimenter, de visionner des films qui
ne leur évoquent rien. L'échange ne commence ni n'aboutit
exclusivement sur le plateau. La direction d'acteur s'établit
naturellement, lors de conversations apparemment anodines
qui peuvent ne pas avoir de lien avec le rôle, avec le film.
C'est souvent *de biais* qu'on arrive à mieux insuffler le cœur
d'un rôle. « Entre eux et moi : échanges télépathiques, divina-
tion », écrit Bresson dans *Notes sur le cinématographe*.

L'échange commence *avant* le tournage : essais de costume, essais lumière ou de maquillage... peuvent être
autant pour le cinéaste que pour ses acteurs une approche

10. Patrice Chéreau, in *La Direction d'acteur*, ouvrage coordonné
par Frédéric Sojcher, Éditions Archimbaud-Kinscksieck, 2011, p. 61.
Première publication : Éditions du Rocher, coll. « Caméra subjective »,
Monaco, 2008.

déterminante. La manière dont un décor est meublé éclaire sous un autre jour l'histoire d'un rôle. Trouver le fil rouge, qui rend l'ensemble des éléments (de scénario, de mise en scène) cohérent.

La vérité d'un personnage, sa façon de marcher, de parler, se décante souvent par tâtonnements.

D'après Tavernier, la direction d'acteur se forge « à 80/90 % avant le tournage. C'est pour cette raison que les reportages sur les films ou les *making of* sont si souvent vides, parce que tout le travail a été fait avant »[11].

*

Nombreux sont les acteurs qui s'inspirent, pour la composition de leurs rôles, de la personnalité ou du physique des cinéastes pour lesquels ils travaillent, en les observant. De là pour certains films des phénomènes de dédoublement : Jean-Pierre Léaud et Truffaut ; Michel Piccoli et Sautet ; Marcello Mastroianni et Fellini ; Robert de Niro et Scorsese.

*

Sur le plateau de tournage, le cinéaste décide si la prise est à refaire ou non. Par cette simple prérogative, il intervient forcément sur le jeu de l'acteur... qui ne sera jamais identique. Un cinéaste comme Arnaud Desplechin multiplie volontairement le nombre de prises pour amener ses acteurs à « tomber le masque », à perdre leurs tics de jeu, à trouver la vérité de leurs personnages par épuisement (ils finissent par s'abandonner aux rôles).

Raoul Ruiz prétend que selon l'intensité avec laquelle il dira « action », l'acteur jouera différemment la prise[12].

Les acteurs ne se voient pas en train de jouer. De là, leur fragilité. Ils n'ont pas de recul, ils ne peuvent pas en avoir (ils sont *dans* leurs rôles). Se confier au regard du cinéaste demande de l'abnégation... et ce n'est pas là la principale caractéristique de *toutes* les stars. Le risque, sinon, c'est que l'acteur n'en fasse qu'à sa tête. Il y en a même qui cabotinent.

11. Bertrand Tavernier, in *Les Leçons de cinéma*, ouvrage collectif coordonné par Antoine de Baecque, *op. cit.*, p. 53.
12. Raoul Ruiz, dans une intervention au Master professionnel de l'université de Paris 1-Sorbonne, avril 2008. In *Qu'est-ce qu'une star aujourd'hui ?*, *op. cit.*

Sur une scène de théâtre, l'acteur est roi. Il sait quand il entre et sort de scène, il connaît à l'avance le déroulé de la représentation. En participant à un film, l'acteur se met davantage en posture d'insécurité : rien ne peut lui assurer avec certitude la manière dont il sera filmé ; son rôle peut être réduit, et même parfois supprimé au montage. Seules les stars, les acteurs-réalisateurs ou les acteurs-producteurs peuvent pallier ces deux incertitudes congénitales, en s'assurant, par le biais d'une autre fonction que celle de « jouer », davantage de contrôle.

*

Louis de Funès était un acteur extraordinaire, il a rencontré un large public, mais n'a joué, au sommet de sa carrière, dans aucun « grand » film. Comme le constate Jean-Michel Frodon, il n'a eu droit de son vivant « qu'à l'indifférence ou au mépris du monde "culturel" et notamment cinéphile ». Louis de Funès privilégia toujours ce qui lui semblait être au service du personnage qu'il s'était créé, sans penser que la mise en scène pouvait le traverser, le transcender. « La chance de ma vie a été de ne jamais rencontrer un grand metteur en scène. [...] Moi qui n'ai tourné qu'avec des metteurs en scène commerciaux, il fallait que je me débrouille tout seul. Il n'y avait, dans les personnalités que je jouais, que ce que j'amenais »[13]. Un numéro d'acteur, du divertissement et rien d'autre. Du théâtre de boulevard, au cinéma. C'est ce qui différencie Louis de Funès de comiques tel Jacques Tati, qui apportait par sa mise en scène une vision du monde. Le cinéma burlesque et la comédie sont intéressants à analyser. Certains, tels Chaplin ou Keaton, sont parvenus à décrypter leur société avec un regard incisif, à être des sortes de fous du roi populaires. D'autres, se contentent de jouer sur les marivaudages ou les bassesses humaines, sans porter ni forme, ni sens.

*

« Un acteur cherchera presque toujours la solution de facilité, et s'il s'y abandonne, il se peut qu'il soit fichu », dit Nicholas Ray[14] (qui a été acteur avant d'être metteur en scène). Le cinéaste a la responsabilité d'entraîner l'acteur plus loin

---

13. Cité par Jean-Michel Frodon, in *L'Âge moderne du cinéma français, de la Nouvelle Vague à nos jours*, Paris, Flammarion, 1995, p. 166.
14. Nicholas Ray, *Action. Sur la direction d'acteurs, op. cit.*, p. 288.

qu'il ne serait allé… sans lui. Plutôt que de « direction », parler
d'accompagnement. Le cinéaste est *comme* le coach de l'acteur.

*

Youssef Chahine affirmait qu'il dirigeait les acteurs en
les hypnotisant. Il disait : le cinéaste doit se mettre dans
l'état émotionnel que l'acteur ressent pour le rôle, pour la
scène, pour le plan à tourner. On ne peut pas tricher. Ni
d'un côté, ni de l'autre[15].

*

Pour qu'un acteur se donne *corps et âme* à son cinéaste,
il faut qu'il accepte de se faire déposséder. Vases communicants entre le cinéaste, l'acteur et le scénario… d'où toutes
les prouesses, tous les épanouissements, mais aussi toutes
les confusions de sentiments peuvent émerger.

Plutôt que de « diriger » les acteurs, le cinéaste donne
la direction du film, le sens à prendre (en instrumentant
l'acteur, avec sa bénédiction ou à son insu). Art de la maîtrise et du lâcher prise. Du don et de la captation.

L'instinct de l'acteur lui dicte ce qu'il va ou non accepter,
à quel jeu se prêter, à qui se confier – ou, au contraire, se
heurter.

On parle de l'instinct de l'acteur, comme on évoque
l'intuition féminine.

Être acteur, ce serait avoir la capacité de « se donner »
complètement (comme on peut s'abandonner en faisant
l'amour) et il y aurait une forme d'intelligence particulière
liée aux émotions. À cette prise de risque : entre instinct et
introspection.

*

L'acteur joue de son propre instrument.

*

Corps et direction d'acteur. Des cinéastes (Dario Argento,
Abel Ferrara, John Woo…) privilégient une esthétique liée
au travail formel sur le corps. Aller dans les entrailles (le
film gore). Orchestrer une chorégraphie de la violence (avec
la question éthique du regard, avec ou sans complaisance).
Le sexe, en point de mire (avec la délimitation entre ce qui
appartient ou non au domaine de la pornographie).

---

15. Lire le témoignage donné par Youssef Chahine à Isis Plantier, repris
dans la deuxième édition de *La Direction d'acteur, op. cit.*

Comme en peinture, le fil du rasoir entre figuration et abstraction, entre cinéma expérimental et cinéma narratif : équilibre entre forme et sens. Le corps peut faire office d'exutoire ou de sacrifice. Les corps à corps renvoient à des questions existentielles.

*

Plusieurs cinéastes (et quelques acteurs, dont Benoît Poelvoorde)[16] prétendent qu'il ne faut pas être intelligent pour être bon acteur. Dans le *Journal* d'Andréï Tarkovski (à la date du 12 juillet 1971), on lit : « Les acteurs sont stupides. De ma vie, je n'ai encore rencontré un acteur intelligent. Pas une seule fois ! J'en ai vu de bons, de méchants, de vaniteux, de modestes – mais d'intelligents, jamais. J'ai vu un acteur intelligent une fois, dans *Les Fraises sauvages* de Bergman – mais c'était le réalisateur. »[17] Ces propos peuvent aisément se comprendre, sans polémique. Un acteur ne doit pas « penser », mais « vivre ». Un acteur ne doit pas s'investir dans chacun des personnages du film, mais défendre le cheminement d'un seul rôle (le cinéaste, au contraire, doit en permanence jauger des rapports de force entre les différents personnages de son film, pour ne pas qu'il y ait, au final, de déséquilibre).

Il y a sans doute moins d'acteurs « stupides » au théâtre qu'au cinéma, car ils se prennent davantage en charge : ils ont un rapport différent au texte, parce que le processus de composition passe, généralement, par le temps des répétitions. Au cinéma, des répétitions qui s'étendent sur plusieurs semaines avant le tournage, cela ne se produit pratiquement jamais – l'acteur doit tout de suite *être*, sans sas de décompression. Sans intellectualiser.

*

Lonsdale m'a un jour dit qu'il avait souhaité être acteur, pour rester enfant, pour continuer à « jouer ».

« Les acteurs forment une race étrange. Ils ont tous neuf ans. C'est l'âge où ils s'arrêtent de grandir », écrit Jerry Lewis[18].

*

À propos de ses rôles, Micheline Presle m'affirme : « Ils ne m'appartiennent pas. » Plaisir de s'être fait « voler »

---

16. In *Qu'est-ce qu'une star aujourd'hui ?*, *op. cit.*
17. Édition française définitive parue en 2004, Cahiers du Cinéma.
18. Jerry Lewis, *Quand je fais du cinéma*, *op. cit.*, p. 69.

quelque chose de soi grâce à un metteur en scène, à ce qu'il décèle, à ce qu'il révèle.

Beaucoup de cinéastes font des films pour comprendre ce qu'ils ont à révéler d'eux et de leurs interprètes. La divulgation de ce que l'on cherche ne s'opère, souvent, qu'en cours de route. Il y a une part divinatoire, dans le cinéma.

*

Certains cinéastes privilégient le *rapport de confiance*. Ainsi, Jean Renoir était-il célèbre pour amener ses acteurs exactement là où il le désirait, sans tension et en harmonie humaine. « À un acteur qui, au cours d'une répétition, m'a donné une interprétation que je crois fausse, je ne dis jamais "c'est mauvais" ou "vous avez tort". Je dis : "C'est admirable. Votre conception de ce rôle est grandiose, mais je vous demande de répéter la scène encore une fois, juste pour régler quelques points de détails". L'acteur redit la scène, et je lui fais remarquer une incohérence flagrante, ou bien j'attire son attention sur la possibilité de mieux toucher le public en donnant moins d'importance à tel ou tel point. Peu à peu, à force de répétitions, je grignote la résistance de l'acteur et obtiens de lui non pas ce que serait mon interprétation, mais ce qui, je pense, est pour lui l'interprétation favorable de la scène. » La méthode de Renoir tient en trois points. Le premier est une connaissance intime de la vérité de chaque rôle – le cinéaste éprouve, avant son acteur, le processus psychologique de son personnage, ses objectifs, ses sentiments, sa vie intérieure. Le deuxième point concerne l'acteur lui-même : le cinéaste doit suffisamment appréhender ce qu'il peut lui demander, pour savoir jusqu'où il peut le mener dans son interprétation. Cette connaissance provient soit d'un travail antérieur avec l'acteur, soit du fait de l'avoir déjà vu jouer, soit de l'intuition. Car si on peut parler d'instinct de l'acteur, il faut bien reconnaître au cinéaste la prémonition de ce qu'il peut provoquer. Le troisième point est le plus important. Il s'agit de rassurer son acteur, en ne l'affrontant pas si son jeu n'est pas tout de suite en adéquation avec la situation de la scène… mais en lui répétant à quel point il est un acteur de talent… qui peut essayer *autre chose*. Il ne s'agit pas de flatter l'ego de l'acteur, mais de mettre en place un véritable art de l'esquive, qui lui permette de trouver la *vérité intérieure* de son rôle par tâtonnements, sans être brusqué, sans qu'il se cabre. C'est ce qui fait dire à Renoir : « Je sais que j'ai atteint le résultat voulu lorsque l'acteur est persuadé que la modification apportée par ces répétitions vient de lui, et lorsqu'il déclare, citant mes changements : "J'ai conseillé à Renoir de changer ça et ça. Il a accepté et la scène a beaucoup gagné". » [19] Il y a quelque chose de l'ordre de la psychanalyse dans ce processus. Le cinéaste permet à son acteur d'aller chercher *en lui* ce qu'il extériorise dans le film.

Dans un documentaire intitulé sobrement *La Direction d'acteur* (1969), Renoir guide une apprentie actrice, Gisèle Braunberger. Elle apprend un texte qu'elle doit ensuite jouer devant la caméra. Le travail commence par des répétitions. Le cinéaste est assis face à son actrice. La première consigne est de « ne pas jouer », de lire le texte sans émotion, de manière froide, sans aucune intention psychologique. C'est ce que Renoir appelle une « lecture à l'italienne ». L'expression est aussi utilisée par les metteurs en scène et les acteurs de théâtre qui se réunissent pour lire une pièce avec la plus grande distance possible… ceci afin d'en effectuer une première approche qui ne soit téléguidée par aucun préalable. La répétition permet petit à petit à l'actrice de s'approprier ses répliques, de passer de l'étape de débit distancié du texte à celle de la personnalisation, de la rencontre entre son personnage et elle – sans que ni l'un ni l'autre ne prennent le dessus. Le cinéaste propose à l'actrice de se lever. Enfin, la cristallisation se produit, en marchant, en associant le jeu au mouvement, la voix au corps. La méthode renoirienne demande du temps. Avant le tournage, l'organisation de répétitions n'est pas toujours possible. Pendant le tournage, il faut avancer. La direction d'acteur devient aussi la capacité du cinéaste à gérer simultanément son planning et sa « matière humaine », à ne pas s'enliser dans les aléas du plateau, à rester disponible, à l'écoute, à stimuler ses acteurs.

*

L'acteur ne peut être rassuré que par un cinéaste auquel il confère une compétence supérieure. Car comment un acteur, qui a déjà une longue expérience dans le métier, peut-il se laisser « diriger » par un cinéaste débutant ? Une bonne part de la réussite « thérapeutique », en psychanalyse, tient dans les vertus présupposées de l'analyste. Un

19. Jean Renoir, *Ma vie et mes films*, Paris, Flammarion, 1974. Nouvelle édition : coll. « Contre-Champs », Paris, Flammarion, 1987, p. 122.

« patient » qui ne fait pas confiance à son psy a très peu de chances d'obtenir une quelconque satisfaction introspective.

« Je compare le metteur en scène de cinéma à un psychiatre. Il doit en quelque sorte se glisser sous la peau de ses personnages », écrit Fritz Lang [20].

« Se glisser sous la peau », ce n'est pas seulement être à l'écoute, mais aussi pouvoir intervenir, donner des indications.

*

En quoi consistent les indications qu'un cinéaste peut donner à ses acteurs, sur le plateau ? Elles peuvent être de plusieurs ordres.

Psychologiques : à tout moment, pouvoir dire à son acteur où il en est dans le cheminement de son personnage, lui préciser quels sont ses sentiments sur ses partenaires, quelle est la part de non-dit, de sous-texte. Le tournage ne se déroule généralement pas dans l'ordre chronologique du récit (pour des raisons d'organisation et de logistique). Le cinéaste doit insuffler à son acteur l'enjeu de chaque scène.

Émotionnelles : entre deux prises, des indications de jeu, du type : « sois plus souriant, plus triste, plus en colère, plus calme, plus nerveux »… Tout est affaire de dosage, d'équilibre. Certains cinéastes, sans rien dire, tentent d'amener l'acteur à *vivre* l'état émotionnel du rôle.

Rythmiques : marcher plus lentement ou plus vite, dire son texte avec un débit plus ou moins accéléré – Franck Capra a créé un véritable style en demandant aux acteurs de jouer leurs rôles avec plus de dextérité que dans la vie. La vitesse fait partie de la réussite de ses comédies : le tac au tac des répliques ne laisse pas de répit aux spectateurs.

Gestuelles : allumer une cigarette, se gratter le nez, s'enfiler un verre d'alcool, prendre la main de sa partenaire – les mouvements du corps participent au jeu autant que le texte… une réplique n'est pas dite de la même manière en fonction de ce qui occupe ou non les mains de l'acteur (« tenez-vous droite » était la principale indication donnée par Claude Sautet à Sandrine Bonnaire sur *Quelques jours avec moi* -1988-, sachant que son maintien déterminerait pour une bonne part l'impression donnée par son personnage).

---

20. Fritz Lang, *Trois Lumières*, coll. « Cinéma », Paris, Flammarion, 1989, p. 213. Première édition : *Présence du cinéma*, 1964, textes réunis et présentés par Alfred Eibel.

Mimétiques : certains cinéastes éprouvent le besoin de jouer eux-mêmes la scène pour montrer à leurs acteurs ce qu'ils attendent d'eux – le danger étant alors que l'imitation prime sur la *vérité intérieure*.

Psalmodiques : comment placer sa voix, articuler, bafouiller, accentuer l'intonation sur tel ou tel mot, sur telle ou telle syllabe, inspirer, laisser un silence entre deux mots, ne pas terminer sa phrase – ou comment la manière de dire peut changer le sens du texte.

Cinématographiques, enfin : quand la caméra participe explicitement à la direction – le cinéaste peut signaler à l'acteur dans quelle grosseur de plan il le filme ; la chorégraphie entre les mouvements de caméra et les déplacements de l'acteur contribuent à la composition de l'interprétation.

*

La direction d'acteur a partie liée avec différents éléments de la mise en scène – principalement le cadre et la direction de la photographie. La mise en place des lumières et des mouvements de caméra doit-elle être au service des acteurs ou les acteurs doivent-ils adapter leur jeu à la caméra ? Les deux écoles cinématographiques coexistent et ont chacune leur pertinence. L'évolution des techniques cinématographiques (sensibilité de la pellicule, légèreté de la caméra…) peut aussi avoir une incidence sur le *type* de dispositif filmique. Un acteur ne joue pas de la même manière s'il a une totale liberté de mouvement dans le décor ou s'il a des contraintes précises liées à l'emplacement de la caméra et des lumières. Marlène Dietrich, dans les films de Josef von Sternberg, devait se plier à un positionnement extrêmement précis. Un petit rayon lumineux arrivait là, juste pour souligner les yeux de l'actrice, qui si elle bougeait de quelques centimètres retombaient dans l'ombre. Tous les acteurs ne sont plus habitués aujourd'hui à déterminer ainsi leur spatialisation, avec une précision millimétrique, sur un plateau de cinéma.

*

Hitchcock prétendait qu'il faisait de la direction de spectateurs. Pour lui, la narration prime sur toute autre considération. L'acteur est au service d'une mise en scène, « où on lui demande de n'être plus qu'une présence-absence, un visage sans pensée, un regard, un pas, un geste. Hitchcock a une conception très koulechovienne : c'est le montage et l'interaction entre le regardant et le regardé, qui produit l'essentiel du jeu »[21]. La direction des acteurs se poursuit *après* le tournage, en leur absence. C'est du rapport des plans entre eux que naît l'émotion, le suspense.

*

La direction d'acteur est comme un jeu de ping-pong. Envoyer, renvoyer la balle : c'est par la justesse de ses interventions que le cinéaste convainc. Il doit anticiper les questions que l'acteur se pose et y répondre. Quoi de plus rassurant pour un acteur qu'un cinéaste qui vient spontanément lui parler des sujets qui le taraudent sur son rôle ?

Mais la direction d'acteur doit pour moi s'individualiser et garder une part de confidentialité. J'aime entretenir avec chaque acteur un rapport différent, avant et pendant le tournage. Sur le plateau, je les prends à part et je ne donne pas d'indications à la cantonade. Ce que dit à ce sujet Sidney Pollack entre en écho avec ma propre sensibilité : « J'évite de donner des indications à un acteur devant un autre acteur. Parce ce que si je faisais cela, il saurait que ses moindres mouvements sont observés non seulement par moi, mais aussi par son partenaire. »[22]

*

Beaucoup de grands cinéastes sont, à un moment ou un autre, passés devant la caméra : De Sica, Fassbinder, Godard, Lubitsch, Polanski, Renoir, Truffaut, Von Stroheim, Welles,... sous forme de clin d'œil, Hitchcock... ou plus récemment Emir Kusturica, David Lynch, Lars von Trier... Car comment diriger un acteur sans savoir quelles sensations il peut ressentir, quel inconfort cela peut être de ne pas savoir comment dire une réplique, avoir l'impression de ne pas être juste ?

La direction d'acteur reste insaisissable et gardera toujours sa part de mystère. Les cinéastes reconnus comme les « meilleurs directeurs d'acteurs » par les interprètes eux-mêmes sont souvent ceux qui donnent très peu d'indications sur le plateau. Un regard, un signe peuvent être tout aussi efficaces que de longs discours. Une seule indication (sur la manière de parler plus ou moins vite, sur la façon de porter tel ou tel habit, de manipuler tel ou tel accessoire)

---

21. Jacqueline Nacache, *L'Acteur de cinéma*, Paris, Armand Colin, coll. « Cinéma », 2003, p. 75.
22. Sidney Pollack, in Laurent Tirard, *Leçons de cinéma, op. cit.*, p. 44.

peut donner le *la*. Ce n'est pas à la quantité du discours que l'acteur voit à quel point le cinéaste est *avec* lui.

Parfois, le cinéaste découvre le ton de l'interprétation de son acteur sur le plateau. Jamais il n'a imaginé lui-même le phrasé, la manière spécifique dont l'acteur s'accapare le personnage… mais ils se révèlent au-delà de ses espoirs. Lonsdale m'a raconté son premier jour de tournage avec Joseph Losey. Il répète sa première scène. Le cinéaste le prend à part :

– C'est comme cela que tu comptes jouer ?
Lonsdale l'interroge à son tour :

– Oui. Il y a un problème ?
Il craignait que son jeu ne convienne pas au cinéaste, mais Losey lui répond :

– C'est juste pour savoir. Comme cela, je vais rapprocher la caméra.

La *rencontre* entre l'acteur et son rôle a eu lieu, et il serait absurde de vouloir la déranger. En bon vampire, le cinéaste adopte cette proposition tombée du ciel. La direction d'acteur consiste alors davantage en l'adéquation entre prise de vues et interprétation, qu'à tracer les grandes lignes du jeu et de la psychologie. Le talent du cinéaste est comme l'art de s'adapter, de savoir quand il faut dire « oui » ou « non ». Certains acteurs font des propositions à leur metteur en scène sur la façon de dire le texte, de porter un vêtement, de manipuler un accessoire. C'est un vrai plaisir pour moi de voir l'acteur ainsi s'impliquer… à condition qu'il ne s'accroche pas à une suggestion dont je ne voudrais pas.

Certains cinéastes ont la hantise de cet instant, d'autres (dont je suis) ne vivent que pour lui… je veux parler de la prise de possession par les acteurs de leurs rôles, quand soudain ce qui était écrit sur le papier se met à vivre.

Beaucoup de cinéastes craignent les acteurs, les voient comme de potentiels adversaires pouvant détourner le sens du film par une interprétation qui ne respecte pas l'équilibre entre les rôles – certains acteurs n'ont-ils pas naturellement tendance à tirer la couverture à eux, au détriment de leurs partenaires de jeu ?

De nombreux acteurs ont la hantise que leur travail leur échappe. Ils ne pourront rien faire si au montage le cinéaste choisit une prise où ils ne sont pas à leur avantage, décide de supprimer une scène où ils ont donné le meilleur d'eux-mêmes, préfère axer les contre-champs sur leurs partenaires. Le cinéaste voit toujours son film comme un *ensemble*.

*

Mettre en scène : savoir ce que l'on veut et en même temps garder intacte la possibilité de découverte, d'émerveillement. Avoir une capacité à rebondir, à saisir des opportunités inattendues. À *voir* et *entendre* les acteurs dans l'exploration émotionnelle de leurs rôles.

*

La mise en scène est souvent évoquée comme un art de la manipulation. Mais n'y a-t-il pas aussi une propension, chez certains acteurs, à vouloir manipuler leur metteur en scène, pour être « mieux filmé », pour apparaître sous leur meilleur jour, pour qu'on les identifie au film ? Le *star system* hollywoodien impose parfois par contrat le nombre de gros plans de l'acteur principal du film, tel qu'il doit être retenu au montage. Que ce soit sous la contrainte juridique (quand l'acteur, par exemple, est coproducteur du film) ou par chantage affectif, le bras de fer peut prendre différentes formes.

L'argent joue aussi son rôle. Un acteur non payé par la production ; une star qui prend par son seul cachet le tiers du budget du film… voilà deux extrêmes fréquents sur les plateaux de cinéma. Martin Karmitz évoque « une affaire de morale », quand il dit : « Un metteur en scène ne peut pas être moins payé qu'un acteur. »[23] Le *star system* ne se résume pas à Hollywood. Il y a dans chaque industrie cinématographique cette propension au vedettariat. D'où cette pratique, qui existe un peu partout dans le monde, et qui consiste à mieux rémunérer les acteurs connus que les cinéastes des films auxquels ils participent.

*

Jacqueline Nacache définit la direction d'acteur « comme un rapport de pouvoir et de concurrence, sous quelque forme qu'il se présente. » Pas de direction d'acteur sans rapport de force. Nacache a également raison de dire : « Tout film semble au fond un piège tendu aux acteurs, toute direction est vampirique »[24], mais il faut préciser que la direction peut aller dans les deux sens. « La conviction la mieux partagée par les cinéastes de la modernité a été que l'on ne pouvait travailler au cinéma qu'à partir de ce qu'était l'acteur », écrit

23. Marin Karmitz, *Profession producteur*, *op. cit.*, p. 100.
24. In *L'Acteur de cinéma*, *op. cit.*, p. 70.

Alain Bergala, qui réfère à Rossellini, mais aussi à Bresson, démontrant que ce rapport carnassier à l'acteur englobe des démarches cinématographiques extrêmement diverses, voire opposées. Dans cet article intitulé « La non-direction d'acteur selon Godard », Bergala précise : « Faire un plan ou faire un film, pour Godard, c'est entrer avec l'acteur dans un agencement où chacun a besoin de l'autre, où l'acteur apporte son énergie et sa substance, où l'on n'essaie pas, de prise en prise, de se rapprocher d'une prestation imaginaire du comédien, mais de tout remettre en jeu, à chaque fois. »[25] Cela interroge le rapport entre scénario et mise en scène. Quelle marge d'ouverture ? Quelles découvertes narratives sont-elles possibles en cours de route ?

Certains cinéastes provoquent les tensions volontairement sur les plateaux, pour que l'acteur « sorte de lui », pour qu'il lui donne ses tripes, pour capter sa vulnérabilité.

Si le cinéaste est en déséquilibre, s'il est mis à mal par des conflits avec son équipe ou avec la production… un acteur peut se sentir insécurisé et tenter contre lui un coup de force, une prise de pouvoir. Cela se passe souvent de manière pernicieuse. L'acteur peut être de mauvaise foi. Prétendre ne pas comprendre ce que le cinéaste veut, pour arracher un sourire potache à l'équipe ou pour essayer de prendre le dessus. D'imposer sa loi, sa propre *vision* du film.

« Les acteurs, comme les enfants, vous mettent parfois à l'épreuve, pour savoir jusqu'où ils peuvent aller. Si cela va trop loin, la contamination peut gagner les autres acteurs et les techniciens. Et vous avez soudain perdu tout contrôle. En général, l'acteur souhaite que le metteur en scène conserve une haute et ferme main sur le film. »[26]

« Il arrive aussi que des comédiens veuillent diriger », écrit Chabrol. « Soit ils ont déjà fait de la mise en scène, soit ils ont l'intention d'en faire et ce sont des metteurs en scène rentrés. […] Très souvent, les comédiens qui veulent faire preuve d'autorité se glissent dans vos propres failles. […] Si vous réfléchissez un peu trop, ils se faufilent. […] C'est sans doute la raison pour laquelle je n'ai pas tourné avec certains comédiens. Alain Delon, par exemple. Nous avons senti l'un et l'autre, assez astucieusement, qu'un seul des deux dirige-

25. In *La Direction d'acteur au cinéma*, *Revue d'Études théâtrales* n° 35, dirigé par N. T. Binh, 2006, p. 71.
26. Jerry Lewis, *Quand je fais du cinéma*, *op. cit.*, p. 95.

rait sur le plateau et que ce ne serait pas lui. Par conséquent, il valait mieux éviter de travailler ensemble. »[27]

La loi française attribue à l'acteur la possibilité d'interdire qu'on utilise son image à d'autres fins que celles initialement prévues (par exemple, il sera impossible d'intégrer des scènes tournées pour un film dans une autre production, sans l'accord de l'acteur). Mais l'acteur ne peut pas intervenir sur le montage définitif du film. Tout en étant, pour le public, l'élément le plus visible, tout en apportant une part de création essentielle, l'acteur n'en reste pas moins, qu'il le veuille ou non, tributaire du cinéaste.

*

Klaus Kinski faisait partie de ces acteurs qui ne supportaient pas qu'on les « dirige ». Voici la reproduction d'un échange mouvementé entre lui et le cinéaste Werner Herzog, sur le tournage du film *Aguirre, la colère de Dieu* (1973) :

Kinski : – Maintenant, nous tournons. Allez-y et tournons cette merde.

Herzog : – La caméra ne tourne pas tout de suite.

Kinski : – Je joue maintenant et comme je l'entends. […] On doit cesser de me donner des conseils de ménagère. […] Je ne veux pas de metteur en scène. Vous n'avez rien à m'apprendre.

Herzog : – Non, naturellement, je n'enseigne rien.

Kinski : – Vous êtes un débutant, vous êtes un metteur en scène de nains, mais pas un cinéaste pour moi !

Herzog : – À présent, ne m'insultez plus !

Kinski : – Insulter, insulter ! Vous ne pouvez pas m'insulter davantage qu'en me donnant des indications de mise en scène. Rien que cela est une insulte.[28]

Ce dialogue est intéressant, car il pointe quelques-uns des démons cinématographiques. Il y a d'abord le rapport à la technique – Kinski ne supportant pas d'attendre, la caméra doit lui répondre au doigt et à l'œil… et si elle ne « tourne pas tout de suite », alors qu'il est prêt, c'est qu'il y a forcément pour lui une déficience du côté de l'équipe. « Mettre en scène » n'est pas en effet « enseigner »… mais le plus grand acteur du monde a toujours quelque chose à apprendre (sur lui, sur le film, sur le monde). La mégalomanie de Kinski lui rend odieuse l'idée même de recevoir des didascalies, d'avoir

27. Claude Chabrol, *Comment faire un film, op. cit.*, p. 42 et 43.
28. *Filmtelegramm*, 1973.

sur le texte qu'il doit jouer la moindre direction. *Il est le rôle.*
Quand l'acteur s'identifie totalement à son personnage,
répercutant les humeurs de son personnage au-delà du plateau, cette confusion peut amener aux plus grands débordem-
ments. Comment gérer la folie ? Kinski prétend qu'Herzog
n'est pas un cinéaste pour lui, alors qu'ils ont déjà travaillé
ensemble et qu'il sera le cinéaste avec lequel il tournera le
plus grand nombre de films. C'est que chacun des deux y
trouve son compte, que la manière dont Kinski incarne ses
personnages convient à Herzog. Mais cela ne se produit pas
sans crise, sans tiraillements. Il suffit de visionner le documentaire qu'Herzog a réalisé après la mort de l'acteur, sur
leurs rapports, pour comprendre à quel point il y a là quelque
chose de pathologique – le tournage se transformant en
guerre de tranchées. Le titre du documentaire est déjà en
soi tout un programme : *Ennemis intimes* (1999). On y voit
Kinski s'époumoner sur le plateau des tournages, partir dans
des colères homériques, ne pas supporter la moindre contra-
riété, la moindre perte d'attention. *Il est le centre* et entend
le rester. Kinski n'a pas l'intention de prendre la place du
cinéaste, puisque pour lui il n'y a pas de mise en scène – il
n'y a que son jeu à filmer. Le cinéaste n'est là que pour lui
permettre de s'extérioriser, de *prendre corps.*

*

Entre cinéastes et acteurs, plusieurs relations possibles.

La projection. Le rapport fonctionne sur le mode idéal
de la transfusion à double sens : les acteurs se nourrissant
du regard du cinéaste qui les guide ; les acteurs se donnant
aux rôles, offrant au cinéaste leur gamme d'émotions.

L'amour. Le cinéaste et l'actrice (l'acteur) se séduisent.
Dès lors, les rapports *entre* acteurs se posent : car le cinéaste
n'aura-t-il pas tendance à privilégier l'actrice (ou l'acteur)
avec qui il a une liaison plutôt que ses partenaires de jeu ?

La haine ou la déception. Le cinéaste n'est pas satisfait de
ce que lui offrent ses acteurs, de ce qu'ils incarnent. Les acteurs
ne peuvent qu'amoindrir le rêve du film – par définition, ne
pas être à la hauteur. La mise en scène se déploie à partir de
cette frustration originelle. L'acteur peut en être dépité.

L'incompréhension. Le cinéaste ne donne pas d'indications intelligibles à l'acteur. Il n'y a ni don, ni confrontation,
ni écoute. Chacun déploie son énergie indépendamment de
l'autre : le cinéaste se concentrant sur ses mouvements de
caméra, sur son décor, sur son découpage… et se contentant

de « prendre » ce que l'acteur lui cède, dans l'ignorance de l'échange. Cela peut paraître étrange, mais un grand nombre de cinéastes n'ont pas conscience de ce qu'est l'acteur… et encore moins de ce que peut être le « diriger ». Le miracle, c'est que ça marche, si l'acteur n'en prend pas ombrage et qu'il a été choisi pour un rôle à sa mesure.

J'ai été souvent frappé de voir sur des tournages certains cinéastes ne pas regarder *de face* leurs acteurs jouer. Ils fixent l'écran du moniteur vidéo qui retransmet ce qui est en train d'être tourné. Et souvent, l'écran vidéo est disposé dos à l'action, voire dans une autre pièce. Je pense, moi, qu'il faut être avec les acteurs pendant qu'ils jouent, à côté de la caméra… et pas devant un écran télé. L'attention et la relation se mesurent aussi à ce genre de « détails ».

*

Cas particulier des personnes filmées dans un documentaire. Peut-on parler de « personnages », et de « composition » ? Comment les contacts pris préalablement interfèrent-ils sur la prise de vue ? À quel point le désir du film est-il ou non partagé ? La présence de la caméra est-elle exhibée ou dissimulée ? Les cadrages organisent-ils l'action ? Le dispositif favorise-t-il une captation ou une re-création ? Quels liens entre filmeur et filmé ? Selon la manière dont le cinéaste met en scène le réel, et les relations qui se tissent, un processus similaire à la direction d'acteur peut advenir. Avec un même phénomène d'empathie sur le plateau et de dépression post-natale, une fois le tournage achevé.

*

Après le tournage, les liens se distendent. L'acteur offre son talent à un autre metteur en scène. Le cinéaste part sur de nouveaux projets de films. La force des émotions vécues ensemble pour la construction d'un rôle s'estompe. Quand il n'y a pas de film en vue, le cinéaste et l'acteur perdent l'essence de leur rapport. C'est comme une *vieille histoire d'amour*. Ils ne peuvent plus rien se donner[29]. Toute direction d'acteur est une union suivie d'un deuil. Mais le film demeure, comme la trace d'un lien dont le temps n'épuise pas le mystère.

---

29. N. T. Binh m'a raconté combien Sautet (sur qui il a réalisé un documentaire, *Claude Sautet ou la magie invisible*) craignait de revoir des acteurs avec qui il avait déjà travaillé. Car le cinéaste percevait l'attente d'une nouvelle proposition de rôle… et cela faussait pour lui toute relation.

SON, MONTAGE, MUSIQUE

Un « bon » acteur se reconnaît à la texture de sa voix. Au tournage, le choix des micros a son importance. Micros-cravates, micros uni ou multidirectionnels influent sur la spatialisation sonore et sur la présence des comédiens.

*

La tendance majoritaire « voco-centriste » consiste à privilégier les dialogues[1]. Or le son peut aussi exister indépendamment des dialogues. Au-delà de l'efficacité (la perception des répliques, appuyer telle ou telle action), il existe bel et bien un imaginaire sonore. Tati, Bresson, Duras, Godard… sont quelques-uns des cinéastes, en France, à avoir intégré une dimension sonore à leur mise en scène.

Sur une fiction, si la prise de vues est quasi systématiquement favorisée sur la prise de son, c'est parce que l'on peut résoudre les parasitages (l'audibilité des dialogues) en post-synchronisation (les acteurs pourront venir se doubler). Il faut avancer dans le tournage, tout retard peut nuire à l'équilibre de la production.

*

Avoir une « pensée du son » qui ne se limite pas à assurer, techniquement.

*

Comment mettre en scène la parole et comment mettre en scène des actions sans dialogue ? En fonction des réponses apportées, nous aurons affaire à un cinéma singulier ou à une redondance pléonastique entre images et sons.

---

1. J'emprunte l'expression « voco-centriste » à Michel Chion, qui a écrit de nombreux ouvrages sur le son au cinéma. Lire en particulier : *Un art sonore, le cinéma. Histoire, esthétique, poétique*, Paris, Cahiers du Cinéma, coll. « essais », 2003.

*

La captation de la parole est un enjeu essentiel du cinéma documentaire, car elle renvoie au point de vue qu'on peut avoir sur le « réel » et sa re-présentation ; elle interroge précisément le lien entre le cinéaste et la personne filmée.

*

Au montage, il faut opter pour le réalisme ou les effets sonores. Sons seuls, bruitages, sons d'ambiance peuvent être retravaillés, mais rares, très rares sont les cinéastes qui parviennent à créer un univers sonore.

En amont du tournage : comment, dès le scénario, penser les scènes en termes sonores. En aval : comment « tisser » les sons entre eux. Par le son, recomposer l'espace.

À l'examen d'entrée de l'INSAS (école de cinéma belge) que j'ai passé en 1985, un exercice m'a particulièrement marqué. Il fallait construire une narration avec trois plans sonores : un gros plan, un plan moyen et un plan large. Un étudiant de deuxième année de la section « son », muni d'un nagra (appareil d'enregistrement), était au côté des candidats pour suivre leurs indications. Nous devions jouer entre nous les rôles et nous servir des accessoires à portée de main, comme effets sonores. Grâce à cet exercice, j'ai compris qu'il pouvait y avoir une différence entre la grosseur de plan à l'image et au son, que les possibilités de décalages étaient infinies. Tati, dans *Les Vacances de M. Hulot*, s'amuse à nous faire entendre en gros plan sonore la balle de ping-pong, alors que les vacanciers qui jouent à se la renvoyer, sont à l'arrière-plan de l'image. Hiatus comique.

*

Tournage, montage : renoncer et réinventer.

*

Au montage, le cinéaste et le monteur se retrouvent face à la matière première du film, qu'il faut raffiner, malaxer, pour en tirer le meilleur parti, donner au film le mouvement définitif. Certains cinéastes exècrent la salle de montage : c'est pour eux une chambre de supplice, là où ils découvrent toutes les imperfections de leur film. D'autres la considèrent comme le moment ultime pour colmater les brèches. Au montage se profile la justesse de la symphonie visuelle et sonore.

Un film peut totalement être réécrit au montage : on peut inverser l'ordre des scènes, changer le sens de l'action.

Le monteur devient le complice du cinéaste plus que n'importe quel technicien. Car contrairement à ce qui se passe au tournage, les décisions peuvent se prendre sans précipitation. Le monteur a souvent un recul que le cinéaste n'a pas sur ses prises de vues. Il faut être impitoyable avec sa matière filmique et ne viser qu'à la cohérence, quitte à supprimer un plan, une scène à laquelle on tient. Savoir ce qui appartient à l'ordre de la narration, du rythme (à construire)… et de l'affectif (à bannir).

Certains cinéastes montent eux-mêmes (Welles), d'autres sont volontairement absents de la salle de montage et viennent de temps à autre, pour donner leurs indications, en espérant que le monteur ait fait des trouvailles, en espérant redécouvrir leur film. Stimuler son monteur. Jerry Lewis, acteur mais aussi réalisateur, l'explique : « J'accorde à mon monteur beaucoup de considération, sur le plan de la création. Lorsqu'il est meilleur que moi, lorsque sa façon de traiter mes films les rend meilleurs que l'idée première, je le laisse faire et m'en trouve bien. […] Toutefois, lorsqu'à tort ou à raison, c'est telle chose que je veux, je lui dis : "voilà la coupure", et il n'y a pas de discussion. »[2]

Comme le travail du scénariste, le travail du monteur est trop souvent méconnu et sous-estimé. Il y a un côté propédeutique dans le montage, c'est là que le film prend sa forme achevée. Le monteur est toujours au service du cinéaste… ou du producteur… selon la philosophie du cinéma à laquelle on réfère. Il ne peut pas prendre de décisions seul sur des options narratives distinctes que celles initialement prévues. Idéalement, il épouse la « vision » du film en l'alimentant d'une nouvelle force, en malaxant la matière première pour l'affiner et en faire œuvre d'orfèvre.

Il est illusoire de penser que tout peut « se rattraper » au montage. Pas de montage sans pensée préalable, sans indications données en amont dans les choix de cadrage et du jeu d'acteur. Même si l'on réfère à un film composé exclusivement d'archives, leur recherche et leur utilisation sont préexistantes au montage. Chris Marker, dans son film *Le fond de l'air est rouge*, colorie ses archives (à l'étalonnage) et fait se juxtaposer plusieurs *voix off*, énoncées par plusieurs acteurs différents, qui se répondent, comme dans une polyphonie.

---

2. Jerry Lewis, *Quand je fais du cinéma*, *op. cit.*, p. 153.

Nombre de films documentaires précisent leur narration au montage. Est-ce pour cette raison qu'Alain Resnais, qui commença par réaliser des courts métrages documentaires, fait souvent le pari du montage, pour ses longs métrages de fiction ? C'est au montage qu'il découvre si les structures complexes qu'il tente de mettre en place tiennent leurs promesses.

*

D'après le monteur et cinéaste Henri Colpi : « pour qu'un film soit bien monté, il ne faut pas *une* image de trop. »[3] Le montage, le rapport des plans entre eux, établit la cadence du battement de cœur du film. Un montage qui ne respecte pas la « vision » de la mise en scène peut saccager le « sens » du film.

*

« Quand, à l'instar de Flaubert, un écrivain retravaille son texte à la recherche d'une perfection littéraire, il supprime des mots, en redistribue d'autres, et écrit des passages nouveaux. Le cinéaste qui monte peut couper, mais il ne peut plus tourner. Ainsi, même s'il aboutit au film, le montage crée en grande partie par la destruction. »[4]

*

Tarkovski : « Monter un film de manière juste, correcte, signifie ne pas rompre le lien organique entre certains plans et certaines séquences, comme si le montage y était contenu à l'avance, comme si une loi intérieure régissait ses liens, et en fonction de laquelle nous avions à couper et à coller. [...] Le montage est un pénible processus de recherche d'une articulation entre les plans, destiné à faire ressortir l'unique essentiel déjà contenu dans le matériau. [...] L'ordre donné aux plans relève en quelque sorte de leur essence. » Tarkovski s'oppose aux théories d'autres cinéastes russes, à l'idée d'une dialectique donnant du sens (Eisenstein, Koulechov). Il juge cette démarche « conceptuelle » et antinomique avec la nature organique du film. En évoquant *Le Miroir*, il explique comment il n'a pas tout de suite réussi à trouver le bon rythme, le bon ordre, la bonne narration au

3. Henri Colpi, *Lettres à un jeune monteur*, Paris, Éditions Les Belles Lettres-Archimbaud, 1996, p. 156.
4. Eugène Green, *Poétique du cinématographe*, Arles, Actes Sud, 2009, p. 100.

montage de son film. « Puis un beau jour, alors que j'avais désespérément imaginé une dernière variante, le film apparut, le matériau se mit à vivre, les différentes parties du film à fonctionner ensemble, comme si quelque système sanguin les réunissait. »[5] Je me sens proche de la pensée de Tarkovski, mais pour le montage, comme pour tous les éléments constitutifs de la mise en scène, il n'y a pas une seule approche globalisante possible. Certains cinéastes ont une vision extrêmement précise de la manière dont ils veulent tourner (l'angle de prise de vue, le mouvement de caméra, la focale utilisée étant décidés de manière telle qu'il n'y a pas d'autre moyen de tourner – le point de vue de la caméra est celui-là, et pas un autre). D'autres cinéastes tournent à plusieurs caméras, avec une plus grande part d'improvisation et/ou avec plusieurs grosseurs de plan une même action. Ces choix de mise en scène ont une incidence sur la latitude possible au montage.

*

Montage : déprime et exaltation. Fellini parle de « chambre de réanimation ».

*

La musique est une autre forme d'écriture. Elle peut être préexistante au film. Stanley Kubrick a choisi de préférence des morceaux de musique classiques, pour l'accompagnement de ses films. Les partitions des comédies musicales sont composées avant le tournage. Mais en général la musique originale d'un film s'écrit au montage, après vision des images.

Le compositeur de la musique originale d'un film a comme interlocuteur privilégié le cinéaste. Avec ses mots, le cinéaste dit au compositeur ce qu'il attend de lui. Le compositeur fait des propositions, qui peuvent être acceptées ou refusées. Le compositeur accepte que sa musique soit mixée avec les autres pistes de la bande sonore : dialogues, sons seuls, bruitages et sons d'ambiance. Certains compositeurs souffrent de voir leurs compositions reléguées au rôle d'adjuvant ; d'autres comprennent parfaitement la logique cinématographique et acceptent d'en être les serviteurs.

Le « grand compositeur » est-il celui qui porte avec lui sa personnalité et dont les instrumentations se reconnaissent,

5. Andrei Tarkovski, *Le Temps scellé, op. cit.*, p. 136 et 137.

de film en film (rejoignant ainsi la notion d'œuvre)? Comment concilier la création artistique du compositeur et les besoins de la mise en scène? L'idéal reste sans doute la conjonction entre fortes individualités (Michel Legrand et Jacques Demy, Nino Rota et Fellini, Ennio Morricone et Sergio Leone). Pour l'accomplissement, il faut l'osmose. Ni redondance, ni effet de style gratuit. De grands compositeurs (Vladimir Cosma, Georges Delerue) rendent indissociables les films de la partition musicale à laquelle ils renvoient.

Certaines musiques de films se confondent avec le souvenir du film. J'irais même plus loin : certaines musiques de films rendent le film meilleur. Je redécouvre, grâce à Cosma, les films d'Yves Robert. Il faut réhabiliter *Le Grand Blond avec une chaussure noire*.

*

Comment un cinéaste choisit-il le compositeur avec lequel il va travailler? Comment la rencontre a-t-elle lieu? Exemple de Polanski. « Lorsqu'il a perdu son compositeur, Krzysztov Komeda, il a cherché avec beaucoup d'exigence un nouveau collaborateur. Il propose à Philippe Sarde de faire un essai de composition sur *Le Locataire* (1976). Ce test a consisté à mettre en musique le générique début du film, c'est-à-dire à trouver le thème du film qui conditionne dès les premières secondes le spectateur. Philippe Sarde réalise une partition axée sur l'idée du verre qui occupe une place centrale dans la narration (la défenestration); pour ce faire, il utilise un instrument aux sonorités froides avec le glassharmonica. Parce qu'il a traduit, dès les premières secondes de musique dans le film l'idée principale du récit avec succès, Philippe Sarde obtint le contrat sur ce projet ainsi que sur les suivants. »[6]

Vladimir Cosma a proposé à Yves Robert de mettre des sons de mouettes quand la jupe d'Anny Duperey se soulève, dans *Un éléphant, ça trompe énormément*. À la première projection privée du film, le producteur compare ce son à un bruit de chasse d'eau et une pression forte est portée sur le compositeur et le réalisateur pour qu'ils l'effacent. Ils tiennent bon. Il est aujourd'hui associé au film et l'image de la jupe qui se soulève avec la musique et ce son est celle que l'on retient.

---

6. Propos reproduits par Stéphane Lerouge dans « La projection musicale », *Les cours de cinéma*, Forum des images, Paris, 13 février 2009.

*

Émotion (angoisse, joie, amour), rythme, contrepoint au récit, effet (de comédie, de suspens, de surprise) : les apports musicaux au film sont infinis… et font du cinéma un « art total », car réunissant plusieurs formes artistiques en son sein.

Du temps du cinéma dit « muet » (sans bande sonore synchrone), les films étaient le plus souvent accompagnés par une musique, tantôt écrite (sous forme de partition) tantôt improvisée. Avec pianiste ou avec orchestre.

*

Séverine Abhervé, dans sa thèse de doctorat sur les compositeurs de musique de films en France, déplore ce qu'elle appelle « l'effet Tarantino » : la proportion qu'ont de plus en plus de cinéastes à reprendre dans leurs films des musiques préexistantes, à ne plus confier à un compositeur le soin de créer une musique originale. Cela, pour plusieurs raisons. Une volonté de pastiche (tout le cinéma de Tarantino est référentiel ; il ressemble pour cela à une approche publicitaire, qui excelle dans l'art du recyclage). Vouloir adosser son film à des tubes préexistants. Maîtriser davantage la bande musicale du film sans prise de risque artistique. Acquérir à moindre coût une musique (la création d'une bande originale nécessitant des engagements financiers à la fois sous forme de rétributions salariales et de frais d'enregistrement)[7].

*

Montage son. Comment, en instillant l'ordre des scènes, penser le son et la musique.

Les sons d'ambiance, le bruitage peuvent être réalistes (coller à l'image) ou porter une part d'inventivité (une part d'interprétation). Lister tous les sons nécessaires, pour donner de la substance, avoir une force de propositions, tester des univers sonores qui puissent donner du relief au film, nous entraîner dans une autre dimension.

---

7. Séverine Abhervé déplore le manque de reconnaissance des compositeurs et leur précarité financière. In *Compositeur de musique de films dans l'industrie cinématographique française. Définition, caractérisation et enjeux d'un métier en mutation*. Thèse de doctorat soutenue à l'université de Paris 1 Panthéon-Sorbonne, le 14 février 2011.

Lynch crée l'angoisse dans ses films par le son. Par le souffle.

*

Le mixeur et le cinéaste décident comment se répartissent les différents éléments de la bande sonore. L'image est projetée dans un auditorium ; le mixeur devant la table de mixage règle les différents niveaux, la spatialisation, la réverbération, les effets sonores. Le mixage a un rôle artistique essentiel. Isoler un son par rapport à tous les autres. Ou au contraire entrelacer sons et musique de sorte que tous les éléments se conjuguent de manière indistincte.

Le son se mixe (presque toujours) par rapport à l'image. Et si l'erreur était là, dans cette primauté de l'image ? Et si l'image avait tout à gagner dans un renversement des hiérarchies, pour être porteuse d'autres sens, de nouvelles émotions, de nouvelles narrations ?

CHAMP DE BATAILLE

Le cinéaste n'est jamais complètement sûr de lui. Il doute… car malgré toutes les précautions qu'il peut prendre, il sait qu'une partie de son film se découvre en cours de route. Et si la rencontre n'avait pas lieu ? Si cette part d'indicible propre à chaque projet restait de l'ordre de la quête ? Si le pari n'était pas relevé ? Si le cinéaste n'était pas à la hauteur de ses rêves ? S'il se décevait lui-même ? J'ai rencontré de nombreux cinéastes qui détestent leur travail, qui n'y voient que les défauts, mais qui face à la critique, dans des interviews, dans les actes de promotion des films, affichent une tranquillité trompeuse.

Le cinéaste est tellement investi dans son film, qu'il ne peut plus avoir le regard vierge du spectateur. D'où l'importance de l'accueil des critiques et du public. L'écrivain, le peintre, le sculpteur sont aussi dans l'incapacité d'avoir une distance critique sur leur travail de création. Mais ils n'auront pas comme le cinéaste le souvenir des contingences de production qui interfère dans leur jugement. Car comment un cinéaste peut-il faire abstraction de tout ce qu'il n'a pas eu sur un film, faute de financements, comment oublier que la pluie a empêché de tourner la séquence-pivot du film en extérieurs, comment ne pas souffrir en visionnant une répartie entre acteurs qui sur le plateau ont transformé le texte d'origine, qu'ils n'arrivaient pas à apprendre ? Comment se résoudre à tant de déperdition ? Quel cinéaste ne s'est-il pas maudit un jour de ne pas être parvenu à ses fins pour un plan, pour une scène, pour un film entier ?

Ou alors, le cinéaste peut se faire philosophe et prétendre, comme Federico Fellini : « Tout ce qui arrive au cours de la conception, de la préparation du tournage ou du montage, est utile au film. […] Il n'y a pas de conditions idéales pour la réalisation d'un film, ou plutôt : les conditions sont toujours idéales, puisque ce sont elles qui en définitive, ont permis de faire le film tel qu'il est. »[1]

---

1. Federico Fellini, propos recueillis par Ornella Volta, in *Fellini*, L'ARC, Librairie Duponchelle, 1990, p. 63 et 64.

*

Un général, un meneur de troupe, se cache derrière tout cinéaste, et nombreux sont les exégètes à comparer le cinéma à l'art de la guerre, le plateau d'un film à un champ d'opération militaire. Dans le film de Godard, *Pierrot le fou* (1965), Jean-Paul Belmondo rencontre à une soirée parisienne un cinéaste américain, Samuel Fuller (dans son propre rôle). À la question qui lui est posée : « Qu'est-ce que le cinéma ? », Fuller répond : « Le film est comme une bataille. L'amour, la haine, l'action, la violence et la mort. En un mot : l'émotion. » Mais la figure à laquelle il est le plus souvent fait référence est Napoléon. Ainsi, Michel Ciment dans l'ouvrage qu'il consacre à Kubrick mentionne-t-il le projet inabouti du cinéaste de réaliser un film sur l'Empereur. « La voix *off* de Napoléon aurait expliqué combien il préparait ses campagnes méticuleusement, mais si vous remplaciez "campagne" par "film", c'était exactement ce que faisait Kubrick. Voilà par exemple ce que disait Napoléon dans le scénario : "Il n'y a personne de plus prudent que moi dans l'organisation d'une campagne. J'exagère tous les dangers et tous les désastres qui pourraient arriver. Aux yeux de mon état-major je semble parfaitement serein, mais je suis comme une femme en train d'accoucher". »[2] D'après Peter Biskind, Coppola, après avoir assisté un jour à la projection du film *Napoléon* d'Abel Gance, s'est tourné vers sa voisine et a déclaré :

– Je veux être ce type.

– Qui ça, Gance ?

– Non, Napoléon.[3]

Napoléon, c'est encore lui à qui Bresson fait allusion dans ses *Notes sur le cinématographe*. Quand il écrit : « Cinématographe, art militaire. Préparer un film comme une bataille », une note de bas de page précise : « Pendant la nuit, me poursuivait le mot de Napoléon : "Je fais mes plans de bataille avec l'esprit de mes soldats endormis". » Il est étonnant de constater à quel point des personnalités apparemment aussi éloignées que Bresson, Coppola et

2. Michel Ciment, *Kubrick*, Paris, Calmann-Lévy, 2001, p. 280. (Première édition : 1980, édition définitive 2011).
3. Peter Biskind, *Le Nouvel Hollywood*, Éditions Le Cherche-midi, Paris, 2002, p. 469. Traduit de l'anglais par Alexandra Peyre, publié aux États-Unis sous le titre : *Easy Riders, Raging Bulls* aux Éditions Simon & Schuster, en 1998.

Kubrick peuvent avoir une même approche de ce qu'est *être un cinéaste*.

Les plans de bataille dépendent des forces dont le cinéaste-général dispose. Napoléon obtient quelques-unes de ses plus célèbres victoires en prenant de court l'adversaire : il gagne avec un nombre de soldats et une puissance de feu inférieurs – par sa seule force tacticienne. Une qualité essentielle du cinéaste est d'estimer ses besoins, pour relever le pari du film. S'adapter (à ce qu'il a), soulever davantage de moyens *ou* passer la main : telle est l'alternative.

Qui sont les adversaires du cinéaste ? Tous ceux et celles qui l'empêchent de mener à terme sa *vision globale* du film.

Chaque cinéaste adapte à sa personnalité un certain type de stratégie. Certains commencent les premiers jours de tournage par les scènes les plus difficiles, pour souder l'équipe. D'autres au contraire préfèrent commencer par le tournage des scènes dont la mise en place se révèle être la plus aisée, histoire de donner confiance aux troupes, de monter graduellement la pression des exigences. Le cinéaste américain Bud Boetticher a confié à Tavernier « une technique pour gagner du temps lorsqu'on est hésitant : on confie à l'équipe un plan dont le réglage technique (lumière, mouvement d'appareil) est compliqué ; le temps qu'il soit mis en place, on a l'esprit plus clair »[4]. On peut apprécier ou non le cinéma de Luc Besson, mais force est de constater la place de premier choix qu'il a réussi à conquérir au sein de la production française. Et si le succès de Besson était en partie dû à son efficacité dans le management ? Besson, quand il évoque *Nikita*, dit qu'il a pris en compte l'état de son équipe. « Une équipe de tournage, ça se vit au quotidien, il faut s'en occuper. Dans le cas par exemple où on tourne une semaine en intérieur, dans une petite chambre, il faut savoir que soixante techniciens au moins vont bâiller pendant huit jours. Parce qu'on ne peut pas être soixante-dix dans la pièce : il y en aura cinq ou six au travail, et tous les autres dans le couloir, à se démotiver progressivement… »[5] Moral des troupes et aboutissement ont partie liée.

J'ai connu un cinéaste dont le producteur n'appréciait pas les *rushes* du film en cours de tournage. Il y avait des

4. Cité par Michel Chion, in *Le Cinéma et ses métiers*, *op. cit.*, p. 32.
5. Luc Besson, *Aventure et découverte d'un film. L'histoire de Nikita.* Paris, Éditions Pierre Bordas & fils – Gaumont, 1992, p. 138.

dissensions entre eux, mais face à l'équipe le producteur défendait mordicus « son » cinéaste. Car les controverses et les indécisions doivent être chassées du plateau. Une fois que les opérations commencent, le cinéaste et le producteur peuvent encore douter, mais en silence. En aucun cas communiquer leurs angoisses.

Le cinéaste doit répondre aux questions des membres de l'équipe (et on s'attend à ce qu'il soit en mesure de le faire). Car c'est lui qui détermine quand une prise lui paraît suffisamment bonne pour passer au plan suivant. Lui qui insuffle le rythme, non seulement au film, mais aussi au tournage.

Pour gagner sa bataille, le cinéaste donne l'inspiration. L'élan. L'aspiration au film.

*

Étrangeté des transferts entre monde réel et imaginaire : il y a souvent décalque entre le sujet du film et ce que vit l'équipe pendant le tournage. Truffaut en faisait le constat : « Pendant *Jules et Jim*, tout le monde s'était mis à jouer aux dominos, pendant *La Peau douce*, tout le monde trompait sa femme (ou son mari), et depuis le début de *Fahrenheit 451* tout le monde s'est mis à lire. »[6] Cette confusion est l'un des plus grands risques des tournages. Ce n'est plus la raison qui guide, mais une part d'ombre collective… qui peut amener aux pires dérapages. Car si l'égarement peut agiter chacun à titre individuel, il devient incontrôlable à partir du moment où il anime le groupe. Il y a un phénomène de contaminations d'énergies (positives ou négatives) sur chaque tournage.

*

Une étude sur les tournages « à problèmes » reste à mener. Elle décèlerait à coup sûr une série de spécificités du cinéma : des aspects relationnels qui se développent dans le cadre d'un film (où l'irrationnel a souvent une bonne place)[7].

---

6. François Truffaut, scénario de *La Nuit américaine*, suivi du journal de bord de *Fahrenheit 451*, Petite bibliothèque des Cahiers du Cinéma, 2000, p. 151 (première édition : Seghers, 1974).
7. Voir, à ce propos, le documentaire *Au cœur des ténèbres* (réalisé par Eleonor Coppola), sur le tournage épique d'*Apocalypse Now*, et *Lost in La Mancha* (2003), sur le tournage inachevé de Terry Gilliam sur Don Quichotte.

Antoine de Baecque, dans le livre qu'il consacre à la Nouvelle Vague[8], monte en épingle le désaccord intervenu entre Jean Aurel et Brigitte Bardot sur le tournage du film *La Bride sur le cou* (1961). Jean Aurel, proche de Truffaut avec qui il partageait, comme critique, les colonnes de la revue *Arts*, souhaitait, comme beaucoup de jeunes ciné-philes à ce tournant des années 1950-1960, réaliser son pre-mier long métrage, mais c'était sans prévoir la mésentente avec son actrice principale. La production décida d'appeler à la rescousse le mari de Brigitte Bardot, Roger Vadim – d'abord pour superviser le tournage, ensuite pour se subs-tituer au réalisateur d'origine. D'après de Baecque, cette péripétie marque un véritable tournant dans la confrater-nité entre cinéastes issus ou proches de la « politique des auteurs ». Vadim avait jusqu'alors été considéré comme une référence pour les tenants de la Nouvelle Vague, ses premiers films (comme *Et Dieu… créa la femme* – 1956) portant à l'écran une libération sexuelle en rupture avec le cinéma sclérosé de l'époque. Truffaut prend publique-ment la défense d'Aurel, arguant qu'on ne débarque pas un cinéaste de son film et est à l'origine d'une pétition signée par 26 autres cinéastes. *La Bride sur le cou* pose les termes d'un débat qui dépasse *ce* film. Dans le rapport entre un cinéaste et une star : qui a « le pouvoir » ? Comment juger de la compétence d'un cinéaste (Bardot et Vadim arguant, pour justifier leur attitude, de l'incapacité d'Aurel à diriger l'actrice – or le cinéaste réalise ensuite d'autres films, sans rencontrer de semblables problèmes). L'affaire pointe la disjonction entre l'état de droit et la réalité du terrain (car même si un cinéaste est protégé par un contrat ou par le sta-tut que lui accorde la loi, les rapports de force peuvent très vite tourner à son désavantage quand la production décide de lui couper les ailes). Plus fondamentalement encore, penser le cinéaste interchangeable, n'est-ce pas donner raison à tous ceux qui ne voient dans les films qu'un pur divertissement ? Est-ce placer le film au même niveau qu'un spot publicitaire, le réduire à une efficacité narrative (nier l'originalité de la forme et de l'œuvre porteuse de sens) ?

Des films qui ont changé de cinéastes en cours de route, qui ont connu un succès public, existent. Un des exemples

---

8. Antoine de Baecque, *La Nouvelle Vague. Portrait d'une jeunesse*, Paris, Flammarion, 1998.

les plus célèbres reste *Autant en emporte le vent* (1939), dont la mise en scène sur le tournage a été successivement assurée par George Cukor, Victor Fleming (le seul crédité comme réalisateur au générique) et Sam Wood. En réalité, David O. Selznick, le producteur du film, en assuma largement la paternité (aucune décision artistique dont il ne fut à l'initiative). Qu'en déduire ? Que dans la logique industrielle du cinéma hollywoodien, le producteur peut se substituer au cinéaste ?

Certains films dont le cinéaste a changé en cours de route ont été adoubés par la critique. *Spartacus* (1960) devait originellement être réalisé par Anthony Mann. Après avoir commencé le tournage, le cinéaste est remercié par Kirk Douglas, acteur principal et producteur du film. Douglas fait appel pour le remplacer à Kubrick, avec qui il avait déjà travaillé sur *Les Sentiers de la gloire*. L'écrivain Franz Weyergans compare *Spartacus* à d'autres péplums de la même époque : « Kubrick possède un style. Il a un message et plie sa stylistique à ce message. À travers la sujétion qui pesait sur lui, il a sauvegardé sa personnalité. *Spartacus* est d'abord une œuvre personnelle. »[9]

« Il y a fort peu de problèmes, dans la fabrication d'un film, auxquels, du point de vue du metteur en scène, puissent s'appliquer les mêmes solutions », dit Nicholas Ray[10]. Un cinéaste ne peut remplacer un autre sans changer la nature du projet – tirer le film à lui. Ou alors, il s'agit d'une simple *exécution*.

Autant en emporte le vent et *Spartacus* sont riches d'enseignements.

De grands cinéastes peuvent être virés du plateau de leur tournage. George Cukor et Anthony Mann ne sont pas n'importe qui. Ce n'est donc pas de compétences, mais de circonstances ou d'adéquation entre un projet et une production qu'il s'agit.

Selznick écrivit, peu de temps après avoir pris la décision de renvoyer Cukor, qu'il le considérait « comme un des meilleurs réalisateurs auxquels la profession ait jamais eu la chance de prétendre. […] Le départ de Cukor est l'incident

9. Franz Weyergans, *Mais oui, vous comprenez le cinéma*, Éditions du Jour, Bruxelles, 1963, p. 149.
10. Nicholas Ray, *Cahiers du cinéma* n° 27, janvier 1962.

le plus regrettable de ma carrière »[11]. Ce qui justifia cette décision semble être des désaccords sur l'adaptation du scénario à l'écran, la constante intrusion de Selznick sur le plateau et son désir de peser sur toutes les décisions de mise en scène, la mésentente entre Cukor et Clark Gable, l'acteur principal du film – ce dernier reprochant au cinéaste de lui manquer d'attention, d'être davantage à l'aise dans la direction d'acteur avec les personnages féminins.

Étudier la genèse des films est parfois cruel et donne une perception du cinéma souvent éloignée du romantisme. J'avais une véritable admiration pour Burt Lancaster, trouvant formidable qu'une star américaine tourne aussi pour Luchino Visconti. Or, d'après Truffaut, voici comment Lancaster se comporta sur le tournage du film qu'il enchaîna peu de temps après *Le Guépard*. *Le Train* (1964) devait être réalisé par Arthur Penn : « L'histoire d'Arthur Penn est très simple. Il a tourné huit jours sans Lancaster et tout s'est bien passé. Ensuite, deux jours avec Lancaster, et là encore tout semblait aller. Puis il y a eu l'échec du *Guépard* à New York, la critique défavorable, et le lendemain, Lancaster a fait des allusions contre les "films d'art". La nuit suivante, Penn a été avisé par un téléphone de son agent qu'il ne faisait plus le film. Puis Frankenheimer est arrivé et celui-là, Lancaster le manœuvre comme il veut : ici un gros plan sur moi, maintenant un travelling sur moi. »[12]

*

Il faut distinguer les films dont les cinéastes sont à l'origine et les travaux de commande. Voler un film à un cinéaste qui en a écrit le scénario… est un viol. C'est ce qui peut lui arriver de pire – son enfer.

Trois exemples d'enfer, parmi d'autres.

En 1973, sur le tournage du film *Les Granges brûlées*, le réalisateur et co-scénariste Jean Chapot entre en conflit avec Alain Delon. L'acteur prend le pouvoir sur le plateau

11. Lettre de David O. Selznick à M. John Hay Withney, datée du 13 février 1939 et reprise dans le recueil de correspondances du producteur établi par Rudy Behlmer (publié en France aux Éditions Ramsay, sous le titre *Mémos*, en 1984).
12. Lettre de François Truffaut à Helen Scott, datée du 9 septembre 1963, in François Truffaut, *Correspondance*, lettres recueillies par Gilles Jacob et Claude de Givray, Éditions 5 Continents-Hatier, Renens, 1988, p. 247.

au point de choisir le découpage des plans, à la place du cinéaste. Chapot ne réalisa plus jamais de films pour le cinéma, alors qu'il avait à l'époque déjà à son actif deux longs métrages.

En 1978, sur le tournage de *Sophie et le capitaine* (avec Julie Christie et Jacques Perrin dans les rôles principaux), Liliane de Kermadec entre en conflit avec sa productrice, qui suspend les prises de vues au bout de deux semaines, apparemment sans raison autre qu'une démonstration de pouvoir[13]. Les acteurs, les co-scénaristes, l'équipe de la cinéaste se déclarent solidaires, souhaitent que le tournage reprenne, comme une partie de la profession, Resnais et Tavernier en tête… Le film est resté inachevé. Bien que reconnue comme une réalisatrice (son précédent long métrage, *Aloïse*, avait été retenu en sélection officielle du Festival de Venise et obtenu un excellent accueil critique), Liliane de Kermadec s'est essentiellement reconvertie dans le documentaire. Elle n'a pu poursuivre son cheminement de cinéaste de longs métrages de fiction comme elle le souhaitait, et ce malgré un talent évident.

En 2001, Julien Séri s'est fait débarquer au bout de six semaines de tournage de *Yamakasi*, qu'il avait co-écrit et qui aurait dû être son premier long métrage. Le producteur du film, Besson, évoque, pour justifier sa décision, le retard pris sur le plan de travail; Séri rétorque que le nombre de semaines de tournage prévu n'était pas réaliste… et le plaçait d'emblée dans un défi impossible à relever. L'origine du conflit semble plutôt être le refus du cinéaste de suivre les « conseils » de Besson pour le découpage et la mise en scène.

La France n'est pas les États-Unis. Doute et champ de bataille dépendent des règles du jeu. Vouloir décalquer le système de production d'Hollywood au cinéma français n'est pas sans effets pernicieux. Le risque est de perdre des deux côtés : artistiquement et économiquement.

En France, les cinéastes renvoyés de leur tournage voient leur carrière en pâtir, sous le mode du : « pas de fumée sans feu ». Aux États-Unis, rares sont les cinéastes ayant fait carrière qui, à un moment ou un autre, ne se sont pas fait éjecter par la production.

---

13. Lire à ce sujet : « Liliane de Kermadec dit tout », *Cahiers du cinéma* n° 292, septembre 1978.

Pas d'auteur sans général capable de mener la bataille. Mais pas de général sans savoir *qui décide quoi*. Ce n'est qu'après avoir déterminé les prérogatives de la production et de la mise en scène que l'autorité peut s'établir. Organisation de la production et rapport de force sur le plateau s'imbriquent intimement.

Au-delà du débat sur le droit d'auteur ou le *copyright*, se pose une posture morale : une vision du monde et du cinéma. Assujettir le cinéaste et inféoder la création se conjuguent trop souvent pour nier l'œuvre au profit du produit (et non associer l'un à l'autre).

*

Quand j'ai commencé à donner des cours de cinéma à la Sorbonne, je croisais toutes les semaines Éric Rohmer. Les horaires étaient conçus de telle manière que nos cours se succédaient dans la même salle, face aux mêmes étudiants (mais il y avait un plus grand nombre d'auditeurs aux cours de Rohmer ! – en particulier, une série de jeunes comédiennes, qui n'étaient pas inscrites à l'université, mais qui venaient pour écouter le Maître, dans l'espoir de décrocher un rôle). Les cours de Rohmer variaient du tout au tout : il pouvait aussi bien s'agir de conférences sur Murnau ou Griffith – deux de ses cinéastes fétiches – que de la présentation commentée des *rushes* de son dernier tournage. Rohmer avait déjà à l'époque atteint l'âge de la retraite, mais il tenait à continuer à enseigner, sans doute pour garder un contact avec la jeunesse qui était toujours au centre de ses films. Il n'était pas rare qu'il engage d'ailleurs des étudiants comme figurants gratuits. La soirée dansante dans *Les Nuits de la pleine lune* (1984) était ainsi majoritairement composée d'étudiants en cinéma. Avant d'être chargé de cours, j'avais moi-même été son étudiant. Je me rappelle de propos véritablement passionnants débités d'une petite voix monocorde. Il fallait se placer aux premiers rangs pour pouvoir l'entendre. Il ne regardait jamais l'auditoire. Il s'asseyait sur l'estrade et nous communiquait sa flamme, les yeux baissés. Je crois n'avoir jamais vu de ma vie quelqu'un d'aussi timide. Sa grande hantise semblait être de voir des étudiants vouloir lui parler, à la fin du cours. Il longeait les murs, comme s'il s'apprêtait à fuir. Si je raconte cette anecdote aujourd'hui, c'est pour mieux essayer de cerner ce qu'est l'autorité du cinéaste. Car il n'y a aucune raison pour que Rohmer se métamorphose sur ses tournages et qu'il devienne soudainement un boute-en-train. On peut donc être à la fois un « grand » cinéaste et être totalement introverti. Si certains peuvent ne pas adhérer à l'univers rohmérien, on ne peut nier qu'il y a bien des thèmes, une vision récurrente qui reviennent, de film en film – une œuvre.

Cependant, le premier long métrage de Rohmer, *Les Petites Filles modèles*, est inachevé et le cinéaste n'en a jamais parlé. Il semble qu'il ait eu des problèmes avec son équipe. Une investigation reste à mener. Y a-t-il un lien entre le sinistre financier de ce premier essai cinématographique inabouti et la personnalité du cinéaste[14] ?

Le caractère introverti d'un cinéaste ne l'amène pas automatiquement à réaliser des films intimistes. Peter Biskind raconte la difficulté rencontrée par George Lucas pour financer son deuxième long métrage, *American Graffiti*. Un directeur de studio, approché sur ce projet, dit, à l'époque : « J'imagine mal Lucas diriger un film tellement il a de problèmes de communication. C'est le parfait passif-agressif. Il faut le prendre à la gorge et le secouer pour lui extraire un mot. »[15] On connaît aujourd'hui l'immense succès commercial d'*American Graffiti* (1973) et on vante les mérites de la mise en scène visuelle et visionnaire de Lucas dans la série des *Star Wars*. Que Lucas se soit « réfugié » dans un univers de science fiction n'est pas sans rapport avec sa phobie sociale.

Certains cinéastes, plus communicatifs, rient, s'agitent, s'excitent, donnent dans leurs indications l'impression à leurs collaborateurs qu'ils participent au même élan créatif. D'autres ne s'expriment qu'avec parcimonie, par monosyllabes, les yeux perdus dans leur pensée du film.

Les introvertis pathologiques et les extravertis caractériels impliquent un mode de relation complexe et peuvent, par leur attitude, être source d'incompréhensions.

Ce n'est pas parce que Claude Autant-Lara jetait par terre sa casquette et trépignait de colère quand il n'obtenait pas ce qu'il voulait sur un tournage qu'il faut en déduire que l'autorité du cinéaste équivaut à ses coups de gueule. Il y a autant de cinéastes au caractère bilieux que d'impassibles.

---

14. Peut-être la biographie, en cours d'écriture, rédigée par Antoine de Baecque et Noël Herpe apportera-t-elle des précisions sur ses débuts chaotiques de cinéaste et nous éclairera-t-elle sur les incidences de ce traumatisme initial sur l'œuvre de Rohmer ?
15. Peter Biskind, *Le Nouvel Hollywood*, *op. cit.*, p. 254.

Douceur et introversion peuvent rimer avec détermination.
Il ne faut pas obligatoirement aller prendre des pots tous
les soirs avec ses acteurs ou les membres principaux de son
équipe pour être un « bon » cinéaste. Pour garder la maîtrise de la gestation du film, certains cinéastes ont besoin
de recueillement. D'autres tentent de communiquer, au fur
et à mesure, le cheminement de leurs pensées à leurs collaborateurs, dans la transparence. D'autres encore n'hésitent
pas à mettre en œuvre les pires machinations pour arriver à
leurs fins. Il n'y a pas de rapport automatique entre qualités
humaines et création. La sympathie et le talent n'ont que
faire l'un de l'autre. Le cinéaste n'est pas un G.O. pour club
de vacances.

J'ai connu des cinéastes qui, dans leurs films, développaient une approche sociale, dont les personnages sem-
blaient mus par le désir d'équité… et qui dans la vie avaient
une attitude inverse à leurs récits. L'équipe de leurs films se
rendait compte de ce paradoxe : elle continuait pourtant à
les respecter *comme* cinéastes.

Certains cinéastes trouvent dans leurs films l'éthique qui
leur manque dans la vie. Ce serait cette contradiction qui les
guide. L'aspiration à ce qu'ils ne seront pas – à ce qu'ils ne
seront jamais. *De gauche.*

Le décryptage métaphorique de la vie des cinéastes est
toujours réducteur. Quelle autobiographie trouver dans la
poursuite des ombres des jeunes filles en fleurs des films de
Rohmer ? Les femmes à peine pubères qui hantent ses films
sont-elles le reflet de ses désirs ?

*

Certains types de conflit reviennent de manière récurrente : comme celui entre un cinéaste et son chef opérateur.
Ainsi, Francis Ford Coppola se fâcha-t-il avec Bruce Willis,
sur le premier épisode du film *Le Parrain* (1972). Comme le
rappelle Peter Biskind : « Il (Willis) partageait la conviction
générale que Coppola ne savait pas ce qu'il faisait. »[16] Willis
avait à l'époque beaucoup plus d'expérience que Coppola
des plateaux de superproductions et rêvait, comme beaucoup de chefs opérateurs, de devenir cinéaste. Dans la
composition hiérarchique de l'équipe, le chef opérateur a
directement sous ses ordres tous les techniciens travaillant
au poste « image », ce qui peut, selon l'importance de la

---

16. Peter Biskind, *Le Nouvel Hollywood, op. cit*, p. 168.

production, représenter jusqu'à plusieurs dizaines de personnes. La confrontation entre le cinéaste et le chef opérateur tourne très vite à un choc de titans. L'antagonisme n'a pas toujours que des raisons artistiques, mais peut aussi avoir rapport au pouvoir, au combat de coqs. Organisation du plateau et aboutissement esthétique entrent dans ce cas en opposition. Le chef opérateur, ce qui semble avoir été le cas de Willis, peut demander des heures pour régler ses éclairages – alors que le cinéaste ou la production veulent avancer, pour ne pas prendre de retard sur le plan de travail ou pour profiter de la concentration d'un acteur, pour garder l'élan de la mise en scène.

Un cinéaste qui tourne régulièrement des films enchaîne un long métrage tous les deux ou trois ans – si tout va bien (c'est d'ailleurs là une différence marquante avec la grande époque des studios hollywoodiens ; des années 1930 aux années 1950, il n'était pas rare de voir les cinéastes les plus cotés réaliser un film chaque année, voire plusieurs films par an). Un technicien reconnu pour sa compétence travaille, lui, aujourd'hui, annuellement sur plusieurs longs métrages. À âge égal, un technicien a donc forcément plus d'expérience qu'un cinéaste. Mais l'expérience technique ne suffit pas pour vouloir se subroger au *regard*. Si chaque musicien symphonique joue sa partition sans se soucier de l'élan donné et du rythme conduit par le chef d'orchestre, on tombe dans la cacophonie assurée.

*

Godard rencontra des difficultés sur son premier long métrage. « Les conflits entre producteur, réalisateur, acteurs et équipe sont fréquents et avivés par les méthodes de tournage peu conventionnelles de Jean-Luc Godard. »[17] Jean Seberg, l'actrice principale d'*À bout de souffle* (1959), a à plusieurs reprises pensé quitter le plateau, désorientée par les techniques de prise de vues, d'improvisation, par le non-recours au maquillage, par la limitation volontaire des éclairages… options toutes imposées par le cinéaste. Mais l'actrice devait être tout autant désorientée par la manière non orthodoxe de Godard d'aborder la mise en scène, que par le fait de tourner avec un jeune cinéaste, qui n'avait pas fait ses preuves. La confiance que l'on accorde aux uns ou

17. Michel Marie, *À bout de souffle, étude critique*, Paris, Éditions Nathan, coll. « Synopsis », 1999, p. 18.

aux autres dépend du talent déjà déployé, reconnu – d'un passé qui rassure. *À bout de souffle* a été « sauvé » de la débâcle (l'arrêt du tournage) par trois facteurs. Le premier réside dans la solidarité du producteur, Georges de Beauregard, qui quoi qu'en conflit latent avec Godard, prit le parti de poursuivre le film et d'interdire à quiconque de pouvoir décider de la suspension du tournage sans son accord. Dans ce cas, les autorités du cinéaste et de la production se renforcent, mutuellement. Le deuxième facteur est le contexte historique d'émergence de la Nouvelle Vague et le fait que Godard soit entouré, y compris sur son plateau, de complices avec qui il épouse l'envie de renouveau. Enfin, l'élément qui me paraît le plus important : Raoul Coutard, le chef opérateur du film, non seulement partage les partis pris esthétiques du cinéaste, mais anticipe parfois ses désirs, propose des innovations techniques qui vont dans le sens du radicalisme d'un tournage exclusivement en décors naturels, avec peu de moyens (choix d'une pellicule sensible, au départ fabriquée pour des prises de vues photographiques, que Coutard utilise le premier pour le cinéma ; utilisation d'une chaise de paralytique pour effectuer des travellings au lieu d'une longue installation de la caméra sur rails ; lumières installées en plongée sur les plafonds des intérieurs, afin que toutes les parties du décor soient éclairées de manière homogène…). Coutard adapte la prise de vues à la mise en scène – et non l'inverse. Le cinéaste trouve en lui son principal allié.

*

L'autorité ne va pas sans légitimité. Et la légitimité implique la reconnaissance.

La personnalité plus ou moins charismatique du cinéaste n'entraîne pas automatiquement sa légitimité ; elle se cristallise autour d'un projet. Un scénario, une production, un casting : un cinéaste. C'est lui qui porte l'horizon du film.

Cas particulier du premier film : qui accorde la légitimité au cinéaste de porter son film ? Pas d'autorité de cinéaste sans cadre. Les règles du jeu, quand elles sont transgressées, entraînent les conflits… et parfois, les pires catastrophes.

*

J'ai recueilli de multiples confidences de cinéastes reconnus et expérimentés, qui tous me confièrent les problèmes d'autorité qu'ils rencontrèrent, à un moment ou un autre. Ces incidents n'ont pour la plupart jamais été rendus publics, comme si les cinéastes avaient peur de mettre en cause leur légitimité, comme si les tensions vécues sur un plateau pouvaient nuire à la réputation d'un film.

Une première confidence concerne un des cinéastes les plus réputés, aujourd'hui, en France. Il m'a raconté que, sur son premier long métrage, ses décisions avaient été sans cesse contestées par une partie de l'équipe et par la production. Celle-ci l'a menacé à plusieurs reprises de le virer du plateau, d'interrompre le film, de le démettre. Il se faisait accuser d'être totalement incompétent et on lui conseilla « amicalement » de changer de métier. On lui disait que c'était son premier et son dernier film. Mais ses détracteurs retournèrent leur veste quand son premier long métrage devint un grand succès du box-office. À les entendre, c'était comme s'ils avaient toujours cru en lui.

Un autre cinéaste m'a expliqué comment un de ses films les plus célèbres se déroula pour lui dans une souffrance quotidienne. Son acteur principal ne pouvait plus le voir en peinture et avait imposé, pour continuer son interprétation, qu'il quitte le plateau. Dans une pièce adjacente au studio de prise de vues, il avait un moniteur vidéo qui lui permettait d'assister *en direct* au tournage. L'assistant réalisateur jouait le *go-between* entre le cinéaste et l'acteur, pour lui communiquer ses indications.

Qu'en déduire ? Que le cinéma est une foire d'empoigne ? La conjonction d'intérêts financiers, d'ambitions artistiques, l'organisation d'un groupe (l'équipe, les acteurs), à l'ego souvent surdimensionné, sent le souffre. Il y a intrinsèquement un risque de conflits dans chaque aventure filmique, et bien malin celui qui pense ne jamais y être confronté. Avec le temps, le cinéaste s'exerce à devenir implacable, que ce soit avec le sourire ou en montrant les dents.

Le conflit fait partie de la vie, mais connaît sa quintessence dans nombre de tournages. C'est ce qui fait dire à Kubrick : « Ce n'est pas toujours amusant de réaliser un film, si on veut le faire correctement, parce qu'on est toujours en conflit avec quelqu'un, même implicitement. »[18]

La place du cinéaste interroge de manière métaphorique la hiérarchie au sein de la société (l'équipe du film étant un microcosme social). « L'autorité, écrit Hannah Arendt, est incompatible avec la persuasion qui présuppose l'éga-

---

18. Michel Ciment, *Kubrick*, *op. cit.*, p. 197.

lité et opère par un processus d'argumentation. Là où on a recours à des arguments, l'autorité est laissée de côté. »[19]

Comment à la fois se sentir investi de l'idéal démocratique et prétendre que l'autorité du cinéaste ne se discute pas ? La démocratie ne peut s'épanouir dans l'anarchie et il y a bien une série de « lois » à respecter, dont celle de la *vision* de l'artiste. Ce sont les dictatures qui ont essayé de brimer, de canaliser la création sous une forme et dans un sens qui les agréent. Il n'y a pas de démocratie sans l'acceptation d'une gouvernance, qui impulse une direction. L'élection sanctionne les hommes politiques au pouvoir, en les privant de leurs mandats ou en les maintenant à leurs responsabilités. D'une façon différente, la critique et le public sanctionnent les films et donnent plus ou moins de chances au cinéaste de poursuivre sa filmographie.

19. Hannah Arendt, *La Crise de la culture, huit exercices de pensée politique*, traduit de l'anglais sous la direction de Patrick Lévy, Paris, Gallimard, 1972. Réédition en dans la coll. « Folio Essais », 1989, p. 123. Première édition : *Between Past and Future*, 1954-1968.

IVRESSE DE LA SOLITUDE

Tant que le film n'existe pas dans sa forme définitive, tant qu'il reste à l'état de projet, de repérages, de prises de vue, de montage... le quotidien du cinéaste se conjugue avec la plus grande des solitudes. Il a beau être entouré : travailler avec son équipe, discuter avec ses producteurs, diriger ses acteurs... le cinéaste vit dans son film. Il ne serait pas cinéaste, sinon.

La solitude vient de ce besoin qu'a le cinéaste des autres. De l'argent des autres. De leurs talents. Les écrivains, les peintres, les compositeurs peuvent s'isoler et peindre, écrire, composer de la musique sur papier. Le cinéaste, lui, doit d'abord vaincre les contingences matérielles et les turpitudes humaines. Se battre. Il n'y a pas de film sans prise de pouvoir, sans chaos à ordonner.

Le cinéaste porte le film en lui, de la gestation à l'enfantement. Certains accouchements sont douloureux. D'autres, sous péridurale. La clé de la réussite, c'est l'endurance, la force psychique. Les cinéastes se droguent à leur propre énergie, à leur propre mégalomanie démiurgique. Il y a dans la gestation des films quelque chose de divin et de monstrueux. Toujours.

Dans l'émission d'André S. Labarthe, *Cinéastes de notre temps*, réalisée en 1970, sur Jean-Pierre Melville : « Il y a deux moments majeurs de la réalisation d'un film, pour moi. D'abord, l'écriture, seul, dans la chambre. Ensuite, le montage. Le montage, avec les monteuses. Et puis, le montage, seul, la nuit. » Labarthe pousse le cinéaste dans ses retranchements : « Autrement dit, ce sont les moments de solitude qui sont les plus forts ? » Melville : « Absolument. » Le cinéaste fait à la fois ce pari pascalien de rester seul dans sa chambre et le pari de se confronter au monde.

Ce qu'il y a de monstrueux, chez un cinéaste, c'est que, soudain, seul le film compte. Un peintre peut se retirer dans son atelier. Il ne manipule que le pinceau sur la toile, n'a en face de lui que son modèle. Le cinéaste est face à la production, aux contingences du réel, à l'ego des autres. Le cinéma peut très vite devenir un art du contournement et le cinéaste un iconoclaste, un empêcheur de tourner en rond.

La solitude, ce sont aussi les concessions. Tout cinéaste, à un moment ou un autre, lâche du lest. Sait à quoi il peut renoncer. Ce qui est vital pour le film, ce qui ne se négocie pas. Quelle frontière entre concession et compromission ? Comment se faire respecter, piquer un coup de colère, *ne pas renoncer*. Le cinéaste travaille sans filet. Le cinéma se rapproche plus du cirque que de la littérature.

Le cinéaste n'a pas toujours une vision claire de ce qu'il veut. Il doit en revanche toujours savoir ce dont il ne veut pas. Procéder *par élimination*, comme un peintre.

*

Le cinéaste est un sportif. Comme tous les sportifs, c'est l'adrénaline qui le guide. Sa résistance l'amène au sommet de la compétition... lui permet de mener son film à bon port. Beaucoup de navires se sont égarés. La plupart du temps, le cinéaste ne peut s'en prendre qu'à lui-même. Nombreux sont ceux qui abandonnent, qui réalisent un long métrage... et puis, plus rien.

*

La compétition sportive égrène des résultats factuels, quand il n'y a pas dopage. L'athlète qui gagne le 100 mètres est celui qui court le plus vite. La concurrence entre cinéastes ne bénéficie pas de la même objectivité. Et la rivalité est rude : quand un cinéaste obtient l'avance sur recettes, quand son film est sélectionné à un festival, quand il reçoit un prix... c'est au détriment de l'un de ses confrères. L'art n'est pas une science exacte.

*

La solitude, ce sont les projets avortés. Je ne connais pas un seul cinéaste qui n'ait dans ses tiroirs le scénario d'un film qu'il a failli réaliser et qui, au dernier moment, n'a pu se concrétiser. Tous les artistes ont des projets laissés en friche, mais tous ne dépendent pas comme le cinéaste des autres pour décider de la nécessité de l'œuvre.

*

Entre le cinéaste et le public : incompréhensions. Mystères de la fiction. Certains films, méprisés à leurs sorties, sont devenus de grands classiques (*La Règle du jeu, Lola Montès, Le Voyeur*...). L'insuccès amène invariablement le cinéaste à s'interroger : « Pourquoi les spectateurs ne vont-ils pas voir mon film ? »

Fièvre proche de l'extase, quand les spectateurs sont au rendez-vous, quand le cinéaste parvient à construire un récit auquel ses contemporains adhèrent. Mais avoir son film classé en tête du box-office est parfois encore plus difficile à vivre. À gérer. Risque de perdre pied. Angoisse que le prochain film remette tout en cause, de ne pouvoir se renouveler. Continuer à plaire. *Rester jeune.* Peur de vieillir, de ne plus être en phase avec son époque.

*

La « vérité du film » incombe au cinéaste, c'est pourquoi il attire sur lui les foudres comme les hourras. Ne pas confondre *participation* et *responsabilité* artistique. C'est le cinéaste qui signe le film : pour le meilleur et pour le pire. Les spectateurs, les critiques pourront dire : tel ou tel acteur était formidable, quelle belle image… mais quel navet ! Ils ne diront jamais : tel ou tel acteur était nul, mais quel bon film ! On ne différencie pas l'œuvre du cinéaste. Le cinéaste joue toujours sa peau. Les techniciens et les acteurs peuvent collaborer à un « film nul » sans que leur propre talent soit remis en cause.

*

Entre le cinéaste et la critique : malentendus. Le cinéaste ne comprendra pas pourquoi la critique ne vient pas au secours de son film, pourquoi elle est si virulente (pourquoi tant de haine ?), pourquoi ce déphasage entre la critique et le succès en salles, pourquoi un critique qui a trouvé des qualités à l'un de ses précédents films… peut ensuite émettre des réserves. Pourtant, le pire, c'est l'indifférence… avoir réalisé un film dont personne ne parle, une critique qui se confond avec un *pitch* de cinq lignes[1].

Le cinéaste tend la joue chaque fois qu'il sort un nouveau film. Être cinéaste : faculté à encaisser les coups. Se durcir la peau et garder intacte la capacité d'offrir *aux autres* l'émotion en partage. *Always, always alone* : sans complainte, ni

---

1. À propos des cinéastes et des critiques, voir le documentaire de Maria de Medeiros, *Je t'aime moi non plus. Artistes et critiques* (2004). En interrogeant cinéastes (Pedro Almodovar, David Cronenberg, Manuel de Oliveira…) et critiques (Serge Kaganski, Gérard Lefort…), Maria de Medeiros parvient avec finesse à établir à quel point les relations entre eux sont faites de désir, d'attente, de déception… et de passion.

sentimentalisme. Le cinéaste se fait dur comme du roc, ne doit jamais s'attendrir sur son propre sort.

Le cinéaste est un perpétuel insatisfait. La reconnaissance éventuelle n'y change rien : chaque film est comme un nouveau match à jouer. Une nouvelle manière de se défier. Le cinéaste n'est jamais content de lui, heureusement, car qui déclare *abouti* son dernier film doit s'arrêter : sans *manque*, il n'y a plus de projet cinématographique possible.

*

Alain Riou affirme que « le bon cinéma est un art de cancre ». On ne peut envisager un film qui nous dise « le monde est superbe, tout va bien ». Le cinéma est en soi contestataire. Même les films de Visconti plaident pour un monde qui change.

Le « vrai » cinéaste déroge à la norme. Hitchcock était méprisé par la critique, avant d'être reconnu par les *Cahiers du cinéma*[2].

*

Au producteur et au cinéaste : chacun sa solitude – l'un assure la viabilité financière, l'autre la forme cinématographique. Les risques sont à la hauteur des enjeux de cette « sainte alliance » entre l'art et le marchand. Combien de carrières ruinées après l'échec d'un long métrage ? Combien de maisons de production en faillite ? Le producteur et le cinéaste sont ceux qui ont le plus à perdre… et c'est ce qui les grise. Ils sont mariés ensemble le temps d'un film. Plus, si affinités.

*

Le cinéaste est poussé par une force qui le dépasse. Il déborde d'énergie. Il s'atomise, il se donne tout entier au

---

2. Propos que m'a tenus Alain Riou (en janvier 2011), et qui sont en partie repris dans la pièce de théâtre *Hitch*, dont il est le co-auteur avec Stéphane Boulan. Cette pièce raconte, de manière enjouée, la rencontre entre Truffaut et Hitchcock, en 1962, dans un jeu de fascination et de manipulation réciproques. Voici une réplique tirée de l'acte I (c'est le personnage de Truffaut qui parle) : « Le bon cinéma est un art de voyous. Les cinéastes sont là pour secouer les règles, pour transgresser. Un bon metteur en scène va donc multiplier les fausses pistes, les petits jeux, et amuser le public, pour pouvoir dire, ensuite, des choses importantes. » *Hitch* est paru dans *L'Avant-scène théâtre*, coll. « Quatre-vents », Paris, 2011.

film. Il est le trait d'union entre l'*Ich* et l'univers : il se laisse traverser par le monde, le digère et le restitue par *sa vision*.

*

La souffrance existe. Comme le danseur étoile s'inflige le supplice de modeler son corps *pour la danse*, le cinéaste façonne son cœur *pour le combat du film*. L'art est dans ce dépassement. Souffrance morale et détermination s'affrontent pour donner un plaisir à ce point intense qu'aucun mot de la langue ne peut en rendre compte.

DEUXIÈME PARTIE

L'exception cinématographique

LES LOIS DE L'ART ET DE L'ARGENT

Je suis allé trouver Éric Rohmer, à la fin de l'un de ses cours à la Sorbonne. D'habitude, nous ne faisions que nous saluer poliment, mais là je me confondais soudain à la masse des quémandeurs. Ma requête était simple et ne lui demandait pas trop de temps. Je préparais un volume universitaire, d'articles et d'entretiens, sur le « cinéma européen ». Les débats sur le GATT et l'exception culturelle venaient d'avoir lieu, il s'agissait de prendre position pour défendre les systèmes d'aides et de réglementations cinématographiques, tels qu'ils existent en Europe. Le gouvernement américain voulait placer le cinéma sous le seul registre du commerce et interdire toute mesure « protectionniste ». Si cette thèse était retenue, c'en était fini de tout un pan de la production européenne. L'ouvrage aborderait autant les questions économiques que culturelles et artistiques. Je souhaitais interviewer toute une série de cinéastes de nationalités différentes, pour leur demander ce qu'était pour eux « le cinéma européen », pourquoi cela valait la peine de se battre pour l'« exception culturelle ». Théo Angelopoulos, Bernardo Bertolucci, Bertrand Tavernier, Andrej Wajda, Wim Wenders avaient répondu positivement à mon appel, quoi que je ne connaisse à l'époque personnellement aucun d'entre eux[1]. Il m'apparaissait logique de m'adresser à Rohmer, en tant qu'héritier de la Nouvelle Vague. Rohmer louvoyait. Il baissait les yeux, en me disant de m'adresser à sa maison de production, pour obtenir un rendez-vous et préciser ce que j'attendais de lui. Sa productrice prit bonne note de ma démarche et promit de me rappeler, ce qu'elle ne fit évidemment pas. Après plusieurs essais infructueux, je l'ai à nouveau au téléphone. Elle en a discuté avec Rohmer : « Cela ne l'intéresse pas. Il ne peut parler que de ses propres films, pas de problèmes généraux concernant

---

1. Voir : *Cinéma européen et identités culturelles*, dirigé par Frédéric Sojcher, Éditions de l'université de Bruxelles, 1996.

la profession. » J'ai beau argumenter qu'en parlant de ses films, il peut justement aborder une certaine approche ciné-matographique, qui serait une piste pour le cinéma euro-péen – rien n'y fait, je l'ennuie, elle va bientôt raccrocher. Je croiserai à nouveau plusieurs fois Rohmer, dans les couloirs de l'université – en longeant les murs, il évitera soigneuse-ment d'avoir à engager une quelconque conversation.

Si je reviens aujourd'hui sur cette anecdote, c'est qu'elle pose pour moi la responsabilité du cinéaste. Comment pré-tendre d'un côté que le cinéaste ait le privilège du maître d'œuvre du film et, de l'autre, qu'il se désintéresse de l'organisation cinématographique ? N'y a-t-il pas un devoir moral : celui de sortir de l'individualisme qui consiste à ne s'intéresser qu'à ses propres projets ? Nombreux sont les cinéastes, comme Rohmer, qui se préoccupent peu de leurs congénères, que la confrérie ennuie. Sans connaître personnellement les cinéastes de la Nouvelle Vague, j'ai l'impression d'une trahison. Celle de cinéastes qui, peu à peu, ont opté pour un repli sur eux. Où est passé l'esprit de groupe ? Qu'est devenue l'idée d'un cinéma en phase avec son temps ? Le combat s'est-il transformé en sauvegarde de positions acquises, que d'aucuns qualifient de conformisme – car ce qui était novateur en 1959 peut paraître désuet ou académique aujourd'hui ?

La « politique des auteurs » permit la révélation de la place centrale du cinéaste. Qu'en reste-t-il ? Et de quoi sera fait demain ?

Le noyau historique des critiques des *Cahiers du cinéma* qui passèrent derrière la caméra donna un temps l'illusion d'un « pays des cinéastes », où les destins collectif et indivi-duel iraient de pair. Un essaim de jeunes cinéastes tourna, grâce à la Nouvelle Vague, ses premiers films. Depuis, il y a comme la nostalgie de cet élan commun, de cette envie partagée de cinéma.

Le cinéaste est surtout menacé par lui-même. Sa méga-lomanie tient à son *état*. Comment trouver une harmonie entre la singularité qui nécessairement le définit mais l'indi-vidualise et les contraintes de la production ? Et les aspira-tions du public ? Et cette idée d'art populaire ?

Rohmer se désintéressait de l'*intérêt commun* des géné-rations de cinéastes qui lui ont succédé. En même temps, il était l'un des seuls cinéastes de la Nouvelle Vague à être resté longtemps fidèle à l'« esthétique de la pauvreté » (décors naturels, mise en scène minimaliste), prônée à l'époque dans les *Cahiers*, à cette idée qu'on pouvait réaliser des films avec de très petits moyens. Le rapport entre le coût de production de ses films et leur audience entrait en parfaite équation. L'équilibre entre ses ambitions artistiques et son nombre de spectateurs montrait une réelle « pensée de la production ».

*

Parfois, cinéaste et producteur ne cherchent pas à atteindre la plus grande audience : ils savent dès le départ que leur film s'inscrit dans un axe de recherche, avec un scénario et une mise en scène pour *happy few* – le budget sera réduit en conséquence. Parfois, ils ne souhaitent qu'engendrer le plus grand succès commercial possible – et les considérations créatives passent *a priori* au second plan. Au cinéaste de juguler cette contrainte, comme le firent nombre de réalisateurs à l'âge d'or d'Hollywood.

Cette difficile harmonie, entre art et industrie, est aujourd'hui mise à mal par un nouvel élément perturbateur. Entre le producteur et le cinéaste est venu se glisser un troisième partenaire : la toute-puissance communicationnelle.

Depuis les années 1910, la filière cinématographique se répartit en trois secteurs : production, distribution, exploitation – copiant ainsi le modèle d'autres industries. Charles Pathé, le premier, les majors hollywoodiennes ensuite, se sont vite aperçus de l'importance de la distribution – car il ne sert à rien de produire des films qui ne soient pas diffusés. Avoir sous son contrôle un réseau de distribution qui permette d'« écouler » les films, de les porter à la rencontre des spectateurs dans les meilleures conditions est très tôt devenu un enjeu économique crucial. La conjonction de nouvelles formes de diffusion (télévision de manière massive dès les années 1950, vidéo dans les années 1980, chaînes thématiques, bouquets numériques et satellitaires dans les années 1990, DVD dans les années 2000, VOD et Internet aujourd'hui) et la proportion toujours plus grande du marketing dans la promotion des films opèrent, petit à petit, une transmutation de l'objet cinématographique. La salle de cinéma est devenue, au fil du temps, de moins en moins importante dans le pourcentage global de rentabilisation du film. Plutôt que d'établir une filière cinématographique, il faut désormais maîtriser tous les maillons des circuits de diffusion, qui s'inscrivent davantage dans la logique audiovisuelle et médiatique des grands groupes de communication.

Le film devient un programme comme un autre, une des formes de divertissement possible, et perd son rapport singulier de « fenêtre ouverte sur le monde ». Pourtant, la salle de cinéma reste, pour les superproductions, un lieu de rencontre essentiel avec le public, car c'est encore et toujours le premier lieu de vision du film – du succès en salles dépendra les différentes déclinaisons de diffusion possibles. On assiste alors à une surenchère dans le nombre de copies qui sortent le même jour sur les écrans, pour les *blockbusters*, films au prétendu potentiel commercial prédéterminé (le *blockbuster* se définit par l'immensité des coûts de production, par un choix de casting misant sur le vedettariat et/ou l'emploi d'effets spéciaux spectaculaires). Cette excroissance est accompagnée d'un matraquage publicitaire, destiné à attirer le chaland, à tout prix, et ce dans les plus brefs délais.

*

L'époque actuelle permet-elle encore à un *être seul* de pouvoir offrir au groupe son décryptage imaginaire ? Le paradoxe de la société contemporaine est qu'elle prône l'individualisme, mais nie la création qui déroge à la loi du plus grand nombre. La finalité et la logique de l'audimat entraînent chaque jour davantage la planète globalisée dans une médiocratie médiatique. La notoriété et la richesse financière sont devenues les valeurs cardinales, en lieu et place de l'élévation de l'esprit et du goût de la découverte d'*autres mondes*. Doivent implicitement être éliminés tous débordements des sens. Ou alors, ils seront canalisés dans une violence ou une pornographie de bon aloi (la transgression étant devenue une déclinaison marchande comme une autre). Ou bien encore, ils seront relégués à la marge, loin des grilles de programme du *prime time*. Cela me fait penser à cette blague sur la différence entre la dictature et la démocratie : la dictature, c'est « ferme ta gueule », la démocratie : « cause toujours ». La seule logique économique rend de plus en plus illusoire la possibilité d'un bouche à oreille, d'une émergence spontanée de spectateurs pour une œuvre en dehors des circuits pré-programmés. Si cette tendance perdure et s'aggrave, la démocratie se détournera de sa valeur première… et l'avenir du cinéma ne sera que le reflet symptomatique d'une nouvelle ère.

*

Comment définir le 7e art ? Comme un détonnant cocktail entre création (fabrication du film) et distraction (offerte

aux spectateurs). Les ouvrages d'économie du cinéma définissent le cinéma comme une industrie de prototypes. Et
c'est parce que chaque film est un prototype, qu'il peut aussi
être considéré comme une œuvre – pas seulement comme
un produit.

« L'exception cinématographique », en réunissant un
public hétérogène dans un même lieu autour d'un désir
de fictions, créait un autre rapport à la culture. L'histoire
retiendra ce moment particulier du XXe siècle où est né un
art de masse qui pouvait aussi décrypter ou étriller, être une
vitupération ou un rêve éveillé, une insoumission au monde.
Comme au temps d'Eschyle et de Sophocle, de Shakespeare
et de Molière, une *communion* opérait entre les spectateurs et les grandes œuvres. Divertissement et réflexions se
conjuguaient avec bonheur. Mais le film, contrairement à
la représentation théâtrale, pouvait être projeté au même
moment aux quatre coins de la planète. Les lieux de rencontres entre le public et l'œuvre pouvaient se multiplier,
simultanément. Le cinéma, comme espéranto artistique.

Aujourd'hui, la salle de cinéma n'est plus fréquentée par
toutes les strates de la population, dans la même proportion
que par le passé. Fragmentations des spectateurs : entre un
public adolescent (majoritaire et prioritairement attiré par
les superproductions américaines) et un public plus cinéphile (minoritaire et en moyenne plus âgé).

Art de masse ? Le philosophe Alain Badiou souligne
l'antagonisme qui peut exister entre ces deux notions : *la
masse* renvoyant à la démocratie et *l'art* à un concept plus
aristocratique. Badiou émet plusieurs hypothèses pour
expliquer cette réunion paradoxale. Il évoque ainsi l'idée
du cinéma comme art de masse, « parce qu'il est toujours
à la lisière du non-art »[2]. Mais c'est cette lisière, qui, justement, m'interpelle.

En ne retenant du cinéma que le *pur divertissement*
(à l'exclusion de toute pensée critique de la complexité
humaine) ou le radicalisme de l'*expérimentation cinéphile*
(à l'exclusion des spectateurs en nombre), en refusant la
conjugaison entre art et industrie, la production actuelle
risque de faire perdre à l'exception cinématographique

2. Alain Badiou, « Du cinéma comme emblème démocratique »,
in *Cinéphilosophie*, n° 692-693 de la revue *Critique*, dirigé par Marc
Cerisuelo et Elie During, janvier-février 2005, p. 9.

sa spécificité. Se ranger du côté de la chansonnette (de la variété de strass et paillettes) ou du côté des esthètes : telle est l'alternative, que je récuse.

CINÉMA AMÉRICAIN
ET CINÉMA FRANÇAIS

Si le statut du cinéaste me semble aujourd'hui en danger, c'est en premier lieu à cause des cinéastes eux-mêmes. Certains n'ont posé aucun acte pour empêcher la dérive, se sont contentés, le nez sur le guidon, de penser uniquement à leurs films. D'autres ont « collaboré », ont pactisé avec la société de la communication, ont mis eux-mêmes en place les armes du marketing et de la marchandisation des esprits. Je pense à George Lucas ou à Steven Spielberg, qui furent les premiers à destiner en priorité leurs films à un public pré-pubère, en le gavant d'effets spéciaux, visuels et sonores. Ils se sont amusés à pactiser avec Hollywood, à privilégier des concepts de films dont le *pitch* pouvait se résumer en une phrase, à fuir les ambivalences humaines (pourtant présentes dans toute une série de classiques hollywoodiens – des comédies de Lubitsch et Wilder aux thèmes shakespeariens de la manipulation dans les films de Mankiewicz ou de Welles). On peut comprendre que Spielberg se battît pour réaliser *Les Dents de la mer* (1975), qu'il fût ravi de la sortie du film sur plusieurs centaines de copies, et heureux de bénéficier d'un tapage médiatique comme aucun film d'un jeune cinéaste n'en avait connu jusqu'alors (Spielberg avait 24 ans – des sweat-shirts, mais aussi des glaces, de faux ailerons de requin en plastique, divers accessoires de plage, pyjamas ou tasses en plastique à l'effigie du film furent quelques-uns des éléments de promotion, en plus des spots publicitaires et des campagnes d'affichage). Rien n'obligeait Spielberg à ériger en système une logique exclusivement commerciale, à choisir les scénarios qu'il allait réaliser – et bientôt produire – en fonction d'un *merchandising* qui peut ensuite s'effectuer *autour* du film. Sur *Jurassic Park* – 1993 –, on dénombre pas moins de 1 000 « produits dérivés », déclinant sous toutes les formes les dinosaures du film : des jouets aux *corn flakes* à l'apparence de tyrannosaures rex. « Le film permit d'accumuler en fin de carrière

plus d'un milliard de dollars en *merchandising*. »[1] Spielberg,
quel que soit le talent (l'efficacité) qu'on peut reconnaître à
sa mise en scène, a privilégié une production à commercia-
lisation maximale, passant sur toute autre considération. Et
les dégâts sont énormes… car il y a eu contamination dans
l'explosion des budgets de marketing et dans l'inflation des
coûts, liés (entre autres) à l'usage empirique d'effets spéciaux. D'où un besoin de rentabilité également croissant.
L'« occupation » des salles de cinéma par une poignée de
« films-événements » est maintenant un phénomène récur-
rent de l'industrie cinématographique.

La tendance, amenée par le Nouvel Hollywood, consiste
à transformer le cinéma en ce que Laurent Jullier appelle
« la technologie du son et lumière »[2]. Les *blockbusters* américains conçus comme des films-événements planétaires ne
sont pas destinés à faire sens, mais à épater le spectateur
par une débauche d'effets spéciaux, la pyrotechnique se
substituant au point de vue cinématographique. Plus besoin
du cinéaste : sa singularité est l'ennemie du formatage. Le
cinéaste est relégué, tout au plus, à l'équivalent d'un réalisateur de film publicitaire… L'esthétique hollywoodienne
étant par ailleurs très fortement marquée par un montage
de type vidéo-clip, de nombreux films ressemblent dorénavant à une longue bande-annonce d'eux-mêmes (une efficacité visuelle et sonore, sans substrat). Il n'en a pas toujours
été ainsi. Le « vieil » Hollywood était porteur d'histoires.
Les studios développaient des films dont la cible n'était
pas uniquement le public adolescent. Le film hollywoodien
classique instaurait un système narratif basé sur la causalité
des événements entre eux, qui plaçaient le spectateur face
à un point de vue (l'art narratif renvoyant tant au scénario,
qu'à la mise en scène ou au jeu des acteurs). Le processus
d'identification impliquait une dialectique constante entre
ce que vivait le « double » cinématographique, sur l'écran,
et les émotions ressenties *à sa place* par le spectateur. Le
cinéma devenait ainsi le suprême symptôme de l'altérité,
de la projection et de la capacité de l'homme à se percevoir
à la fois comme force individuelle et comme appartenant

1. Sources : *Variety* 4.10.1993 et *The Observer* 23.07.95, se rapporter à
Joël Augros, in *L'Argent d'Hollywood,* Paris, L'Harmattan, 1996.
2. Laurent Jullier, *L'Écran post-moderne. Un cinéma de l'allusion et du
feu d'artifice*, Paris, L'Harmattan, 1997.

au groupe, au genre humain. Ce besoin de se raconter des histoires, de s'inventer des mythes, qui existe depuis l'origine de l'humanité, trouvait à travers le cinéma l'une de ses formes d'expression la plus accomplie[3]. Or, un « certain cinéma » dynamite actuellement cet art du récit *de l'intérieur*. Les mouvements de caméra au rythme toujours plus effréné, instillés pour la seule beauté de leur chorégraphie, et les effets spéciaux « gratuits » (à la prise de vues comme au montage) transforment le point de vue cinématographique en « bain de sensations ». Le « nouveau » spectateur va au cinéma comme il achète un billet pour faire un tour sur la montagne russe d'un champ de foire. Lucas ne dit pas autre chose : « Mes films sont plus proches d'un tour de manège (*amusement park ride*) que d'une pièce de théâtre ou d'un roman. »[4] Et puis, est-ce un hasard si plusieurs studios hollywoodiens ont ouvert des parcs d'attraction ? Et si dans de nombreux multiplexes il y a dans les halls d'entrée, entre la caisse et les salles de cinéma proprement dites, possibilité de s'installer face à des consoles de jeu vidéo ?

Certains films ressemblent de plus en plus à des jeux vidéo, sont conçus pour être ensuite déclinés en jeux vidéo, qui incorporent des scènes inédites, permettant à leurs usagers de se substituer au metteur en scène, de présider eux-mêmes à la suite des événements « narratifs » (mais peut-on encore parler d'« histoire ») ? Les liens de « causalité » sont pré-programmés, mais donnent l'illusion au « consommateur » d'être aux commandes. Que révèle cette propension à transformer le spectateur en « acteur » d'un récit dont les fils narratifs se réduisent à leurs plus simples expressions ? La sophistication formelle dissimule la vacuité du contenu. Effets tape à l'œil, au profit de la productivité consommatrice. Les films en 3D et les inventions technologiques à venir risquent d'encore accentuer ce processus.

Bien sûr, les films hollywoodiens ne se résument pas aux superproductions à effets spéciaux. Il y a encore des comédies, des « films d'acteurs », des genres qui ne répondent pas à cette inflation pyrotechnique. Mais tout le cinéma hollywoodien semble gangrené par cette philosophie publicitaire, qui

---

3. Pier Paolo Pasolini ne s'y est pas trompé, en adaptant au cinéma une série de contes et mythologies : *Œdipe roi*, *Le Décaméron*, *Les Contes de Canterbury*, *Les 1001 nuits*… ou le sulfureux *Salo*.
4. *Time* du 15/6/81.

se retrouve tant du côté de la conception des films que dans leur promotion. Jullier parle de « l'épuisement du récit classique » et de cette propension à recycler à l'envi des scénarios d'anciens films. Comme s'il était impossible aujourd'hui d'inventer de « nouvelles » histoires. L'une des caractéristiques de la publicité est de s'inspirer de modes, d'images, de référents… re-déclinés au profit d'un produit. Combien de fois le spectateur d'un spot publicitaire n'a-t-il pas le sentiment de voir des images qui lui « rappellent quelque chose », alors qu'il visionne pour la première fois la « pub » en question. Le cinéma hollywoodien dans son ensemble est passé maître dans ce type de recyclage. Peut-on pour autant en déduire que l'art cinématographique est en bout de course, qu'il est condamné à se répéter et par conséquent à perdre toute essence créative ? Répondre à cette question demande une nouvelle fois de s'interroger sur la place du cinéaste, sur sa marge de manœuvre, sur la possibilité qu'il aura ou non de (ré)inventer le monde. Si on se réfère à d'autres formes artistiques, on constate que les créateurs ne viennent pas de nulle part, qu'ils s'inspirent (volontairement ou inconsciemment) de ceux qui les ont précédés… et cela concerne tant la forme que le sujet. L'iconographie religieuse, par exemple, a donné une infinité de chefs-d'œuvre picturaux. L'idée défendue par les tenants de la Nouvelle Vague était que certains cinéastes comme Ford ou Hawks, Hitchcock ou Lang (et ce y compris pour sa « période américaine »), Preminger ou Walsh… étaient parvenus à contourner le système et à imprégner les films de leur propre marque. C'est que ces cinéastes, comme les peintres du quattrocento, savaient quelles étaient leurs contraintes… et une fois le contrat rempli avec leurs commanditaires, se donnaient tout entier à leur art.

*

Edgard Morin a été l'un des premiers à interroger Hollywood et l'alliance qui pouvait se sceller entre art et argent. « Le problème n'est pas de décréter qu'il ne peut y avoir de création originale dans le système capitaliste de type hollywoodien […], c'est de se demander comment il se fait qu'une production aussi standardisée, aussi soumise au produit, ait pu produire sans discontinuité une minorité de films admirables. »[5] Les producteurs de l'Âge d'or

---

5. Edgar Morin, *Le Cinéma ou l'homme imaginaire*, Paris, Éditions de Minuit, 1956 (préface, 1977), p. XII et XIII.

d'Hollywood avaient une idée du cinéma comme art des masses, avec un véritable amour du 7e art (il suffit de lire *Le Dernier Nabab*, de Francis Scott Fitzgerald, pour s'en convaincre). Rien ne dit qu'il en sera toujours ainsi, que la seule logique économique sera – est – toujours compatible avec la création. Il n'y a plus aujourd'hui de grandes figures tutélaires de producteurs, comme David O. Selznick ou Irvin Thalberg. Les directeurs de studios étaient autant obnubilés par la réussite commerciale de leurs entreprises que passionnés de cinéma et premiers spectateurs attentifs des films qu'ils avaient permis de faire naître. Si la direction des industries de la culture est confiée à des cadres issus d'écoles de commerce qui pourraient superviser n'importe quelle entreprise, sans aucun tropisme artistique, la donne change.

*

L'évolution du cinéma indépendant au sein du cinéma américain donne une perspective en forme de trompe-l'œil. Les chiffres indiquent une part de plus en plus importante pour le cinéma indépendant depuis les années 1980, mais de quel cinéma indépendant parle-t-on ? Ces films n'ont la plupart du temps d'« indépendants » que le nom. En étudiant plus précisément les mécanismes de financement et de diffusion du cinéma américain aujourd'hui, on s'aperçoit que la plupart des films « indépendants » sont coproduits ou distribués par les majors hollywoodiennes. L'intérêt pour ces majors est de partager avec les « indépendants » les risques de production, tout en bénéficiant des recettes, en cas de succès. Les règles de marketing et les conceptions des films (scénario, casting) sont les mêmes pour ces films « indépendants » que pour ceux directement initiés par les studios. Au lieu d'apporter une alternative, *ce* cinéma indépendant conforte la dominance du *mainstream*, c'est-à-dire des films conçus pour recueillir le plus grand nombre de spectateurs, sans autre objectif.

Si Hollywood était dans le passé une machine à fabriquer des films, le cinéma en restait le centre de gravité. Aujourd'hui, l'objet filmique risque de se perdre dans l'infinie déclinaison de son *merchandising*. Les films deviennent un prétexte à vendre des espaces publicitaires. Les chiffres montrent que, dans les multiplexes américains, la vente de confiseries rapporte autant sinon davantage aux exploitants que la vente des tickets d'entrée.

*

Alexandre Aja, réalisateur français, appelé par Wes
Craven pour tourner un film d'horreur aux États-Unis (*La
colline a des yeux*, 2006), raconte : « Le marketing a pris le
pouvoir à Hollywoood. Et ce à tel point qu'il devient très
difficile de réaliser un film financé par un studio qui ne soit
pas un *remake*, un "*prequel*" ou un "*sequel*"... Les studios
ont peur des scénarios originaux, d'initier des films qui ne
puissent être rattachés à un succès précédent. Pour mon
film, *Piranha 3D* (2010), le titre a été racheté par le studio,
alors qu'il ne s'agit pas d'un *remake* du film de Joe Dante,
Piranha (1978), mais cela les rassurait. »[6]

Pourtant, Aja est parti aux États-Unis parce qu'il n'arrivait pas à réaliser, en France, des films d'horreur, des films
de genre, tels qu'il les affectionne.

Chaque cinématographie a ses conformismes, liés à l'histoire et au contexte culturel[7].

*

En France, depuis 1945, un système d'aides et de réglementations s'est graduellement mis en place, déconnectant
en partie les films du marché. La réussite du cinéma français tient dans sa capacité à favoriser à la fois l'industrie
du cinéma et des démarches artistiques plus difficilement
compatibles avec une rentabilité économique. Différents
signaux indiquent que ce système risque de péricliter.

La vigueur du cinéma hexagonal, on la trouve dans le
nombre de longs métrages produits (plus de 200 films
agréés par an, depuis plusieurs années consécutives) et
la part de marché des films français en salles (entre 35 et

---

6. Alexandre Aja, entretien avec les étudiants du Master pro en scénario, réalisation et production de l'université de Paris 1 Panthéon-
Sorbonne, au Forum des images, le 10 février 2011.

7. Pour mieux cerner la différence entre la manière de financer et de réaliser les films en France et aux États-Unis, il est intéressant de réunir les
témoignages de cinéastes français comme Jean-Pierre Jeunet, Mathieu
Kassovitz, Jean-Paul Salomé ou Bertrand Tavernier, qui ont tourné des
films aux États-Unis, ces dernières années. Tous s'accordent pour dire
que la composition de l'équipe, le rapport aux acteurs, au « *final cut* »
divergent. Tant Tavernier pour *Dans la brume électrique* (2009) que
Salomé pour *Le Caméléon* (2010) ont dû se résoudre à un montage différent pour la sortie de leurs films en France et aux États-Unis.

50 %, ces dernières années, ce qui correspond à un taux beaucoup plus élevé que les performances réalisées par les autres cinématographies européennes sur leurs marchés nationaux respectifs). Contrairement à une idée reçue, les subventions directes n'interviennent que dans une faible mesure. La cinématographie hexagonale repose sur un système original qui fait participer tous les opérateurs du secteur, de manière obligatoire, au financement des films. Ainsi, les chaînes de télévision généralistes, tant publiques que privées, doivent-elles réglementairement investir 3 % de leur chiffre d'affaires dans le pré-achat de longs métrages. Ainsi, Canal+, la chaîne de télévision cryptée accessible par abonnement, doit-elle investir 12 % de son chiffre d'affaires dans les films français et européens, en contrepartie d'un délai de diffusion plus court pour les longs métrages après leur sortie en salles et de la possibilité de diffusion d'un nombre plus important de films. La réglementation ne concerne pas que les obligations d'investissements, mais aussi les jours de diffusion des films ou l'interdiction de passer les bandes-annonces des longs métrages sortant en salles parmi d'autres spots publicitaires (ceci afin d'éviter de favoriser les superproductions, qui seules auraient les moyens d'acheter ces plages publicitaires). Un équilibre complexe s'est ainsi créé, l'État essayant à travers ces divers dispositifs de ménager à la fois l'industrie nationale du film et de promouvoir les nouveaux talents.

Pourtant, si on y regarde de plus près, la situation semble aujourd'hui morose. Sur les (environ) 200 films produits annuellement, seul un nombre restreint connaît une exploitation cinématographique en salles digne de ce nom ; la part de marché préservée par les films français se concentre sur un petit nombre de titres. Moins de la moitié des films agréés connaît une diffusion télévisuelle sur une chaîne généraliste. Les signes annonciateurs d'un resserrement qui laisse de côté les films ne se rangeant pas sous l'égide du formatage (télévisuel, médiatique, mercantile) se multiplient. Les analystes s'accordent à dire qu'il y a, pour ces films « à la marge », de moins en moins de financements possibles (les « guichets » se réduisent à la chaîne de télévision culturelle, Arte, et à l'avance sur recettes). Vouloir conjuguer l'entreprise commerciale avec un cinéma d'auteur, reposant sur la tradition cinéphile d'une partie des spectateurs (minoritaire, certes, mais suffisamment abondante pour révéler un cinéma *différent*) sera-t-il, dans un proche avenir, toujours possible ?

Un écart trop important entre le nombre de films produits et le nombre de films ayant une large diffusion (en salle et à la télévision) n'est pas signe de bonne santé. Si le nombre de films produits reste élevé, c'est que le « système cinémato-graphique hexagonal » arrive encore à « se protéger » pour partie des lois du marché, à préférer que la machine tourne plutôt que de se complaire dans un « chômage technique »… Mais cette situation peut-elle perdurer ?

Certains défendent de manière de plus en plus nette l'idée de « l'intelligence du public » comme valeur cardinale. Si *le* public préfère *Astérix*, *Taxi* ou *Les Chtis* aux autres productions françaises, il aurait forcément « raison ». De quel droit critiques, cinéphiles ou cinéastes portent-ils un jugement condescendant sur *les* spectateurs ? Ne serait-ce pas par aigreur, parce que *leurs films*, ceux qu'ils réalisent ou qu'ils défendent, n'intéressent plus *le* public ? La première confusion provient d'une pensée totalisante : pourquoi parler du public comme d'un tout indistinct et ne pas prétendre qu'il existe *des* publics ? Je peux, comme tout un chacun, désirer tout à la fois voir des films à grand spectacle *et* des œuvres plus pointues. L'histoire du cinéma montre que nombre de films aujourd'hui considérés comme des classiques ont été mal accueillis lors de leur première exploitation commerciale. Établir une équivalence entre la qualité et le succès public est donc une absurdité (l'inverse l'est sans doute autant : ce n'est pas parce qu'un film ne rencontre pas de succès commercial qu'il est automatiquement paré de vertus artistiques).

Jean Cluzel, qui se présente comme un homme politique ayant toujours combattu « pour le rayonnement de la culture française », établit un livre à charge contre les perversités du système cinématographique hexagonal. D'après lui, la plupart des films produits en France profitent du système de subventions et de réglementation, au mépris du goût du public. Seul Luc Besson aurait compris comment manufacturer les films, puisqu'il est le seul à connaître un succès régulier à l'exportation avec ses productions. Et Cluzel de conclure : « Si l'industrie automobile fonctionnait sur le même schéma, on produirait chaque année quatre millions de voitures pour trois millions d'acheteurs et un million de voitures iraient immédiatement à la ferraille. »[8]

---

8. Jean Cluzel, *Propos impertinents sur le cinéma français*, *op. cit.*, p. 43.

Le film est-il un produit sorti d'une chaîne de montage ? Il est consternant de constater à quel point un homme qui a consacré sa vie à déposer des rapports sur la télévision et le cinéma au Sénat, peut à ce point sombrer dans la démagogie ou être si peu au fait des spécificités de l'économie cinématographique. Toutes les cinématographies du monde (à commencer par le cinéma américain) voient un petit nombre de leurs productions connaître le chemin du succès. Chaque studio hollywoodien part du principe que, si tout va bien, l'une de ses productions va rafler la mise et combler les déficits de tous ses autres films. Prétendre, comme le fait Cluzel, que c'est en réduisant le nombre de films produits que le cinéma français trouvera sa rédemption est donc sans pertinence. Parler ensuite de choix de productions et avancer l'idée que les films doivent plaire au public (toujours considéré comme un tout indistinct) relève de l'idéologie marchande. La comparaison avec l'industrie automobile est révélatrice. Cluzel, en partant d'un constat factuel, arrive à des conclusions fallacieuses. Son argumentation se heurte à deux écueils. Le premier est celui de la diversité : réduire les productions aux seules démarches commerciales est nier tout ce qui a fait la force et la spécificité du cinéma français depuis cinquante ans. Le deuxième écueil est à mettre en rapport avec la notion d'« exception culturelle », car comment à la fois demander une protection et des mesures de soutien financier pour le cinéma pour des motifs culturels et ensuite se soucier d'une seule logique économique ?

Je pense que l'expertise doit aller dans un sens strictement opposé. Si la diversité cinématographique tend à se réduire dans les salles de cinéma hexagonales, il faut se demander comment recréer un tissu social, un désir, une ouverture à *l'autre* et à la différence. Cette position est éminemment politique. Si la moitié des longs métrages français ne sont jamais diffusés sur une chaîne de télévision généraliste, il faut se demander si les chaînes de télévision publique assument pleinement leurs missions. Si les films français qui, ces dernières décennies, ont recueilli le plus grand nombre de spectateurs à l'étranger, *Le 5ᵉ élément, Jeanne d'Arc, Taken*… produits et/ou réalisés par Besson… sont des films dont la version originale est anglaise et dont le casting est porté par des stars américaines (comme Bruce Willis)… il faut se demander si c'est bien là l'évolution souhaitée dans la défense d'un cinéma hexagonal. D'un point de vue économique, Besson a raison, mais culturellement, cette position est-elle satisfaisante ? Autres exemples. *La Marche de l'empereur*, documentaire animalier français sur les manchots qui a remporté un énorme succès aux États-Unis. *Home*, documentaire sur la Terre vue du ciel, diffusé dans 181 pays. Quelles que soient les qualités (ou les défauts) de ces documentaires, on ne peut pas dire qu'ils promeuvent la culture française. Seraient-ce les films déconnectés de toute identité nationale qui auraient le plus de chances de s'exporter ? Alors, comment expliquer le succès planétaire des films hollywoodiens, totalement imprégnés de culture américaine ?

La force d'une cinématographie tient dans sa capacité à établir des règles du jeu claires, pour la production et la diffusion des films.

*

En additionnant le nombre de premiers et de seconds longs métrages en France, on arrive actuellement à la moitié de la production de l'année. Les statistiques font pourtant prédire que parmi les cinéastes ayant réalisé ces films, le plus grand nombre ne fera pas carrière. Il peut sembler naturel qu'un cinéaste qui ne rencontre pas le succès cède sa place. *On lui aura donné sa chance*, la concurrence est rude. Mais peut-on admettre ce jeu de massacre ? Comment expliquer ce phénomène proprement français, dans ces proportions ? Par un jeunisme aveugle ? Par une démagogie cynique consistant à mettre davantage de candidats sur le banc d'essai, pour n'en préserver que la moelle ? Un cinéaste qui ne réussit pas d'emblée un coup de maître (succès public et/ ou critique) a peu de chances de pouvoir poursuivre sa carrière. Le système déraille… en transformant la filière cinématographique en machine anthropophage. La plus grande difficulté pour un cinéaste n'est plus aujourd'hui de réaliser un premier long métrage, mais bien de perdurer.

Dans l'histoire du cinéma, certains cinéastes n'ont été adoubés par la critique et/ou par le public qu'après plusieurs films. Bergman a longtemps été sous-estimé (*Monika* fut considéré, à sa sortie en France, comme un film érotique, sans intérêt). Les deux premiers longs métrages de Luc et Jean-Pierre Dardenne sont passés complètement inaperçus dans l'hexagone[9]… Pour eux, la reconnaissance

___

9. *Falsch* (1987) et *Je pense à vous* (1993, coproduction franco-belge) n'ont pas connu d'exploitation commerciale en France. En Belgique, ces

vient avec le troisième long métrage, *La Promesse* (1996). La Palme d'or à Cannes pour *Rosetta* (1999) est une consécration. *L'Enfant* (2005) marque l'entrée dans « le club » très restreint des cinéastes ayant obtenu à deux reprises une Palme d'or. Mais cette réussite *dans le temps* est une exception à la logique actuelle, qui voudrait que d'emblée les cinéastes se révèlent… ou passent la main. Et encore : cet épanouissement a pu avoir lieu grâce au soutien de l'avance sur recettes belge, dont la commission a continué à faire confiance aux cinéastes. Cela aurait-il été possible s'ils avaient été Français ?

Olivier Schatzky et Catherine Rihoit, dans leur ouvrage *La Société de la fin du spectacle*, abordent la question des premiers longs métrages. « Quand le film du jeune réalisateur finit par sortir, il croit que c'est gagné. Il n'imagine pas que ça va se faire à la sauvette, dans une salle minuscule, avec un budget de lancement itou, et que le spectateur gavé de pub par les grosses machines, ne sera pas au rendez-vous. […] Le jeune réalisateur en veut au public qui ne fait plus son travail de public : avoir de la curiosité, prendre le risque d'être surpris… Mais chacun est retranché dans son bunker, coincé entre les impôts, la télé et l'Internet. »[10]

De cela découle une impression de gâchis : de destins brisés – combien de cinéastes prometteurs n'ont pu épanouir leurs talents ?

*

D'autres signes témoignent de l'évolution inquiétante du cinéma français.

La critique a perdu de son importance. Combien de films assassinés par la critique ont été récemment des succès commerciaux ? Un très grand nombre. Combien de films soutenus à bras le corps par les plus grandes plumes des revues de cinéma ont été récemment des échecs financiers ? Un très grand nombre. Tout se passe de plus en plus comme si tout était joué à l'avance, comme si, en fonction des moyens promotionnels accordés à la sortie d'un film, la rencontre avec le grand public ou l'absence des spectateurs étaient programmées de manière arithmétique.

---

films ont été de cuisants échecs commerciaux, fustigés par la majeure partie de la critique.
10. Olivier Schatzky et Catherine Rihoit, *La Société de la fin du spectacle*, coll. « Esprits libres », Monaco, Éditions du Rocher, 2003, p. 21.

Un cinéaste digne de ce nom doit se battre pour que la critique indépendante continue à exister, y compris si elle égratigne ses films. La noblesse de la critique est de ne pas se confondre avec les campagnes promotionnelles. La critique reste un contre-pouvoir essentiel au règne du marché, même si ce contre-pouvoir a malheureusement de plus en plus tendance à devenir symbolique.

Dans une autre mesure, les festivals jouent aussi un rôle d'éclaireurs. Et ce n'est pas un hasard si le plus grand et prestigieux festival du monde – Cannes – est sur la Riviera. La France est aussi le pays qui compte le plus grand nombre de festivals de cinéma et Frodon a raison de se demander si un réseau mondial de festivals ne pourrait pas constituer une contre-programmation aux lois commerciales du marketing et de la norme.

*

Jusqu'ici, aucun producteur n'avait jamais pu avoir la certitude absolue que son nouveau film serait un succès. Il y a dans l'histoire du cinéma des exemples retentissants de déroutes financières, de films qui se sont révélés être des échecs commerciaux alors que la production misait sur eux (plus d'un film hollywoodien sur deux !). D'une manière plus marginale, il existe dans l'histoire du cinéma des exemples de films que « personne n'attendait », et qui se sont révélés de véritables succès publics, voire des phénomènes de société[11]. Cette incertitude propre à la production cinématographique est aujourd'hui en train de muer. De l'industrie de prototype, le cinéma se transforme en une industrie de produits (*les* films). L'auteur – l'œuvre – le prototype – le produit : voilà des termes qui n'ont rien d'anodin.

---

11. *Diva* (1980) et *Un monde sans pitié* (1989), les premiers longs métrages de Jean-Jacques Beineix et d'Éric Rochant, pour prendre des exemples français. Ces premiers coups d'essai se transformant en coups de maître leur ont permis d'enchaîner rapidement sur d'autres réalisations.

PRODUIRE, MON BEAU SOUCI

Pourquoi devient-on producteur ? Par le souci propédeutique de faire aboutir des œuvres de création ? Pour la
beauté de l'art ? Pour produire ses propres films ? Par goût
du pouvoir ? De l'enrichissement ? Par attrait des strass et
paillettes ? D'un positionnement social ? Les approches
peuvent coexister. Mais il est utile de comprendre comment
les producteurs fonctionnent, quelles sont leurs motivations, leurs objectifs. Le fossé entre les discours et les actes
existe encore davantage au cinéma que dans n'importe
quelle autre entreprise humaine.

Une étude sociologique sur le profil des producteurs
(leurs origines sociales, leurs niveaux d'études, leurs références culturelles) éclairerait le débat. Encore faudrait-il
s'entendre sur le corpus des producteurs retenus. À quel
niveau placer le curseur ? Des producteurs qui produisent
des longs métrages ? À quelle fréquence de production,
sachant qu'il y a en France de nombreuses sociétés qui vivo-
tent, ne produisent pas un long métrage tous les ans, diver-
sifient leurs activités en travaillant pour la télévision ou en
répondant à la commande de films institutionnels. Faut-il se
limiter à la fiction ou inclure dans l'étude la production de
films documentaires ? À coup sûr, les critères retenus dans
cette sélection d'un panel de producteurs auraient une incidence sur les conclusions à tirer.

Dans l'histoire, le profil des producteurs a évolué avec
l'aura culturelle et les réussites commerciales du cinéma.
Le statut forain du cinéma des premiers temps a amené
naturellement à la production des marginaux et des aventuriers. Si les premiers patrons des studios hollywoodiens
sont dans leur écrasante majorité d'origine juive, c'est aussi
parce qu'aucun américain établi dans la « bonne société »
des WAPS n'avait de tropisme pour cette activité économique *a priori* peu recommandable. Les Juifs ont pris la
place qu'on leur laissait.

L'un des nababs les plus célèbres de l'âge d'or hollywoodien, Adolph Zukor, a intitulé ses mémoires *Le public n'a*

jamais tort[1]. S'interroger sur l'objectif recherché (tout faire pour « plaire » au public ou défendre une position plus artistique) est aussi une manière de cerner ce qu'est un producteur. Dans son livre, Zukor commence par établir une prédominance pour le *star system* – c'est d'après lui le public qui décide des acteurs qu'il veut voir à l'écran. De là, découle toute l'organisation des studios (scénario, casting, hiérarchie sur le plateau, promotion et marketing). Mais cela n'empêche pas Zukor de faire des paris. Miser sur un film. Sur une star en devenir.

*

En France, pas de conditions pour créer une maison de production (si ce n'est avoir un capital de départ). Pas d'équivalent à l'ordre des médecins ou à une profession comme les notaires, qui demande un minimum de prés-requis.

Plusieurs dérives naissent du manque de régulation de la profession. Un producteur s'est rendu célèbre pour ne jamais payer personne et laisser des ardoises à ses différents prestataires, mais puisqu'il se retrouvait chaque année à Cannes avec un film en compétition et permettait aux plus grands noms du cinéma de tourner un nouveau film… il bénéficiait d'une grande tolérance (cela ne l'a pas empêché de faire plusieurs fois faillite). Plus grave, certains producteurs jouent de la cavalerie (rembourser les dettes d'un précédent film avec les financements d'un nouveau) sans pour autant défendre un cinéma innovant. La mauvaise gestion est moins sympathique pour un cinéma qui n'a pas d'ambition artistique. J'ai un jour eu le tort de confier à un responsable des programmes d'une chaîne de télévision publique les pratiques douteuses d'un producteur avec lequel il travaillait. Je n'agissais pas par délation, mais parce que des sommes importantes étaient en jeu, que ce projet était réalisé par l'un de mes étudiants de Master et que j'étais mal à l'aise devant le détournement de fonds publics. Je me suis trouvé face à un mur de silence, comme si cette remarque était vraiment de mauvais goût. De la déresponsabilisation des uns découle l'impunité des autres.

---

1. Adolph Zukor (et Dale Kramer), *The Public Is Never Wrong*, traduit en français par Janine Juresco sous le titre *Le public n'a jamais tort*, Éditions Correa, 1954.

*

Derrière le terme générique de « producteur », différentes fonctions : financier, entrepreneur, joueur (parieur), intermédiaire, fédérateur de talents, gestionnaire, créateur, « passeur ».

Rares sont en Europe les producteurs qui investissent leurs propres deniers dans un film. Les producteurs savent à quels guichets financiers (publics et privés) se présenter pour tel ou tel projet.

Rares sont les producteurs qui ont toutes ces qualités réunies. Les producteurs les plus doués sont souvent ceux qui trouvent un associé ou un collaborateur fidèle qui complète leurs manques.

*

Être producteur : avoir des convictions et les faire partager.

*

Les mondanités sont un passage obligé : avoir des relations et un carnet d'adresse, faire du *lobbying*. Cela s'apparente à la corvée. Mais d'aucuns choisissent cette voie pour les cocktails et les avant-premières. Pour se gonfler d'importance.

De manière volontairement provocante, le producteur Jean-Pierre Rassam, d'origine libanaise et ayant participé au développement du cinéma français dans les années 1970, déclarait : « Après mes études, je me suis longuement demandé dans quelle corporation on trouvait les gens les plus cons. Réponse : chez les producteurs de cinéma. Conclusion : c'est donc dans le cinéma que j'aurai le moins de mal à réussir. »[2] Rassam produira Bresson, Ferreri, Godard, Pialat, Polanski.

Rassam fait partie de ces producteurs mythiques qui revendiquent le droit au coup de cœur pour un auteur à qui ils font ensuite toute confiance. « Une fois qu'on a choisi d'éditer un auteur, il faut lui foutre la paix. On n'imagine pas un éditeur venant regarder par-dessus l'épaule d'un romancier si telle ou telle phrase lui convient. De la même façon, il n'est pas question que j'aille casser les pieds à un réalisateur pendant le tournage. L'artiste est seul devant son œuvre, je n'ai pas à m'en mêler ; mon seul travail consiste à lui faciliter la tâche, à assumer toutes les questions matérielles pour lui permettre de réaliser son film et, à travers ce film, de se réali-

2. Jean-Pierre Rassam, *France soir*, 23 mai 1973, cité par Mathias Rubin, in *Rassam le magnifique*, Flammarion, 2007.

ser lui-même. » Et si la production a pour Rassam une vertu créative, c'est celle de permettre au cinéaste de prendre des risques. « Si on enlève à un auteur le droit à l'erreur ou à l'échec, on lui enlève, en même temps, le droit à la réussite, on l'oblige à copier ce qui a déjà été fait. »[3] Mais Rassam n'a pas produit de premiers longs métrages (même s'il a aidé Eustache à commencer *La Maman et la Putain*). Il ne prend des risques qu'avec des auteurs déjà reconnus.

Un producteur peut être ignare et pourtant permettre des choix artistiques innovants. « Quand on disait à Henry Deutschmeister : "ce n'est pas cartésien", il répondait : "Mais Cartès, Cartès, c'est qui Cartès ?" […] Néanmoins il finançait le film. »[4]

*

Aventuriers, les producteurs sont parfois des figures romanesques. Juif d'origine belge, miraculé de la guerre, Raoul Lévy rêva de concurrencer le cinéma hollywoodien en France, lança Brigitte Bardot dans *Et Dieu... créa la femme*, fit tourner Jeanne Moreau, produisit Peter Brook et Georges Clouzot. Il était prêt à toutes les audaces, à tous les coups de bluff (comme la publication de publicités dans le magazine professionnel *Le Film français* de productions pour lesquelles il n'avait pas encore réuni le moindre financement, mais dont il annonçait la réalisation prochaine). Autodidacte, intuitif, séducteur, arrivant grâce à ses talents de conteur à capter les auditoires, il était à la fois joueur, mégalo, escroc. Emporté dans une course folle (après l'argent, après le temps, toujours à l'affût d'un projet qui pourrait le relancer, le renflouer), ses rêves de grandeur et la gestion chaotique de ses affaires l'amenèrent à la ruine. Lévy est-il un cas isolé ou le symptôme d'une époque ? Le cinéma français peut-il encore accueillir des personnalités pour lesquelles rien ne semble impossible ? Lévy voulait avant tout s'étonner lui-même[5].

3. In « Hommage à Jean-Pierre Rassam », *Cahiers du Cinéma*, mars 1985.
4. Anecdote racontée par Bertrand Tavernier, in *Cinéaste et producteur : un duo infernal ?*, Klincksieck-Archimbaud, Paris, 2010, p. 92.
5. Jean-Dominique Bauby, *Raoul Lévy, un aventurier du cinéma*, Jean-Claude Lattès, Paris, 1995. La vie de Raoul Lévy ressemble à celle de certains héros fitzgéraldiens (personnages à la fois magnifiques et pris dans les tourments autodestructeurs de leur propre passion). Elle pourrait donner lieu à un formidable projet de film.

Se surprendre, avoir besoin d'adrénaline, monter la production d'un film comme on fait un hold-up ou comme on joue au casino : beaucoup, parmi les « grands producteurs » répondent à ces motivations.

Georges de Beauregard le dit : « Moi je ne lis jamais les scénarios que je produis, parce que sinon où serait la surprise une fois le film terminé ? »[6] Cela ne relève pas d'une posture, mais de l'instinct du producteur. Certains acteurs acceptent aussi de tourner un film sans lire le scénario, parce qu'ils ont confiance dans le cinéaste, parce qu'ils ont envie de se laisser emporter.

*

Serge Lalou me dit que quand un producteur l'approche pour faire une coproduction avec Les Films d'ici, avant même de parler du scénario, il demande à son partenaire potentiel ce qui le motive dans le projet qu'il lui présente. Pourquoi se battre ? Pour un cinéaste ? Pour quel désir de cinéma ?

*

Beaucoup de cinéastes regrettent la disparition des « grands producteurs », personnages souvent fantasques, mais passionnés et libres de se lancer dans l'aventure d'un film auquel ils croient. Jacques Doillon explique comment « les producteurs sont devenus infiniment plus faibles, mais en même temps ils ont tous lu les mémoires de Selznick et ils veulent participer activement à la production, et même davantage. Ça fait un peu rire, car du temps où on n'avait pas des nabots mais des géants, ils ne se mêlaient de rien. Quand vous preniez un petit-déjeuner avec Dorfmann, quand vous aperceviez Braunberger – la liste était longue, il y a trente ans, quand j'ai commencé… ils avaient une densité, un caractère, une personnalité, c'était du solide. Aussi parce que c'était leur argent, leur film, ils étaient propriétaires du négatif, ils se mouillaient. Aujourd'hui on a affaire à des locataires ou des sous-locataires »[7]. Doillon insinue que la plupart des producteurs aujourd'hui, pour financer

---

6. Propos cités par Bertrand Tavernier, in *Cinéaste et producteur : un duo infernal ?*, *op. cit.*, p. 86.
7. Jacques Doillon, in *Cahiers du cinéma*, avril 2008, p. 12. Dans ce numéro des *Cahiers*, figure une large enquête sur l'état d'alerte du cinéma français.

un film, ne disposent plus de fonds propres et deviennent davantage des intermédiaires, qui ne peuvent rien imposer, si ce n'est se cantonner à la norme du marché.

Un producteur comme Anatole Dauman pouvait prendre des risques, car il avait une relation de confiance avec des distributeurs et des coproducteurs et que le marché en salles était beaucoup moins volatile. C'est Dauman qui a proposé à Nagisa Oshima de faire un film « pornographique ». Cela donne *L'Empire des sens* (1976). Et cela permit à Oshima de relancer sa carrière, au niveau international (en ne dépendant plus des seuls financements japonais)[8].

Benoit Jacquot et Patrice Leconte racontent combien le lien qui les lie au producteur Philippe Carcassonne est essentiel dans leur parcours de cinéaste. Leconte a pu, grâce à Carcassonne, explorer de nouvelles voies (*Tandem*, en 1986, puis *Monsieur Hire*, en 1989, démontrent qu'il excelle en dehors des comédies type *Les Bronzés*, auxquelles il était jusqu'alors cantonné). Jacquot vient encore aujourd'hui régulièrement voir Carcassonne en lui faisant part de plusieurs projets, et en fonction de celui qui fait le plus écho à son désir de producteur, un nouveau film entre en développement[9].

*

De tous les partenaires du film, le producteur est celui avec lequel le cinéaste entre le plus souvent en conflit. Il peut s'agir d'un désaccord sur les objectifs commerciaux de l'œuvre en train de se faire, comme de tensions naissant de dépassements budgétaires. Il arrive fréquemment que le cinéaste ait tort, qu'il n'ait pas respecté ses engagements, qu'il se soit laissé déborder par son perfectionnisme, par cette envie d'avoir *toujours plus* pour le film. Le cadre imposé par la production peut se révéler salutaire – impo-

---

8. Louis Danvers et Charles Tatum Jr., dans leur livre sur Oshima, montrent combien *L'Empire des sens* est d'abord un film sur l'amour fou, même s'il y a des scènes « *hardcore* ». La différence entre un film pornographique « classique » et le film d'Oshima : un point de vue de metteur en scène. Lire : *Nagisa Oshima*, Éditions Cahiers du cinéma, coll. « Auteurs », Paris, 1986.

9. In *Cinéaste et producteur : un duo infernal ?*, *op. cit.* Parfois un véritable « couple » se forme entre réalisateur et producteur. Anne Fontaine est la compagne de Philippe Carcassonne, et aussi l'une des cinéastes françaises les plus intéressantes de sa génération.

ser au cinéaste le principe de réalité sans lequel il n'y a pas
de film du tout. Il arrive également que le producteur soit
un cinéaste frustré qui n'agisse que pour imposer sa propre
autorité. Le duel sera dès lors impitoyable : il n'y aura qu'un
vainqueur – celui qui réussira jusqu'au bout à impulser sa
vision au film. À moins qu'il n'y ait plus d'âme du tout.

Le cinéaste n'est pas toujours un ange. Dans son livre
sur Maurice Pialat, Pascal Mérigeau aborde avec moult
détails les différents problèmes rencontrés ou suscités par
le cinéaste. Pialat pensait qu'il fallait continuellement lut-
ter contre les techniciens, prisonniers de leurs habitudes,
engoncés dans un conformisme qui les amenait à penser
faire toujours le même film, alors que *le film se trouvait
en se faisant*. À quoi tient le destin d'un cinéaste ? Que se
serait-il passé si les producteurs du film *Nous ne vieillirons
pas ensemble* (1972) avaient, comme ils comptaient le faire,
renvoyé Pialat à la fin de la troisième semaine de tournage ?
Pialat avait menacé d'arrêter le film pour cause de mésentente avec son acteur principal, Jean Yanne, et les producteurs voulurent le prendre au mot. Le cinéaste ne dut son
salut qu'à la solidarité de sa comédienne, Marlène Jobert.
Cela revient au fond à se demander « qui est le maître du
film ? », le metteur en scène ou le producteur ? Mérigeau
porte une réflexion pleine de bon sens : « Si la production,
par négligence ou par incapacité, ne fait pas en sorte que
le film puisse être réalisé dans les conditions souhaitées
par le metteur en scène, celui-ci se trouve placé devant une
alternative : soit il livre un film qui ne correspond pas à
celui qu'il entendait réaliser, et qui donc ne répond pas au
contrat passé avec la production, soit il prend en main tout
ce qui doit l'être. »[10]

Autorité et responsabilité, en jeux de miroirs.

*

Ne pas tomber dans le manichéisme du « bon cinéaste »
et du « mauvais producteur ». Certains cinéastes ont
besoin d'un producteur comme d'un guide. Ils voient en
lui quelqu'un qui a la distance nécessaire pour les aider
à prendre telle ou telle décision. Le producteur se métamorphose en grand frère. Certains cinéastes ont besoin du
producteur comme d'un *putching ball* ; ils focalisent sur lui
toutes leurs frustrations, aiment se confronter, avoir l'im-

10. Pascal Mérigeau, *Pialat*, Paris, Grasset, 2002, p. 168 et 169.

pression d'avoir « gagné » contre lui, de lui avoir arraché une semaine de tournage en plus, plus de moyens pour le film. Rapport sado-masochiste.

Certains producteurs ne conçoivent pas leur fonction autrement que dans une synergie avec l'œuvre, veulent tout contrôler, être à l'initiative et voir dans le cinéaste celui qui matérialisera leurs propres désirs. D'autres producteurs n'interviennent au contraire à aucun moment, laissent le cinéaste se débrouiller, veulent se faire discrets, ne travaillent qu'avec des cinéastes connus, accumulent les films comme autant de pièces de collection et sont mal à l'aise dès qu'une décision doit être prise, dès qu'il faut trancher.

*

Souvent, les cinéastes sont ingrats, ne saisissent pas à quel point un producteur prend des risques pour leur film. Les cinéastes ont tendance à trouver naturel que l'on croie en leur projet. La reconnaissance n'est pas des plus répandues.

Pascale Dauman raconte comment elle a renoncé à se rémunérer et à se faire payer les frais généraux de sa société pour produire Raymond Depardon. Puis, combien elle a été meurtrie de l'entendre dire un jour qu'il faisait tout seul. « En l'écoutant, j'ai eu l'impression que vingt ans de ma vie n'avaient pas été reconnus par l'artiste que j'avais voulu soutenir et faire exister. »[11] Tout en reconnaissant avec fair-play que son talent de cinéaste était indépendant d'elle.

*

Pour Benoit Jacquot, il faut que la confiance et la complicité soient contagieuses. La mise en scène fonctionne comme la transmission d'un virus. Elle ne consiste pas seulement à réaliser un film pendant la préparation du tournage, sur le plateau ou en salle de montage. Il faut, aussi, mettre en scène ses producteurs. « Je les mets en scène et ils aiment que je les mette en scène. La mise en scène est un exercice de ruse. Il faut jouer. Ce travail se fait avec les acteurs, mais aussi avec les producteurs, avec les distributeurs, avec les techniciens. »[12] Le duo entre le producteur et le cinéaste est à la base du cinéma, car il réunit les questions de l'art et de l'argent, autour de la naissance du film.

11. In Frédérique Berthet, *De Warhol à Wenders, une vie de cinéma. Souvenirs de Pascale Dauman*, Paris, Ramsay Cinéma, 2008, p. 131-132.
12. Benoit Jacquot, in *Cinéaste et producteur : un duo infernal ?, op. cit.*, p. 51.

*

Les « bons » producteurs misent sur un film qu'ils savent engendré par le regard du cinéaste. Ils veillent à ce que le cinéaste soit bien entouré, à ce que l'équipe (comédiens et techniciens) soit cohérente pour le film. Ils accompagnent le cinéaste, en essayant de ne rien imposer de contraire à ce qui fera l'homogénéité de sa mise en scène, en déminant autant que possible les chausse-trapes qui peuvent se présenter. Ils aident à l'accouchement. Ils sont les sages-femmes du film.

L'estime du cinéaste pour son producteur commence à partir du moment où il comprend qu'il a parié sur lui. Quand tout se passe bien, cela lui permet de sentir son film *désiré*. Du respect mutuel entre producteur et cinéaste dépendra pour une bonne part un tournage heureux.

*

Tant que le producteur n'a pas signifié au cinéaste qu'il « faisait » son film (qu'il y a assez de financement pour se lancer dans la préparation), le rapport de force est à son avantage. « Il tient le revolver. » Et puis, quand le tournage commence : « Il donne le revolver au cinéaste, qui le tient dans sa ligne de mire. » C'est ainsi que j'ai entendu parler des producteurs, signifiant qu'une fois que l'action est lancée, ils n'ont plus qu'à prier que tout se passe bien et de ne pas être pris en otage par le cinéaste, par les acteurs, par l'équipe.

Rôle essentiel du directeur de production, qui établit le budget du film et qui, sur le plateau, veille à ce qu'il n'y ait pas de dépassement, à réagir avec dextérité aux imprévus.

J'ai connu un directeur de production extraordinaire, Gérard Vercruysse, à qui je voudrais rendre hommage. Le tournage de mon premier long métrage avait été interrompu et il avait été appelé à la rescousse. Le budget qui nous restait pour terminer le film était dérisoire, mais il avait à cœur de percer ce qui était nécessaire pour la mise en scène et m'a fait part d'une liste de matériel à louer, que je n'avais pas demandé, et qui lui paraissait important pour une séquence-clé du film. Cela entraînerait un surcoût pour la production. De mon côté, j'ai réduit le nombre de figurants et proposé, dès que je le pouvais, des économies, quand elles n'avaient pas d'incidences négatives, sur le plan artistique. De là, est née une estime réciproque.

*

Certains cinéastes deviennent producteurs parce que personne ne veut les produire. D'autres, par dépit, parce qu'ils ont été déçus par une collaboration avec un producteur et qu'ils pensent pouvoir mieux faire. D'autres encore souhaitent être associés à la production sans en mener les rênes, mais en pouvant peser sur la manière de gérer le budget dévolu au film.

*

Voici une discussion entre un cinéaste et un producteur à laquelle j'ai assisté, à Cannes, en 2011. Je la rapporte, car elle me semble symptomatique d'une évolution pernicieuse.

– J'ai parlé de ton scénario aux chaînes et à des distributeurs, ils sont unanimes : ils y croient.

– Génial.

– Il y a juste un petit problème, c'est qu'ils ont vu les entrées faites par ton dernier film… et qu'ils ne croient pas en toi.

– …

– Ce n'est pas qu'ils disent que tu sois un mauvais cinéaste, au contraire, ils pensent que tu as une vraie singularité.

– Tu me rassures.

– Mais c'est justement cette singularité qui les effraie, ils te croient incapable de faire un film grand public. Tu as trop de parti pris de mise en scène. Tu n'entres pas dans le moule.

– Ce projet est plus grand public, c'est pour cela que je souhaite faire une comédie. Une comédie à la Billy Wilder.

– Mais les financiers n'y croient pas. Tu es catalogué « réalisateur qui ne marche pas ». Si tu t'entêtes, le film ne se fera pas. Il vaut mieux que tu acceptes qu'un autre réalisateur porte le projet et que tu te cantonnes au scénario, qui plaît, c'est une chance à côté de laquelle il ne faut pas passer.

– Je te rappelle que dans le contrat que nous avons signé il est prévu que je sois le réalisateur.

– Il y a une autre solution. On pourrait t'adjoindre un co-réalisateur, qui viendrait de la pub, et qui rassurerait les financiers.

– Il n'en est pas question.

– Crois-moi, c'est pour ton bien, grâce à cela le film pourrait se faire, et tu passerais dans une catégorie supérieure. Tu ne veux tout de même pas rester en deuxième division ?

Si on n'y prend garde, le cinéma français deviendra comme le système américain, en pire.

*

Un « bon » producteur parvient à la fois à faire financer un projet, à veiller à l'aboutissement artistique et à diffuser le film au mieux de ses potentialités (par un jeu d'alliance avec les meilleurs distributeurs, avec les diffuseurs les plus pertinents pour défendre telle ou telle démarche).

C'est parce qu'il accompagne toutes les étapes du projet que le producteur peut se révéler un interlocuteur essentiel. Il a davantage de recul que le cinéaste sur son œuvre, peut l'aider par ses remarques, si elles sont pertinentes. La responsabilité du producteur est de « croire » au cinéaste avec qui il travaille. Celle du cinéaste, de ne pas le décevoir.

*

« L'industrie du cinéma français est archaïque, elle ne veut produire que des grosses comédies sociologiques débiles. Aujourd'hui, c'est très difficile de faire du cinéma moderne en France. Ou alors, il faut faire du cinéma *underground*, sans aucun moyen », affirme Olivier Assayas[13], anticipant (car sa réflexion date de 2007) l'analyse de Pascale Ferran, sur « les films du milieu » et la bipolarisation de plus en plus accentuée des productions[14].

Autre angle pour interroger le producteur et ses motivations : à quoi est-il prêt ? Quelle capacité et quelle volonté à trouver des chemins de traverse ?

*

« Dans une large mesure, la créativité du producteur est induite par la nature de l'objet final. Être capable de travailler avec des artistes demande aussi une forme de créativité. Le producteur doit être compris comme une sorte de "demi-dieu créatif", figure éloquente qui nous permet de rappeler l'analogie étymologique entre les verbes *to create* (créer) et *to produce* (produire). »[15]

---

13. In *La Direction d'acteur*, coordonné par Frédéric Sojcher, *op. cit.*, p. 218.
14. Lire : Club des 13, *Le milieu n'est plus un pont, mais une faille*, Paris, Éditions Stock, 2008.
15. Alejandro Pardo, « Le producteur de cinéma, une puissance créative », in *Les Producteurs, enjeux créatifs, enjeux financiers*, ouvrage

*

Il est important que des groupes (UGC, Pathé) pérennisent des collaborations avec des auteurs, comme Claude Miller ou Abdellatif Kechiche. Mais ces films d'auteur qui bénéficient de moyens financiers et d'une distribution leur permettant de rencontrer un large public deviennent la part congrue du cinéma français.

Il est déjà loin le temps où Daniel Toscan du Plantier insufflait à la Gaumont une politique éditoriale visant à réunir les plus grands cinéastes.

*

L'indépendance est-elle en réalité la plus grande des dépendances : celle de la soumission au bon vouloir économique des structures de financement – pour réaliser et présenter ses films aux spectateurs ? La multiplication des formes de diffusion a paradoxalement fragilisé les producteurs. Comment faire pour que le désir d'entreprendre ne soit pas condamné (ce qui serait le comble du paradoxe, pour une société libérale) ?

*

Peur des projets singuliers, pouvant amener une forme d'autocensure le type de projets développés. Gilles Taraud, scénariste ayant travaillé avec Robert Guédiguian, résume bien l'évolution du cinéma hexagonal : « Depuis une dizaine d'années, les bénéfices des gros films à succès ne profitent plus au projet dont le fond et/ou la forme laissent prévoir une sortie en salles plus modeste. Il fut un temps où de tels films étaient soutenus par les chaînes de service public. [...] Pour un scénariste, une forme d'autocensure s'installe peu à peu dans les esprits. La noirceur ou l'âpreté d'un sujet, des personnages trop ambivalents ou négatifs, une ligne narrative "pas claire", une construction "prise de tête", une absence de modèles d'identification pour le spectateur, la folie, l'homosexualité, autant de facteurs aggravants qui risquent de ne plus passer désormais dans la moulinette normative. »[16]

collectif dirigé par Laurent Creton, Yannick Dehée, Sébastien Layerle et Caroline Moine, Paris, Éditions du Nouveau Monde, 2011, p. 74.
16. Gilles Taraud, in « Les Métamorphoses du cinéma français », dossier réalisé par Juliette Bénabent, Aurélien Ferenczi, Louis Guichard, *Télérama*, n° 3032, 20 février 2008.

Double discours et attitude schizophrène de la part de nombre de décideurs, qui d'un côté se plaignent du manque d'originalité du cinéma français et qui de l'autre refusent de financer toute œuvre hors norme, tout risque formel ou narratif. Christophe Mazodier, le producteur de *2 days in Paris*, de Julie Delpy, me raconte comment toutes les chaînes de télévision et les financiers hexagonaux auxquels il s'était adressé avaient critiqué le scénario et refusé de s'engager. Seules les pré-ventes à l'étranger (sur le nom de Delpy) ont permis au film d'être produit[17]. *2 days in Paris* a finalement été un succès commercial, a été diffusé dans plus de trente pays et a reçu le Prix Jacques Prévert du scénario, remis par la Guilde des scénaristes français !

Les sources de financement des films ont une incidence sur le type de cinéma produit. D'après le critique Pascal Mérigeau : « Jamais la France n'a produit autant de films, jamais elle n'a donné si peu de cinéastes. Et pour cause : cette industrie ne fabrique plus, pour l'essentiel, que des produits télé diffusés sur grand écran mais destinés au petit. »[18] L'acteur le plus prolixe du cinéma français, Gérard Depardieu, quand des journalistes lui demandent ce qui d'après lui a changé, depuis le début de sa carrière, répond sans détour : « Ce sont les télévisions qui permettent à un film de se faire. Or, je ne suis pas sûr qu'un type comme Buñuel pourrait trouver de l'argent dans le système de production actuel. Les types qui donnent de l'argent sont des cons. Or, si c'est un con qui te donne de l'argent, ton film sera forcément con. »[19]

François Margolin (producteur de films d'Assayas, de Hou Hsiao-hsien et de Raoul Ruiz) affirme que produire du cinéma d'auteur en France est devenu une démarche masochiste. Les télévisions n'en veulent le plus et le marché des salles est devenu de plus en plus concurrentiel, y compris dans le domaine de l'art et l'essai. Dans le meilleur des cas, quand tout se passe bien, le producteur couvrirait juste ses frais[20]. Aussi bizarre que cela puisse paraître (car loin des clichés habituels), le cinéma d'auteur serait sous-financé

---

17. Une seule pré-vente en France : celle du distributeur, Rezo Films.

18. Pasal Mérigeau, *Nouvel Observateur*, 11 mai 2006.

19. Gérard Depardieu, interviewé par Danielle Attali et Carlos Gomez, *Le Journal du dimanche*, 18 janvier 2009.

20. Les propos de Christophe Mazodier et de François Margolin ont été recueillis par mes soins, début 2008.

en France. Pour comprendre l'ampleur des difficultés rencontrées par celui qui choisit de produire un film d'auteur, aujourd'hui, en France, il faut lire *Anatomie d'un film*. Le critique de cinéma, Jacques Mandelbaum, suit toutes les étapes de financement du film d'Arnaud des Paillères, *Parc*, produit par Serge Lalou, et ce dont il rend compte est édifiant. Même quand une chaîne de télévision accepte de pré-acheter et de co-produire un film d'auteur, les sommes investies sont minorées et rendent l'entreprise périlleuse (pour la production, mais aussi pour la création). Tout se passe comme si soutenir les films d'auteur était devenu une obligation contraignante : faire l'aumône. Mandelbaum cerne bien le problème : « Le cinéma indépendant, en France, est accusé par les décideurs de tous les maux alors que ce sont les mêmes qui lui coupent les ailes par un sous-financement chronique qui est sa première cause de sa marginalisation. Ce fonctionnement pervers est d'autant plus scandaleux qu'il contribue à la baisse de qualité générale du cinéma français, tandis qu'à l'autre bout du spectre, on finance généreusement de plus en plus de grosses productions qui se révèlent le plus souvent aussi médiocres que non rentables, sans que personne n'y trouve à redire. »[21]

*

Rien n'est possible avec des décideurs issus des écoles de commerce, dont le seul objectif est de limiter la part de risque… Chez un nombre croissant de financiers du cinéma (chaînes de télévision, distributeurs, SOFICA), il faut que « tous les voyants soient au vert » : le choix du réalisateur (combien son dernier film a-t-il fait d'entrées ?), le casting des comédiens, mais aussi des techniciens. Plus rien ne doit être laissé au hasard.

Cela, c'est nier le cinéma comme point de vue singulier. Cela, c'est faire fi des très nombreux exemples de cinéastes et d'acteurs qui n'ont pas *tout de suite* trouvé leur public. Cela, c'est tuer le cinéma. Le pari du film.

*

En France, souvent les représentants des écoles de commerce se trompent (malgré leur volonté de canalisation, ils ne misent pas toujours sur des films qui marchent). Et ils n'ont de comptes à rendre à personne, ni aux action-

---

21. Jacques Mandelbaum, *Anatomie d'un film*, Grasset, 2009, p. 168.

naires des sociétés pour lesquelles ils travaillent, ni aux cinéastes et aux producteurs à qui ils ont dit « non ».

*

Le nombre de comédies, de films sans enjeu de cinéma, sans prise de risque est foisonnant. Les producteurs qui œuvraient par le passé au renouveau du cinéma français, seraient soit en difficulté financière, soit reconvertis dans la production de films tous publics et bien-pensants. Le producteur doit s'adapter au principe de réalité et aux politiques éditoriales menées par les financiers du cinéma, dans la cinématographie où il se déploie.

La majorité des distributeurs refusent désormais les coups de foudre, jouent la sécurité, refusent les paris. Un producteur me racontait récemment comment un distributeur connu pour sa défense du cinéma d'auteur l'incitait à arrêter de venir lui proposer des projets atypiques et lui conseillait de se lancer dans des comédies qui, même si elles sont mauvaises, passeront à la télé. Mais à force de vouloir plaire à tout le monde, on ne parle à personne. Les films deviennent de purs produits de consommation – aussitôt consommés, aussitôt jetés. Et cela, avec le soutien de fonds publics. Les secteurs de la distribution et de l'exploitation sont eux aussi aidés financièrement par le CNC (Centre National du Cinéma et de l'image animée). La France est ainsi le seul pays au monde à subventionner les multiplexes, qui diffusent majoritairement des *blockbusters* hollywoodiens et des comédies populaires.

*

Petite digression : comment se fait-il qu'il y ait si peu de comédies françaises qui soient des réussites artistiques, alors que le cinéma américain produit depuis le début du cinéma parlant, et jusqu'à aujourd'hui, des comédies qui sont à la fois des succès populaires et des films adoubés par la critique ? Des films corrosifs.

*

Nous assistons, sans nous en rendre compte, sinon à la faillite, du moins à la démission des soutiens publics au cinéma (les chaînes de télévision publique participant au formatage ; le CNC ne jouant plus son rôle de médiation entre les lois du marché et l'innovation artistique). Il ne suffit pas d'avoir un discours consensuel sur la défense et la promotion de la création, pour qu'il soit suivi d'effets. Car

de quelle « création » parle-t-on ? Les décideurs au sein
des chaînes de télévisions ont souvent le droit de vie et de
mort sur les films. Certains se targuent d'être cinéphiles.
Mais leurs choix témoignent davantage d'une lutte effrénée
pour avoir accès, plutôt que la concurrence, aux comédies
et aux productions fédératrices, sans ambition artistique.
Le désir de cinéma et d'élévation du public est absent ou
passe au second plan. C'est à peine si les projets de quelques
« grands » cinéastes sont encore retenus, comme gages (et
otages) d'une politique culturelle, qui ne peut officiellement
avoir totalement disparu. Les aides du CNC à la production
se répartissent entre aides sélectives (dont la plus célèbre
est l'avance sur recettes et qui sont attribuées en fonction de
la qualité des projets) et les aides automatiques (délivrées à
des maisons de production, au regard des succès engendrés
par les films qu'elles ont produits, à condition qu'elles réin-
vestissent ces aides automatiques dans de nouvelles réalisations). Dix sociétés de production mobilisent à elles seules
plus de 50 % du fonds de soutien automatique du CNC. Ce
sont les « producteurs indépendants », ceux qui prennent le
plus de risques, qui pâtissent d'une telle situation. Le CNC
soutient le cinéma français, mais *quel* cinéma français ?
Quels moyens, pour quelle politique ? Comment remettre
la création au cœur du dispositif et ne pas promouvoir un
cinéma destiné aux seuls cinéphiles ?

*

Les effets pervers de la cinématographie hexagonale se
concentrent sur les producteurs. Ils doivent, pour jongler
avec le système, établir de « faux devis », et cela pour plusieurs raisons. Première raison. Le montant des financements qu'ils pourront réunir sur un film est la plupart du
temps lié au budget. Les télévisions calculent l'importance
de leurs achats sur scénario en fonction du coût « officiel »
du film. *Idem* pour le CNC, avec l'avance sur recettes et
pour d'autres guichets financiers. Deuxième raison. Le droit
européen impose qu'un maximum de 50 % du devis d'un
film soit financé par des fonds publics, alors que le pourcentage est souvent et largement plus élevé. Troisième raison.
La plupart des films ne connaissant pas une carrière commerciale satisfaisante, les producteurs ne peuvent que très
rarement compter sur les recettes pour établir un équilibre
financier. Ils ponctionnent, pour se prémunir d'une déroute
financière, 7 % du budget du film comme « frais généraux »

(sans avoir à fournir de preuves comptables). La noble fonction de production a dès lors tendance à se transformer en parasitisme aux dépens du film. Plus le budget sera élevé, plus les frais généraux seront pour le producteur gage de survie. Ces pratiques entraînent une surestimation des budgets et réduit les possibilités d'entreprendre des productions à moindre coût[22]. La fiabilité des données économiques pour d'autres cinématographies est aussi problématique, y compris aux États-Unis. L'opacité des transactions financières est ce qui caractérise tout un pan du cinéma, cela au point qu'il y a eu dans l'histoire des liens étroits entre la mafia et des producteurs de films, que le blanchiment est passé, parfois, par la production cinématographique.

Il y a des producteurs honnêtes, qui deviennent malhonnêtes malgré eux (pris dans le tourbillon des films). Il y en a d'autres qui profitent du système. La plupart tirent la langue.

*

Les liens entre le budget d'un film et les choix de mise en scène se posent autant pour le producteur que pour le cinéaste. Cette question se pose de manière individuelle (projet par projet) et de manière plus large (au sein d'une même cinématographie). Trouver la bonne adéquation entre les capacités (de financements, de réalisation) et la potentielle diffusion des films est le défi à relever. Or, le cinéma français est aujourd'hui en déphasage avec cette règle de bon sens. D'un côté, on note une inflation galopante sur les plus grosses productions du cinéma français ; de l'autre la paupérisation d'un nombre de plus en plus important de productions. Sans compter les problèmes de distribution et le manque de rayonnement du cinéma français à l'étranger.

*

L'inflation du budget des grosses productions françaises a plusieurs causes. Le cachet des acteurs « bankables » a considérablement augmenté (cela, alors qu'il n'y a plus aucun acteur français qui puisse garantir un succès en salles). Les agents artistiques qui touchent un pourcentage sur les cachets des comédiens qu'ils représentent ont tout intérêt à cette sur-valorisation. Certains producteurs visent

---

22. Lire à ce sujet : *Pratiques du cinéma*, Paris, Klincksieck-Archimbaud, coll. « Essai caméra », 2011.

en priorité à assurer leur train de vie sur le dos des films. Les dépenses nécessaires pour la distribution des films en salles (marketing, nombre de copies) sont exponentielles, car faire connaître l'existence d'une nouvelle production au public est de plus en plus difficile, tant les sollicitations sont nombreuses. Que font les pouvoirs publics, face à ces dérives pernicieuses ? Rien !

La force du cinéma français était jusqu'ici de pouvoir offrir un large éventail de films : de l'expérimentation des Straub aux productions de Berri ou de la Gaumont, en passant par des films de Blier, Sautet, Tavernier... c'est-à-dire des films à budget moyen, défendant une ambition artistique et espérant rencontrer une large part des spectateurs. Ce spectre tend à voler en éclats. L'horizon tel qu'il se dessine est de ne plus laisser la place qu'aux petits budgets et aux films-événements.

Ce n'est pas le budget d'un film qui lui donne sa qualité. Je me sens en accord avec Benoit Jacquot, quand il déclare : « La question est de savoir quelle est la bonne économie pour chaque film. »[23] La diversité des approches cinématographiques fait la richesse d'une cinématographie. C'est cette diversité qu'il s'agit de promouvoir, tout en veillant à responsabiliser cinéastes et producteurs sur les mannes budgétaires auxquelles ils ont accès.

*

L'essentiel des discussions qui agitent le landernau du cinéma français depuis quelques années vise à adapter le système hexagonal déjà en place, alors qu'il faudrait être davantage inventif pour répondre aux défis de l'avenir. La difficulté, pour les cinéastes, pour les producteurs, pour les décideurs à penser l'économie du cinéma... provient de l'incapacité à faire abstraction de ses propres intérêts, à avoir une vue d'ensemble dont la perspective ne soit pas faussée par son propre parcours. La difficulté, pour les critiques, pour les universitaires, pour les représentants d'institutions comme le CNC, à ébaucher de nouveaux modèles... réside dans l'incapacité à connaître les arcanes de la création (on ne peut les saisir qu'en les vivant de l'intérieur). Les analyses du secteur peuvent s'en trouver tronquées. Surtout quand il s'agit de tracer de nouvelles perspectives.

---

23. Benoit Jacquot, in *Cahiers du cinéma*, avril 2008, p. 28.

*

La canalisation de la création se trouve davantage encore ancrée dans le cinéma documentaire. Il faut savoir comment les chaînes de télévision publique, en France, fonctionnent dans les choix des documentaires qu'elles financent. Les projets doivent correspondre à un programme de la chaîne et s'inscrire dans une « case » – les cases sont regroupées par thème : Histoire, Découvertes-Voyages, Société française… Aucune place pour les films aux sujets atypiques (qui sont aussi souvent les plus originaux), pour les démarches non-canalisables. Sous prétexte de défendre la création française, ce sont essentiellement des reportages journalistiques qui sont soutenus et diffusés. Comme si le documentaire qui affirmait un point de vue, une approche formelle ou sensorielle, était proscrit, surtout à heure de grande écoute. Dans une carte blanche publiée par *Libération*, le producteur Frank Eskenazy dénonce « la mort programmée du documentaire ». Qu'est-ce qu'un documentaire ? « Essayer de voir le monde à travers un regard singulier. » Cette question est autant artistique que politique (la forme aseptisée des reportages ayant une incidence sur notre perception du monde). Eskenazy parle en son nom et en celui des producteurs : « Nous en venons à comprendre les préoccupations d'une télévision lancée à tombeau ouvert en renonçant par avance à un certain nombre de projets dont nous supposons les chances si maigres. Nous ne proposons plus que des films *a priori* acceptables selon des critères qui ont fini par nous coloniser, rendant les réalisateurs à leur tour plus timorés encore. De sorte qu'une partie du travail de désintégration, c'est nous-mêmes qui l'effectuons. »[24]

Même une chaîne culturelle comme Arte diffuse davantage de reportages journalistiques que de documentaires de création. Les documentaires les plus singuliers et les plus novateurs encore programmés le sont tard dans la nuit. Et le formatage existe aussi parfois de manière inattendue. Michel Reilhac, responsable de l'Unité cinéma d'Arte, est le premier à s'offusquer que *Le Cauchemar de Darwin*, documentaire d'Hubert Sauper qui a connu un grand succès en salles, ait été diffusé sur Arte « avec une voix *off* et ses sous-titres complémentaires qui allaient à l'encontre du contenu

24. In *Libération*, 22 août 2006.

du film, ce qui a ulcéré le réalisateur. Ce tripatouillage était permis car ça passait ainsi mieux à la télé ! »[25]

*

Arte joue depuis trop longtemps, et involontairement, le rôle de bonne conscience du cinéma français. Puisqu'il y a Arte, pourquoi ne pas laisser les autres chaînes agir comme bon leur semble, sans se préoccuper d'art et de culture ? Cette analyse est naïve ou malhonnête. D'une part, la culture n'est pas un ghetto. Quelle que soit la qualité de la programmation d'Arte, envisager que ce soit le seul lieu où elle doive s'exprimer est dangereux et pernicieux. D'autre part, les moyens dont dispose Arte ne permettent à la chaîne de co-produire qu'une vingtaine de longs métrages par an (dont une bonne part de films étrangers).

*

Personne n'oblige un producteur à faire ce métier. Les cinéastes sont des privilégiés. Trouver des failles dans le système fait partie de la création. Prendre un plaisir à transformer les contraintes en choix. Comme une prise de judo, retourner la situation à l'avantage du film. Opter pour une réalisation qui permette ce tour de force.

25. Interview de Michel Reilhac par Bernard Hennebert, paru dans *Le Journal du mardi*, 12/09/2006. Article également consultable sur www.consoloisirs.be

LES RENDEZ-VOUS MANQUÉS
DU CINÉMA EUROPÉEN

Pourquoi les films américains seraient-ils meilleurs que les films issus de *toutes* les autres cinématographies ? Seules les productions hollywoodiennes sont diffusées de manière massive et planétaire. La bipolarisation s'établit entre cinématographies nationales (quand elles subsistent, comme en Inde, en France, au Japon…) et cinéma hollywoodien. Toute cinématographie nationale (non américaine) s'exporte de manière marginale et dans une aire géographique, linguistique ou culturelle limitée.

Pourquoi les films américains sont-ils les seuls « à parler » au monde ? Certains prétendent que c'est une question de langue. Mais cette explication est beaucoup trop réductrice, les films hollywoodiens étant la plupart du temps doublés dans les langues du pays où ils sont exploités. D'autres affirment que c'est une question de modèle culturel – les États-Unis ayant réussi à apparaître aux yeux du monde (et à travers les films) comme la référence d'un mode de vie (l'*American way of life*), mais quel désaveu alors pour les autres cultures[1] ! D'autres encore assurent que la taille du marché américain permet aux productions de se rentabiliser sur leur territoire national et d'ensuite pouvoir être bradées sur les marchés extérieurs (notamment pour les ventes des séries ou des téléfilms). Mais les *blockbusters* arrivent de plus en plus rarement à couvrir leurs budgets par l'exploitation américaine et ont *besoin* pour atteindre leur seuil de rentabilité des marchés étrangers, principalement européens. L'explication sans doute la plus probante reste du côté des moyens mis en œuvre, tant dans l'élaboration

---

1. J'ai réalisé un film, *Hitler à Hollywood* (2010), qui pose précisément la question de l'imprégnation de l'imaginaire, à travers le cinéma, et combien serait périlleuse pour la démocratie l'hégémonie de l'industrie culturelle d'un pays sur le reste du monde. J'étais parti de la phrase de Franklin Roosevelt : « Envoyez les films, les produits suivront. »

(effets spéciaux et *star system*) que dans la publicité faite aux films (le marketing, qui entraîne aussi un certain type de narration).

Il n'y a aucune raison pour que les cinéastes américains soient, par la grâce du ciel, meilleurs que leurs homologues étrangers. Preuve en est le très grand nombre de cinéastes européens, asiatiques, australiens… happés par Hollywood. C'est donc le *système cinématographique* qui amène cette facture de production. Les spectateurs du monde entier savent qu'en allant voir des films américains ils ont toutes les chances d'être rassasiés en émotions et divertissement.

L'Europe constitue un marché plus important que les États-Unis, mais n'est jamais arrivée à mettre en place un mode de narration et de production qui « parle » aux spectateurs de l'Union européenne. Le cinéma européen est-il simplement l'addition de cinématographies nationales ou, au-delà des particularités de chaque région, de chaque pays qui le constitue, y a-t-il une identité, une narration communes possibles ?

Dans l'histoire du cinéma, les rendez-vous ratés du cinéma européen sont nombreux. On peut remonter à la première guerre mondiale, époque où la prédominance économique du cinéma français au niveau mondial (avec des sociétés comme celles de Charles Pathé ou de Léon Gaumont) a périclité au profit du cinéma américain. On peut citer la concurrence allemande des années 1920, avec une société comme la UFA, qui essaya de créer un pendant aux studios hollywoodiens. On peut rappeler qu'une politique de coproductions commença très tôt, avant la seconde guerre mondiale, entre la France et l'Allemagne. On peut mentionner la figure charismatique du producteur Arthur Rank, qui un moment, au Royaume-Uni, tenta de défier la toute-puissance hollywoodienne… Cette liste n'est pas exhaustive. Mais la plupart de ces tentatives reposaient sur une concurrence économique frontale avec Hollywood ou sur un partenariat entre cinématographies nationales, jamais sur l'édification d'un cinéma européen à l'échelle continentale.

Dans les années 1980, la tendance à mettre en œuvre des coproductions européennes dans le but premier de bénéficier des différentes aides nationales fut vivement critiquée, à juste titre. Le terme d'*europudding* fut inventé par les Anglais pour désigner ces films au casting, à la composition de l'équipe et au choix des décors variant en fonction des sources de financement. N'y a-t-il pas d'autre voie, entre un « cinéma-monde », incarné par Hollywood et le repli sur soi des cinématographies nationales ? « En terme de rapports de forces internationaux, on serait passé d'une volonté d'hégémonie économique à une tendance à l'hégémonie esthétique : la domination formelle sur les imaginaires collectifs et individuels de la planète », écrit Jean-Michel Frodon[2]. La pire des défaites se traduit dans la volonté de « copier » le modèle hollywoodien et de ne plus avoir qu'une référence normative. J'ai été frappé de constater, dans de nombreux pays, la présence sur les écrans de films « locaux » qui s'inspiraient de la forme narrative américaine, sans jamais pouvoir l'égaler. Ces films peuvent connaître un succès au niveau national, mais paraissent généralement désuets, *kitsch* ou sans intérêt au regard d'un spectateur *étranger*.

*

Le cinéma européen a-t-il une pertinence, d'un point de vue économique, artistique et culturel ?

Économiquement, la réponse dépend du point de vue qu'on adopte : celui du « grand marché » européen ou celui de l'édification d'un réseau d'entreprises et de majors européennes ? L'ensemble des dispositifs qui existent dans chaque pays, dans chaque région d'Europe qui soutient financièrement le cinéma vise davantage à asseoir une industrie nationale. Certaines subventions sont destinées à attirer des tournages « étrangers » pour qu'ils dépensent une part importante du budget de production, sur place. Ces politiques ne sont pas complémentaires, mais antinomiques, car il existe une réelle concurrence dans les régimes fiscaux et de soutien financier dans divers pays de l'Union et aucunement une volonté d'harmonisation. Chaque pays, chaque région joue sa propre carte. Les positions plus ou moins volontaristes dépendent souvent du passé (l'existence ou non d'une industrie cinématographique locale), mais les objectifs financiers sont toujours à court terme. La « territorialisation » des aides (pour adopter le jargon communautaire) n'est pas sans effets pervers. Supprimer ces protectionnismes sans une réelle dynamique européenne transnationale risque d'être encore plus dévastateur, car ne profitant qu'aux cinématographies les plus

2. Jean-Michel Frodon, in *Le Banquet imaginaire, réfléchir le cinéma*, Paris, Gallimard-L'Exception, 2002, p. 40.

fortes. Économiquement, l'Europe du cinéma n'existe pas, ou dans une proportion trop marginale pour mettre à mal l'hégémonie américaine.

Artistiquement, le passé montre que des émulations et des synergies sont possibles entre cinématographies européennes. Le meilleur exemple reste l'échange franco-italien, qui se concrétisa dès 1946 par un accord de coproductions entre les deux pays. Ce système de coproduction permit à de nombreux films d'émarger auprès des deux systèmes d'aides, italien et français, et de pouvoir bénéficier de davantage de financements, mais aussi de diffusions. Il y eut pendant trente ans une forte présence de films d'initiative italienne en France, et de nombreux films d'initiative française présents sur les écrans transalpins. Des acteurs français (Catherine Deneuve, Gérard Philipe, Michel Piccoli, Philippe Noiret, Jean-Louis Trintignant, Lino Ventura…) et des acteurs italiens (Claudia Cardinale, Vittorio Gassman, Gina Lollobrigida, Sophia Loren, Marcello Mastroianni…) étaient auréolés d'une notoriété réelle dans les deux pays. Les films diffusés et co-produits appartenaient autant au registre commercial (la série des *Don Camillo*) qu'à celui du cinéma d'auteur (Antonioni, Fellini, Visconti virent ainsi nombre de leurs films co-produits, sans que cela n'altère nullement leur créativité). Mais cet équilibre économico-artistique périclita quand le cinéma italien connut une période de déclin, (baisse du nombre de films produits, chute drastique de la fréquentation en salle), vers 1975[3].

Culturellement, déterminer s'il existe ou non un cinéma européen est beaucoup plus malaisé. Tout dépend de ce qu'on entend par « culture ». S'agit-il de références identitaires communes ? Le modèle de coproduction cinématographique franco-italien a pu se développer et perdurer pour des raisons économiques, mais aussi culturelles. Les ressorts dramatiques des *Don Camillo* reposent sur une même référence au catholicisme et au communisme (la France et l'Italie ayant à l'époque de la production de ces films toutes deux un parti communiste puissant et un terreau catholique). Certains, tel Tavernier, vont plus loin

---

3. À ce sujet, lire le remarquable ouvrage de Jean A. Gili et d'Alado Tassone, *Paris-Rome, cinquante ans de cinéma franco-italien*, Paris, Éditions de la Martinière, 2005. Le livre alterne analyse historique et recueil de très nombreux témoignages.

dans la définition de ce qui constitue une culture commune. Pour lui, le cinéma européen est un « cinéma du doute », un cinéma qui interroge le monde... tandis que le cinéma hollywoodien est davantage un « cinéma de l'affirmation », dont la figure habituelle du *happy end* renvoie aux films qui « disent oui » au monde. Mais Tavernier lui-même précise qu'il s'agit là d'une formule générale souffrant de nombreuses exceptions[4]. La plupart des auteurs qui se sont risqués à définir le cinéma européen l'opposent, pour le circonscrire, au cinéma hollywoodien. Mais, comme le souligne Frodon, si le cinéma européen se met toujours davantage à ressembler au modèle hollywoodien (dans ses formes de récit et de mise en scène), c'est bien une déperdition culturelle à laquelle nous assisterions... dans la plus parfaite impuissance.

*

Le cinéma belge pose la question de savoir si un « petit » pays peut avoir son cinéma. Historiquement, le cinéma belge de fiction s'est développé au milieu des années 1960 grâce à la création d'avances sur recettes (des aides publiques francophones et flamandes) et au développement des coproductions (entre la France et la Belgique, pour le cinéma francophone ; avec les Pays-Bas pour le cinéma flamand). Des années 1970 à 1990, ces coproductions se sont avérées toujours indispensables pour le cinéma francophone qui s'est défini essentiellement comme un cinéma d'auteur exigeant (Akerman, Delvaux). Dans la même période, le cinéma flamand a davantage privilégié les comédies et les adaptations littéraires ancrées dans un imaginaire régional (dans l'histoire de Flandre)... De nombreux films flamands ont été des succès populaires en Flandre ; très peu d'entre eux ont été diffusés en dehors de Flandre. Il y aurait deux types de cinéma européen : un cinéma d'auteur qui rayonne sur le plan international mais éprouve des difficultés à être rentable et un cinéma populaire régionaliste.

Une exception : Delvaux. D'origine flamande, il est multilingue (il parle parfaitement le français, l'anglais, l'allemand, l'italien) et fasciné par la rencontre entre une culture latine et une culture germanique dont la Belgique est le terreau. Il rêve d'un cinéma comme d'un art populaire, comme

4. Bertrand Tavernier, « L'importance de l'imaginaire », in *Cinéma européen et identités culturelles*, *op. cit.*, p. 45.

l'attestent les documentaires qu'il réalise sur les cinéastes Allen, Demy, Fellini. Ses longs métrages de fiction sont de véritables films européens : ils mélangent aisément les langues et jouent sur la porosité de la frontière entre le réel et le fantastique (*L'homme au crâne rasé*, *Un soir, un train*, *Rendez-vous à Bray*), avec des personnages principaux dans une quête existentielle, qui peut aussi passer par la passion amoureuse (*Benvenuta*). Delvaux est le premier et le dernier des Mohicans, « le premier et le dernier cinéaste belge », comme le définit Luc Dardenne.

Dans les années 1990, le cinéma francophone gagne ses lettres de noblesse, grâce aux différentes sections du Festival de Cannes : *C'est arrivé près de chez vous*, *Toto le héros*, *Ma vie en rose*, *Les convoyeurs attendent*... les films des frères Dardenne... À force de vouloir promouvoir et financer la singularité des cinéastes, elle finit par éclore. Les pouvoirs publics flamands l'ont compris. Ils financent depuis le milieu des années 2000 autant les films destinés au public flamand (une approche commerciale et régionale) que des projets plus exigeants, artistiquement... qui n'ont pas tardé à être sélectionnés... à la Semaine de la critique et à la Quinzaine des réalisateurs, à Cannes. Une concurrence économique et culturelle se forge à travers le cinéma entre une cinématographie flamande et une cinématographie francophone... car les grands festivals internationaux ne peuvent retenir en sélection qu'un nombre limité de films belges. Est-ce désormais cela, le cinéma européen : des cinématographies qui se battent entre elles pour occuper le terrain du cinéma d'auteur (qui se réduit à une part de plus en plus congrue) ? Et le cinéma commercial cantonné aux productions américaines et à des démarches qui ne dépassent pas un cadre national (voire régional) ? L'Europe : du provincialisme.

Rien de plus atroce que les avant-premières de films belges dans les festivals belges. Toute la profession y est réunie et tout le monde se congratule (« cela me fait plaisir de te revoir »). La complicité s'établit aux dépens du cinéaste venu présenter son film, auquel ses pairs trouvent tous les défauts du monde. Parfaite hypocrisie. On se presse pour aller saluer et féliciter le cinéaste, puis, dès qu'il est hors de portée d'écoute, le démolir. Je me souviens de l'avant-première de *La Promesse*, au Festival de Namur. Des techniciens, des producteurs se gargarisaient sous le mode : « C'est incroyable qu'un *tel film* ait été retenu à la Quinzaine des réalisateurs à Cannes. » Ce serait encore un coup des Français et des intellectuels, qui décidément, n'y connaissent rien, au cinéma[5]! « Et ce n'est pas avec *ça* qu'on va ramener les spectateurs en salles! » Il est de moins bon ton, aujourd'hui, de fustiger les frères Dardenne, dans les cocktails. Mais il y a une forte propension à vouloir marginaliser leur démarche, à prétendre qu'ils n'ont pas de filiation[6]. Tendance d'une partie du cinéma francophone à s'inscrire dans le cinéma de genre, en détournant souvent les codes, de manière décalée. Tendance à tourner de plus en plus en anglais. Volonté d'internationalisation? Souhait, chez de nombreux cinéastes, de se démarquer de la veine du « film social ». Rien ne peut assurer qu'une industrialisation du cinéma belge ne signe à terme la fin de tout ce qui a fait sa qualité et son originalité[7].

*

L'histoire est riche d'enseignements. Les problèmes rencontrés en France par Canal+, suite à la fusion du groupe Vivendi (propriétaire de la chaîne) avec la major hollywoodienne Universal en 2000, n'ont pas seulement marqué le cinéma hexagonal, mais aussi scellé la faillite de l'hypothétique piste de construction d'un « cinéma européen ». Canal+ avait déployé, dans les années 1990, une stratégie de filialisation, en s'installant dans divers pays européens, pour y développer une politique comparable à celle menée en France : des chaînes à péage attirant les abonnés par la diffusion de films récents et par la transmission d'événe-

---

5. Il y a une forte propension, dans le « milieu » professionnel du cinéma, en Belgique, à fustiger les *Cahiers du cinéma* ou tout ce qui s'apparente à une pensée critique – comme si « être intellectuel » signifiait être en déphasage avec les contingences de la réalité. Cette posture (qui existe également ailleurs) se conjugue avec un complexe d'infériorité face à l'intelligentsia parisienne, qui tantôt amène au rejet, tantôt au suivisme béat. Aucun cinéaste belge francophone n'a été reconnu dans son pays sans avoir été préalablement adoubé par la sélection de ses films dans des festivals internationaux et par la critique française.
6. C'est la thèse défendue par le journaliste hollandais Boyd Van Hoeij. Ce dernier a écrit un fascicule, *10/10, 10 réalisateurs, 10 ans de cinéma belge francophone, les années 2000,* commandé par WBI et le Centre du cinéma et de l'audiovisuel de la Communauté française de Belgique.
7. Dans mon livre, *Pratiques du cinéma, op. cit.,* la troisième partie s'intitule « Le laboratoire du cinéma belge » et développe ces réflexions sur les enjeux culturels, identitaires et artistiques d'une petite cinématographie, partagée en deux.

ments sportifs. C'est le concept de « glocalisation », avancé
par Pierre Lescure : associer une globalisation d'un modèle
audiovisuel avec une empreinte locale, diffuser *partout* les
blockbusters hollywoodiens et les panacher avec des productions locales, dont le public est avide. Pourquoi cette tactique
a-t-elle échouée ? Dans certains pays, le groupe Canal+ s'est
trouvé en concurrence frontale avec d'autres chaînes de
télévision à péage et le marché n'était pas assez important
pour permettre une compétition effrénée dans l'acquisition
des droits des programmes les plus alléchants ; certains pays
n'avaient pas une industrie audiovisuelle nationale suffisamment ancrée pour constituer, pour les abonnés, autant
de « produits d'appel » ; la fusion entre Canal+, Vivendi et
Universal a eu comme conséquence une demande de plus
grande rentabilité – le groupe, endetté, ne pouvait se permettre de perdre davantage de fonds avec ses filiales... alors
qu'à moyen ou long terme elles seraient peut-être devenues
bénéficiaires. Plus profondément, peut-on rendre complémentaire l'adossement à une major hollywoodienne, tout en
prônant l'émergence d'un modèle audiovisuel européen ?
Ces deux stratégies sont-elles compatibles ? On connaît
aujourd'hui le sort de Jean-Marie Messier, sa démission du
groupe et le scandale qui entoure sa gestion.

Messier, encore à la tête du groupe Vivendi-Universal,
déclara en 2001 : « l'exception culturelle française est
morte. »[8] Messier dénonçait « l'exception » tout en vantant
la diversité culturelle. La sémantique permet de distinguer
les deux notions. L'exception, c'est la possibilité de mettre
sur pied une série de réglementations, d'aides nationales et
régionales qui ont, par exemple, permis au cinéma français
de continuer à subsister. La diversité, c'était pour Messier
l'idée que le marché s'autorégule... que chaque pays trouve
naturellement sa voie d'expression, sans « contrainte », sans
réglementation, par la seule vertu du commerce. Il s'agit là
d'un leurre. La comparaison entre l'évolution des cinématographies française et italienne est éclairante. Au début
des années 1970, en Italie, se développent les chaînes de
télévision privées (sous la houlette notamment de Silvio
Berlusconi). Elles n'ont aucune obligation d'achat ou de
coproductions de films nationaux. Elles se fournissent natu-

8. Propos recueillis par Fabrice Rousselot, in *Libération*, 18 décembre
2001, p. 2.

rellement en films, téléfilms et séries américains. Le cinéma italien ne tarde pas à s'effondrer. En France, au contraire, les chaînes de télévision, y compris privées, sont obligées de participer à la production nationale. Le cinéma hexagonal a préservé une part de vitalité, que l'on peut objectiver.

Les débats du GATT, en 1993, portaient sur l'« exception culturelle » : fallait-il aller vers une déréglementation de l'audiovisuel ou laisser les États de l'Union et l'Europe décider de leurs politiques cinématographiques et audio-visuelles ? Par un retournement dialectique singulier, les représentants de l'administration américaine considéraient les mesures que prenaient l'Union européenne, les gouvernements ou les régions pour promouvoir leurs cinématographies comme protectionnistes et leur portant une concurrence déloyale. Ou alors, il fallait que les productions hollywoodiennes puissent bénéficier des mêmes aides !

Une autre critique fut portée à l'encontre de la notion d'« exception culturelle ». Les nouvelles technologies (type Internet), rendraient caduque l'organisation nationale du secteur... les sources d'émission et de réception pouvant indifféremment transgresser les notions de « frontière ». Cette remarque est également avancée à propos du *copy-right* et du droit d'auteur.

Si la « bataille du GATT » a été finalement « gagnée », s'agit-il d'une victoire à la Pyrrhus ? Il ne suffit pas d'avoir *la possibilité* de soutenir le cinéma, à coups de subventions ou de réglementations, encore faut-il déployer de nouveaux dispositifs. « Le péril ne vient pas du prédateur, mais de la proie qui s'offre », écrit Edgar Morin, à propos de l'aspect timoré de la construction européenne, dans nombre de ses aspects[9]. L'exception culturelle s'est jusqu'ici déclinée sur le mode de la protection d'acquis. Cette tactique de la sauvegarde ne peut, dans le meilleur des cas, qu'aboutir au *statu quo*. Le déficit commercial entre l'Europe et les États-Unis dans le domaine audiovisuel était de 4 milliards de dollars en 1993. Il n'a cessé de se creuser depuis[10]. Dans une étude à

9. Edgar Morin, *Penser l'Europe*, Paris, Gallimard, 1987. Édition définitive : 1990.
10. Pendant plusieurs années l'Observatoire européen de l'audiovisuel a établi un calcul pour cerner la balance commerciale entre l'Europe et l'Amérique du Nord, dans le domaine audiovisuel. Cette balance commerciale, d'après ces données statistiques, n'a cessé de se creuser davantage au détriment de l'Europe, tout au long des années 1990. La

paraître, André Lange, directeur de l'Observatoire audiovisuel européen, a réalisé le « chiffrage des entreprises audiovisuelles non européennes en Europe (y compris dans le
disque, le câble, la VOD…). Ardoise : 50 milliards de dollars. L'essentiel évidemment pour des entreprises US. »[11]

La part de marché du cinéma américain dans les salles
européennes est estimée avec un écart oscillant entre 50 %
et 90 %, selon les pays. Et encore, cette présence hégémonique est-elle très largement sous-estimée, car dans la part
congrue restant aux œuvres nationales ou européennes,
sont inclues des coproductions entre le Royaume-Uni et les
États-Unis, comme les *James Bond* et certains *blockbusters*
de facture hollywoodienne.

La politique de l'Europe est des plus anémiques, le budget consacré à l'audiovisuel étant réduit à une part congrue
– 0,00076 % du budget total de l'Union européenne[12].
Pour inverser la tendance de l'hégémonie américaine,
une politique beaucoup plus volontariste est nécessaire.
L'audiovisuel devient un enjeu de civilisation, car il pose
aussi la question des frontières du libéralisme : la culture,
l'éducation vont-ils devenir exclusivement des lieux de spé-
culation ? La social-démocratie et les forces de gauche au
pouvoir n'ont cessé depuis des décennies de pratiquer une
politique défensive, n'offrant que le compromis en partage,
au lieu d'un monde alternatif. Ce défaitisme est d'autant
plus dangereux qu'il stimule les extrêmes, les exacerbations
nationalistes et régionalistes, comme lieux de repli démago-
giques face à la mondialisation marchande.

MPAA (Motion Picture Association of America) a cessé de divulguer
les données statistiques permettant de faire le calcul de la balance commerciale dans le courant des années 2000, car l'effet était dévastateur
pour elle d'un point de vue politique (avec ces chiffres, il était facile de
fustiger la domination américaine dans le domaine audiovisuel). Dès
qu'une nouvelle forme de diffusion des films apparaît (DVD, VOD) ou
que les canaux de diffusion des programmes se multiplient (davantage
de chaînes de télévision), l'hégémonie audiovisuelle américaine se renforce. Les productions audiovisuelles américaines connaissent sans cesse
de nouvelles ramifications qui accroissent leurs sources de revenus.
11. Je tiens cette information d'un échange de mails, avec André Lange,
le 10 mai 2011. Ce chiffrage est calculé pour l'année 2009.
12. Le calcul s'opère de la manière suivante. Le budget de MEDIA 2007
(programme européen qui sera opérant du 1er janvier 2007 au 31 décembre
2013) est de 107, 85 millions d'euros annuels. Le budget de l'Union européenne s'élève en 2010 à 141, 5 milliards d'euros en crédits d'engagements.

Depuis que je fais du cinéma, j'entends les hommes politiques et les représentants d'associations professionnelles français demander une plus grande mobilisation en faveur du cinéma européen. Certains stigmatisent à tort cette défense du cinéma européen comme une position hexagonale uniquement destinée à renforcer le cinéma français. Car c'est bien d'une vision du monde qu'il s'agit : le cinéma peut-il porter une part d'altérité ? L'Europe peut-elle être ce terreau d'une ouverture à l'autre ?

Officiellement, l'Union européenne promeut son cinéma, mais un parfait décalage existe entre les moyens et les objectifs. Il suffit, pour s'en convaincre, de lire l'argumentaire de Jean-Claude Batz[13], qui montre à quel point notre imaginaire, notre inconscient collectif sont déterminés par les heures passées devant le petit écran (sur lequel défilent nombre de séries et de films américains, mais aussi des émissions calquées sur un modèle audiovisuel américain). Les images et les narrations qu'elles véhiculent sont tout, sauf « innocentes ». Aux notions d'art et de culture (attachées au cinéma pour justifier une politique de soutien de fonds publics), s'ajoute la question de l'identité – qui peut exprimer le pire, comme le meilleur de l'homme… et qui est d'autant plus difficile à cerner dans une approche qui ne se veut pas hégémonique. Aucun cinéaste ne veut jamais faire un film pour exprimer une « identité culturelle ». Elle s'exprime dans ses films, malgré lui, sans qu'il ait à la chercher – elle le traverse.

*

Jean-Luc Godard, dans son film *JLG/JLG* (1994) : « Il y a la règle et il y a l'exception. Il y a la culture, qui est la règle, et il y a l'exception, qui est de l'art. […] Il est la règle de vouloir la mort de l'exception, il sera donc la règle de l'Europe de la culture d'organiser la mort de l'art. »

*

« L'humanité tout entière est investie par d'immenses puissances de fiction et ces puissances de fiction sont aussi des puissances d'argent ou des puissances politiques », proclamait André Malraux, alors qu'il était ministre de la

---

13. Jean-Claude Batz, *L'Audiovisuel européen : un enjeu de civilisation*, coll. « Carré cinéma », Biarritz, Éditions Séguier, 2005.

Culture[14]. Trente ans plus tard, Jacques Delors, président de la Commission européenne, proclame : « L'audiovisuel n'est pas une marchandise comme les autres », justifiant par là une politique volontariste qui pourrait exister pour le cinéma et pour la télévision… afin de promouvoir la diversité culturelle[15].

Sentiment étrange de ne plus avoir d'hommes ou de femmes d'État, aujourd'hui, de personnalités qui puissent cerner les enjeux des industries de l'imaginaire sur notre façon de percevoir le monde.

*

Et si notre impuissance provenait de notre incapacité à inventer de nouveaux modèles pour propulser et promouvoir la création ? Et si la stagnation économique du cinéma européen provenait de son inaptitude à offrir un discours différent ? Et si, en nous battant avec les armes de l'adversaire, nous étions battus d'avance ?

Viviane Reding, qui fut dans les années 2000 la commissaire européenne à la Société de l'Information et aux médias, proposa de permettre aux chaînes de télévision d'avoir davantage de temps d'antenne pour les spots publicitaires. Les télévisions finançant le cinéma en Europe, ce serait, d'après elle, un moyen d'apporter plus de financements pour l'industrie cinématographique. Cette position constitue pour moi un non-sens. Tout d'abord, il s'agit de savoir quel cinéma on souhaite promouvoir. Les annonceurs publicitaires n'ont qu'un seul objectif : que leurs spots recueillent le plus d'audimat possible. Or, les films les plus fédérateurs sont non seulement empreints d'une démarche commerciale, ce qui n'est pas un mal en soi, mais sont surtout soit hollywoodiens, soit nationaux. Il y a très peu de part de marché aux heures de grande audience pour les films issus de cinématographies étrangères, non américains. La proposition de Reding renforce encore cet état de fait. Comme le constate Bernard Hennebert, « Madame Reding prend les créateurs en otage pour justifier cette victoire

14. André Malraux, discours prononcé à l'occasion de l'ouverture de la Maison de la Culture de Bourges, le 18 avril 1964, in *Notre République*, n° 174, 14 mai 1965.

15. Jacques Delors, 1er juillet 1994. Allocation reproduite in *Actes de la Conférence européenne de l'audiovisuel*, Bruxelles-Luxembourg, CECA-CE-CEEA, 1995.

du lobby des annonceurs et des diffuseurs »[16]. Autre piste proposée par Bruxelles pour améliorer le financement des films : un cadre légal autorisant les télévisions à diffuser des films dans lesquels une marque ou un produit sont intégrés dans l'action, en contrepartie d'une contribution de la marque au financement du film. « Ces nouvelles règles sur le placement du produit placent enfin nos producteurs en situation d'égalité avec les concurrents des États-Unis », dit Reiding. Ce positionnement est une atteinte à la liberté de création, car le risque est bien que les cinéastes n'aient plus le choix de placer ou non des produits dans leurs films, mais que cela soit pour eux une nécessité, pour le financement de leurs projets. Évoquer pour défendre cette thèse que les productions européennes soient « enfin » sur un pied d'égalité avec les productions américaines… est en réalité admettre que le modèle hollywoodien devient la référence normative. Il serait tout à fait possible d'imaginer une attitude opposée : interdire aux films, y compris américains, qui véhiculent des produits publicitaires de manière explicite d'être diffusés à la télévision, pour éviter que les téléspectateurs aient à subir ces publicités, de manière passive et souvent inconsciente.

Les pistes évoquées par la commissaire européenne (qui datent de 2006) montrent à quel point un fossé peut exister entre des déclarations de principe et les mesures prises au nom de leur défense. Tout cela prit une tonalité burlesque quand, le président de la République, Nicolas Sarkozy, décida (en janvier 2008) de limiter la publicité sur les chaînes de télévision publique, en France, pour défendre la création. Au nom d'un même objectif, deux positions opposées. L'enjeu n'est pas de supprimer la publicité, mais de prendre conscience de l'importance de l'art et la culture, au sein d'une société, et d'avoir une politique qui en découle.

*

Comment construire l'Europe sans connaître l'imaginaire de nos voisins, sans même avoir la possibilité de cette curiosité ? Quelle place pour un cinéma *différent*, des premiers longs métrages peu connus, des démarches filmiques inusuelles, des cinématographies aux langues étrangères ?

16. Bernard Hennebert, in *Journal du mardi*, 05/06/2007. Article également consultable sur www.consoloisirs.be

Quelle place pour un cinéma qui ne soit ni national, ni hollywoodien ? Il ne suffit pas d'établir une offre pour qu'elle réponde à une demande. L'attrait pour des « petites musiques » cinématographiques autres que celles auxquelles la masse des spectateurs et téléspectateurs a été habituée demande un effort de pédagogie… qui ne peut porter que s'il est associé aux notions de désir et de plaisir. C'est le rôle de l'Union européenne et de chaque pays qui la compose de mettre en place cette ouverture.

*

Frodon interroge les liens entre nation et cinéma – les « grandes » cinématographies étant souvent issues de pays ayant une « vision » à délivrer au monde. « Il y aurait une communauté de nature entre la nation et le cinéma : nation et cinéma existent, et ne peuvent exister que par un même mécanisme : *la projection.* »[17] Une identité bigarrée peut-elle être source d'identification ? C'est l'avenir de l'Europe qui se joue là.

*

« L'Union dans la diversité » est la devise officielle de l'Union européenne. Cette notion englobe et dépasse le cinéma. Elle renvoie à un débat sociétal, politique. Et si l'Unesco à son tour adopte, en octobre 2005, le principe de « diversité culturelle », il ne faudrait pas que cette noble déclaration de principe se transforme en pis aller. Car à quoi servirait la diversité culturelle du « chacun pour soi » ? La diversité culturelle n'a de sens que si les œuvres différentes peuvent exister *et* circuler.

*

Au lieu de créer des synergies et des échanges européens, chaque pays a naturellement tendance à privilégier sa propre cinématographie. Les fonds régionaux qui se sont développés un peu partout en Europe (impulsés par le modèle des « *landers* » allemands) imposent aux productions qui les démarchent de dépenser localement un montant proportionnel au financement consenti. Les cinéastes sont parfois contraints à adapter leur mise en scène à ce paramètre, qui peut mener à des absurdités. Premier exemple : être obligé de tourner dans des décors qui ne

---

17. Jean-Michel Frodon, *La Projection nationale : cinéma et nation*, Paris, Odile Jacob, coll. « Le champ médiologique », 1997, p. 12.

sont pas des premiers choix (pour dépenser de l'argent dans le pays ou dans la région qui apporte du financement). Deuxième exemple : s'entourer de techniciens « régionaux », pour que leurs salaires puissent être comptabilisés dans les dépenses effectuées sur place. Ces fonds sont un frein à une politique européenne, car ils sont difficilement compatibles entre eux[18]. Il ne faudrait pas que la production se résume à réunir des capitaux, en laissant de côté la cohérence artistique. Le cinéma européen a besoin de différents pôles de production, qui ambitionnent la réalisation de films portés par des regards de cinéastes singuliers, qui reflètent à travers leurs fictions les angoisses et les désirs de la société dans laquelle ils vivent. Des films qui ne soient pas moulés sur des goûts uniformes et aseptisés[19].

*

L'échange artistique et culturel a existé davantage par le passé, il n'y a donc pas de fatalité à ce qu'il ne puisse pas se développer dans le présent et à l'avenir. Il fut un temps où il était possible, et même fréquent, d'allier ambitions commerciales et artistiques. Il suffit de remonter aux années 1970. En Europe : Bergman, Fassbinder, Fellini, Truffaut distribuaient leurs films du Nord au Sud du continent, et au-delà. Ces cinéastes avaient un point commun : inventer de nouvelles formes cinématographiques, avec cette volonté de porter un regard pertinent – et parfois aussi impertinent – sur leur temps. *Le Dernier Tango à Paris* (Bertolucci, 1972) ou *La Grande Bouffe* (Ferreri, 1973) sont loin du « politiquement correct ». De tels films pourraient-ils aujourd'hui être financés par des aides publiques européennes ou par la télévision ? Je ne veux pas être nostalgique d'une époque passée, mais il y a eu un tournant fondamental au cours des années 1980 et 1990. En Europe, les décideurs au sein de chaînes de télévision prennent de l'importance : dorénavant ils ont droit de vie ou de mort sur les films. Les deux dernières décennies se définissent par la perte de pouvoir

---

18. Ou alors, il faut réfléchir comme le fait Philippe Reynaert (directeur du fonds régional Wallimage, en Belgique), comment conjuguer une logique économique et culturelle ?

19. Un livre de référence existe, en anglais, sur le cinéma européen, ses enjeux artistiques et économiques. Anne Jäckel, *European Film Industries*, BFI (British Film Institute), Londres, 2003.

des producteurs réellement indépendants et par la mise sous tutelle programmée des cinéastes.

Il y eut un « modèle audiovisuel européen », celui de la chaîne de télévision publique. En France, au Royaume-Uni, aux Pays-Bas, en Italie – dans tous les pays européens démocratiques de l'époque – les missions de la télévision publique étaient les mêmes, à leur création. Elles se déclinaient en trois mots d'ordre : informer, éduquer, cultiver les téléspectateurs. Puis, la route a dévié.

LA TÉLÉVISION,
QU'A-T-ELLE À FAIRE DES CINÉASTES ?

La réponse est simple : *rien*. La télé ne roule que pour elle-même.

Les rapports cinéma/télévision sont biaisés pour des raisons économiques, culturelles et sociologiques. En France et en Europe, aujourd'hui, le cinéma dépend de la télévision pour une part importante du financement des films. Cela provoque un certain nombre d'effets pervers et influe sur le *type* de films entrepris. Le rapport d'un film avec le public est différent à la télévision et au cinéma. Le spectateur qui se déplace pour aller voir un film en salle et paye un ticket d'entrée (assumant ainsi un désir) n'est pas comparable dans sa démarche avec le téléspectateur qui, devant son petit écran, a le choix de zapper à tout moment et l'impression de la gratuité du spectacle (même s'il est abonné à une chaîne payante, le téléspectateur n'exprime pas le même désir *film par film* qu'un spectateur de cinéma). Ce n'est pas la taille de l'écran qui fait la qualité du film, mais les *conditions* de réception ne sont à l'évidence pas les mêmes dans une salle de cinéma et chez soi, où l'on peut aussi être dérangé par toute une série de petits problèmes ménagers. Comme le souligne Michel Reilhac : « C'est une question au temps du film, et à la manière dont nous contrôlons ou sommes contrôlés par le temps du film. [...] L'histoire de l'art du cinéma est l'histoire de l'épanouissement des auteurs, français et étrangers, qui ont pu nous imposer leur propre durée, leur propre rythme. La télévision génère une relation au temps exactement inverse, un film à la télévision est un film qui est proposé en concurrence avec une infinité d'autres programmes et sur lesquels, nous téléspectateurs, maîtrisons absolument le temps, puisque si nous nous ennuyons, il nous suffit de zapper pour basculer sur autre chose. » [1]

---

1. Michel Reilhac, in *Le Cinéma sans la télévision, Le Banquet imaginaire 2, op. cit.*, p. 23, 26 et 27.

Des années 1950 aux années 1970, la plupart des pays d'Europe avaient une seule chaîne. Puis, deux ou trois. Un nombre restreint de canaux de diffusion. Cela avait comme incidence majeure que les programmes (et en particulier les films) qui étaient diffusés formaient la base d'un tissu social, d'une référence commune à toutes les couches de la population. Si les grandes chaînes de télévision généraliste gardent toujours aujourd'hui une part de marché importante parmi le nombre total des téléspectateurs, elles n'ont plus la même marge de manœuvre qu'à leurs débuts. Elles ne peuvent plus se permettre « d'imposer » des programmes « plus difficiles », de peur de voir le spectateur immédiatement zapper. Et on voit là comment une multiplication des canaux de diffusion arrive à l'effet inverse de celui qu'on a pu *a priori* envisager : au lieu de porter une diversification et une *réelle* démocratisation culturelle, le nombre de plus en plus grand de chaînes de télévision mène à une médiocratie médiatique.

Aujourd'hui, les chaînes de télévision gratuites destinées au plus grand nombre diffusent des programmes qui, étrangement, se ressemblent. La compétition féroce qu'elles se livrent les entraîne à se copier entre elles, à ne pas laisser à la concurrence une « formule qui marche ». Quant aux chaînes de télévision thématiques et payantes, elles créent leurs propres niches de spectateurs, et s'adressent d'emblée à un public ciblé et convaincu.

Le long métrage, à la télévision, subit une double dévalorisation : il est placé au même niveau que les autres programmes télévisuels sur les chaînes généralistes (jeux, émissions de télé-réalité, téléfilms, séries télévisées…) et subit une perte d'attention propre au télé-spectacle.

*

La genèse de la plupart des téléfilms est éclairante. Chaînes de télévision, producteurs et scénaristes échangent ensemble leurs desiderata… sans cinéaste. Le réalisateur est contacté juste avant le début du tournage, sans avoir le droit de donner son point de vue sur le scénario… et sans avoir son mot à dire sur le casting. Les réalisateurs de téléfilms sont le plus souvent interchangeables, d'ailleurs il arrive fréquemment que, pour une série, ils se succèdent – seuls les comédiens restent visibles comme points de repères à l'écran.

En France, la distinction entre téléfilms et films pour le cinéma se matérialise dans la répartition du droit d'auteur. Quand un film de cinéma passe à la télé, 60% des droits d'auteur sont réservés au scénario et 40% à la réalisation (la musique originale est calculée sur un autre compte). Nombre de réalisateurs co-écrivent leur scénario et bénéficient à la fois des droits comme scénariste et comme cinéaste. Mais pour les fictions télévisuelles, la répartition des droits est différente : 90% pour le scénario et 10% pour la réalisation en première diffusion. C'est là la transcription concrète de l'idée que les réalisateurs de téléfilms sont moins inventifs que les cinéastes de longs métrages.

*

Les moyens de production entraînent une organisation de tournage, qui trop souvent canalise la création. Au lieu de métamorphoser la faiblesse du budget en force formelle, la plupart des réalisateurs de téléfilms privilégient le pragmatisme académique : découpage technique sans invention, mise en scène sans *point de vue*.

*

Les responsables au sein des chaînes généralistes viennent régulièrement au montage des téléfilms donner leur avis, pour éventuellement provoquer des changements dans l'ordre des scènes et des plans. Ils veillent à ce que la production et le cinéaste respectent le cahier des charges « tout public », agissent en véritables censeurs économiques. Cela est particulièrement choquant pour les chaînes de télévision publiques, qui comme les télés privées ne visent que l'audimat… et s'efforcent de prendre le moins de risques possible. Les téléfilms tels qu'ils se présentent quotidiennement appartiennent davantage au monde de la communication audiovisuelle qu'à celui de la création et de la singularité. Mais économiquement, « ça marche »… et les téléfilms commencent même à influencer la production cinématographique. Certains directeurs de chaînes de télévision s'interrogent : pourquoi continuer à financer avec autant de « générosité » le cinéma alors que les téléfilms remplissent les cases du « *prime-time* » avec autant de facilités ? Seuls les longs métrages « porteurs », ceux qui font un tabac en salles, gardent encore un intérêt médiatique. Le reste du cinéma – tout ce qui est innovant, perturbateur, osé ou périlleux – n'a plus sa place sur la petite lucarne.

*

Certains se complaisent parfaitement dans cette situation de négation du cinéaste.

Un scénariste comme Alain Krief, qui a participé à la création de la série *Avocats et associés*, se vante de relever « le défi de parler à 40 ou 50 % des gens pendant un soir, bâtir une histoire forte, éviter de lasser, éviter d'embrouiller […] Moi, ça m'excite »[2]. Etre bien rémunéré par la télévision, être à la base de programmes fédérateurs qui s'oublient aussitôt après avoir été vus, mais qui ne dérangent personne. Que demander de plus ? Comme le dit la sociologue Monique Dagnaud, « la télévision fabrique la culture de masse. »[3] Mais il ne faut pas confondre art et culture. L'art est toujours une forme d'insoumission au monde. Il suffit de comparer les téléfilms traitant de l'immigration clandestine en France et un film comme *La Blessure* (2005), de Nicolas Klotz, pour saisir le gouffre narratif qui peut exister autour d'un même « sujet ». Des niaiseries et un film qui dérange, dont la forme-même ne peut laisser indifférent.

*

Pourtant, quand on parle de téléfilms et de séries, il faut faire attention de ne pas tomber dans le dogmatisme (n'y voir que des vertus ou que des travers).

La chaîne de télévision franco-allemande, Arte, permet à un nombre réduit de cinéastes de réaliser des téléfilms qui n'ont rien à envier à certains longs métrages. D'ailleurs, certains téléfilms coproduits par Arte ont aussi connu une exploitation en salles de cinéma. Je pense aux *Roseaux sauvages*, d'André Téchiné (1994), au *Péril jeune*, de Cédric Klapisch (1994), à *Marius et Jeannette*, de Robert Guédigian (1997) à *La Chambre des magiciennes* de Claude Miller (2000).

Canal+ est entré depuis peu dans une politique de productions de séries de prestige, avec comme modèle les séries initiées par HBO aux États-Unis. *Carlos*, d'Olivier Assayas (2010), montre que l'on peut « avoir un regard de cinéaste » en réalisant une série pour la télévision.

Des cinéastes comme Fassbinder, Lynch, von Trier se sont eux-mêmes exercés au jeu de la série, du feuilleton dont on suit les péripéties, de semaine en semaine.

---

2. In *La Gazette des scénaristes*, « Écrire, c'est toujours un jeu de construction », n° 20, janvier 2004.
3. Le sous-tire de son livre, *Les Artisans de l'imaginaire*, porte la mention : « comment la télévision fabrique la culture de masse », Editions Armand Colin, 2006.

Mais pour *Berlin Alexanderplatz*, *Mystères à Twin Peaks*, *L'hôpital et ses fantômes*, ils ont bénéficié de circonstances exceptionnelles de tournage ou de production. Ils sont à l'origine des séries, ont collaboré aux scénarios, ont gardé une liberté importante dans le choix des acteurs et les différentes composantes de la mise en scène.

*

De plus en plus de cinéastes réalisent indifféremment des films pour le cinéma ou la télévision (Jean-Pierre Ameris, Yves Boisset, Chabrol, Jacquot, Schatzsky…), au gré des possibilités de production qui leur sont offertes, et pas seulement par Arte. Mais ces cinéastes sont auréolés de leurs réalisations cinématographiques et mieux « traités » que de nombreux réalisateurs qui ne travaillent « que » pour la télévision.

Plutôt que de nier de manière péremptoire la qualité artistique des téléfilms, il faudrait d'abord se poser la question de leur (re)connaissance auprès des critiques et de l'impact symbolique qu'ils ont auprès du public. Peut-on voir dans le dédain pour les téléfilms une forme de conformisme culturel (les critiques de cinéma appartenant à une « aristocratie » par rapport aux critiques de télévision ; les spectateurs accordant inconsciemment davantage d'aura à un film de cinéma) ? Le film distribué en salle a-t-il davantage de force, de par sa diffusion ? Ce point est essentiel, car il éclaire les rapports entre nouveaux médias (Internet, téléphonie) et dispositifs permettant ou non à la création (comme force de résistance à la canalisation) de s'épanouir.

*

Dans un rapport de 2011 sur la fiction française, commandé par le ministère de la Culture, Pierre Chevalier écrit : « Le réalisateur n'a pas la même place au cinéma et à la télévision. » Or, « la France conserve encore une culture – pour ne pas dire un culte – du réalisateur et des acteurs, héritée du cinéma »[4]. Chevalier établit une distinction entre le téléfilm unitaire (réalisé par un seul metteur en scène) et la série (dont les épisodes sont réalisés par des réalisateurs différents). De là, sa proposition, de renforcer le tandem scénariste/producteur (sans se soucier du réalisateur), pour le développement

---

4. *Fiction française. Le défi de l'écriture et du développement*, rapport de la mission confiée par le ministre de la Culture, Frédéric Mitterrand à Pierre Chevalier, mars 2011, p. 17.

des séries, en France. Suggestion logique si on se place dans la perspective industrielle, mais anachronique sous la plume de celui qui fut le plus grand défenseur de la création télévisuelle en France, dans les années 1990-2000, avec une place centrale laissée au cinéaste[5]. Faut-il y voir « l'esprit du temps » ? Comprendre que la série, le téléfilm et le long métrage sont *par nature* différents ? Ou encore que Chevalier se trompe.

*

Aux États-Unis, l'émulation artistique passe dorénavant autant sinon davantage par les séries que par le cinéma. C'est ce qu'on compris Scorsese et Spielberg. Mais quand ils réalisent ou produisent un épisode ou une série (*Boardwalk Empire*, *The Pacific*), ils en restent maîtres d'œuvre.

*

Souvent, les responsables des télévisions publiques n'ont pas conscience de la dérive pernicieuse qu'ils conduisent. Souvent, les responsables des télévisions publiques confondent « culture » et « création ». Tout est culture (n'importe quel *show* télévisé), mais toute production télévisuelle n'apporte pas sa part d'expression artistique. Le nivellement se fait plus facilement par le bas, que dans l'élévation. Et c'est là un véritable enjeu démocratique.

*

Les castings-directeurs français, quand on leur parle, disent tous, sur le mode de la confidence, la terreur dans laquelle les tiennent les responsables des chaînes de télévision. Dans le cas des fictions télévisuelles, le choix des comédiens n'est généralement plus le fait du réalisateur, ni même du producteur, mais bien des chaînes de télé elles-mêmes. Des castings sont certes effectués, mais en dernière instance, ce sont les responsables de la chaîne qui imposent leurs vues. C'est pourquoi on parle de « listes blanches », certains comédiens étant systématiquement suggérés au

---

5. Pendant les douze années où Chevalier dirigea l'Unité fiction d'Arte, 320 titres virent le jour. La liste de ces téléfilms montre à quel point Chevalier participa à l'éclosion d'une nouvelle génération de cinéastes, mais aussi d'acteurs et de producteurs. Nombre d'entre eux rendent hommage à Chevalier, car il leur fit confiance, leur donna carte blanche en pariant sur une fiction qui se construit en cours de route, sans forcément avoir dès le départ un « scénario abouti ». 60 parmi ces téléfilms sortirent également en salles.

réalisateur ou au directeur de casting. L'audimat des dernières prestations des comédiens entre en ligne de compte, mais il y a aussi une part d'impondérable, d'affinités, de rapport de force – réalisateur et producteur étant tenus de répondre aux desiderata de la télé à laquelle leur « produit » est destiné. Cette perte d'autorité conjuguée, du producteur et du réalisateur, se répand petit à petit également dans le domaine cinématographique. Le cinéma français est aussi assiégé de l'intérieur, le droit d'auteur et la réglementation restant de mise, mais les esprits étant de plus en plus contaminés par cette jurisprudence des sujétions.

À la « liste blanche » des comédiens s'ajoute celles des scénaristes et des cinéastes, qui sont assez soumis d'avance… pour pouvoir travailler pour la télé. Évidemment, il ne s'agit pas d'une liste de noms promus « officiellement », mais cette pratique prend corps de manière diffuse – ce qui est peut-être encore plus dangereux. J'ai l'impression que le monde de l'audiovisuel se répartit désormais entre une partie laborieuse de professionnels « collabos » (qui acceptent de se rendre au dieu *audimat* et à la *pure* logique du produit) et une partie de « résistants », qui ont de plus en plus de difficulté à trouver leurs marques.

*

Peut-on comparer les producteurs qui investissent leurs propres deniers à ceux qui servent d'intermédiaires, qui n'accordent aucun fonds propre au film, qui vont collecter (principalement auprès des chaînes de télévision) le financement nécessaire ? Si *le système cinématographique et télévisuel* ne laisse pas une place d'entrepreneur au producteur, la menace est de tarir toute forme de risque, et donc de création.

Le formatage s'établit dorénavant en fonction de critères propres à l'économie télévisuelle. La contrainte la plus grande est le « *prime time* », c'est-à-dire la capacité de destiner un film à une heure de grande écoute. Mais le succès en salles et le passage en « *prime time* » n'entrent pas obligatoirement en phase. Des films qui ont attiré la foule des spectateurs pour leur côté choquant, pour leur grande violence ou pour des scènes érotiques peuvent heurter le sens moral des ligues de vertu et ne seront pas diffusés à la télévision (ou alors, sur une chaîne de télé payante, ou encore à une heure très tardive).

Fausse démocratie. Trompe-l'œil. La quantité de films offerts aux spectateurs est de plus en plus importante – multiplication des chaînes ; augmentation de l'offre – mais seule une petite partie des téléspectateurs s'abonne aux chaînes payantes et un très grand nombre de films ne passent jamais sur le petit écran (même à une heure tardive). Et puis, même si les films sont diffusés, pourquoi les téléspectateurs y accorderaient-ils de l'attention alors qu'ils n'en ont jamais entendu parler auparavant? Les statistiques montrent que les téléspectateurs se concentrent sur des films qui ont déjà eu du succès en salles ou dont la notoriété du casting semble attractive. Le désir – les codes du désir – est aussi sociologique.

*

Plutôt que de fustiger les téléfilms, je mettrais davantage l'accent sur les rapports pervers entre création et télévision. Tout un pan du cinéma français (j'évoque ici les longs métrages) a été gangrené par sa dépendance au financement télévisuel.

*

« Il y a danger. Et ce danger est de plus en plus vif. Dans les scénarios qu'on dépose auprès des chaînes de télévision, on voit marqué dans les marges, au crayon rouge, à certains endroits : *Danger de zapping.* Ce qui veut dire : allons, pressons, ne nous attardons pas en route, il y a de la bagarre sur les autres chaînes, vite, ne perdons pas de temps dans cette beauté reposante. »[6] Cette pensée de Jean-Claude Carrière, qui date de 1996, est aujourd'hui encore davantage d'actualité. A la télévision, sur Internet, sur les téléphones mobiles. Culture du zapping, qui entraîne un autre rapport au temps, au récit, au sens. Les chaînes de télévision qui financent les films ont comme critère un rythme qui n'est pas celui du cinéma. Ou alors, par *cinéma* entendra-t-on autre chose qu'un espace temps dédié au film?

*

À propos des rapports entre télévision et cinéma, Serge Daney tire le signal d'alarme, dès le milieu des années 1980. Il suffit de relire ses chroniques pour s'apercevoir à quel point son analyse était prémonitoire. La multiplication des canaux de télévision tuerait le désir, « comme si trop de variété nuisait à l'idée même de variété, et trop de choix rendait dérisoire l'idée de choisir. Le zapping est sans doute venu de cette volonté désespérée d'anticiper sur un écœurement certain. »[7]

6. Jean-Claude Carrière, *Le Film qu'on ne voit pas*, Plon, Paris, 1996, p. 25.
7. Serge Daney, *Libération*, 6 octobre 1987. Texte repris dans *Le Salaire du zappeur*, Paris, P.O.L., 1993, p. 56 et 57.

*

Pascal Mérigeau, dans son brûlot sur le cinéma français, *Autopsie d'un meurtre*, arrive au même constat : « La multiplication des canaux conduit à la standardisation de l'offre. Aujourd'hui, il y a des centaines de chaînes, chacun peut faire ce qu'il veut, alors chacun, comme il en a le droit, choisit de faire comme tout le monde. C'est la liberté. Au nom de laquelle les chaînes hertziennes ne programment plus de films en version originale avant tard dans la nuit, au motif que les téléspectateurs n'aiment pas ça. »[8]

La mission des services publics de télévision, en Europe, a perdu sa spécificité, dans la course à l'audimat. La publicité finance les chaînes de télévision privée. Selon les parts d'audience que feront tels ou tels programmes, les moyens de la chaîne s'en verront augmentés ou altérés. Le film n'est plus considéré comme une œuvre, même pas comme un produit, mais comme un programme d'appel à ressources publicitaires. Et le statut du cinéaste s'en trouve fragilisé. La censure économique existe. Elle est peut-être plus dangereuse, car plus insidieuse qu'une censure politique. Nombreux furent les cinéastes russes qui purent circonvenir la censure soviétique, jouer par sous-entendus, par métaphores et faire de leurs films une arme de combat. Nombreux furent les cinéastes hollywoodiens qui purent pervertir les codes de la censure américaine, qui étaient parfaitement connus et établis – je dirais, *noir sur blanc*. La durée d'un baiser sur la bouche étant obligatoirement réduite, Hitchcock tourne une scène mémorable de *Notorious* (*Les Enchaînés*, 1946) en faisant tournoyer dans une chambre d'hôtel ses deux protagonistes (Cary Grant et Ingrid Bergman) qui sont comme aimantés l'un à l'autre, ponctuent leurs dialogues de petits patins. L'émotion qui en ressort est beaucoup plus torride que ne l'aurait été un long *french kiss*. La censure économique consiste tout simplement à ne pas permettre à certains films de se faire. Soit en empêchant les différents mécanismes de financements de se porter sur un projet… qui reste à l'état de scénario et devient un film mort-né (un film qui n'existera pas), soit en empêchant la diffusion du film à une heure de grande écoute et en le laissant irrémédiablement hors d'atteinte du « grand public ». Les censeurs économiques n'ont

---

8. Pascal Mérigeau, *Cinéma : Autopsie d'un meurtre*, Paris, Flammarion, coll. « Café Voltaire », Paris, 2007, p. 27 et 28.

la plupart du temps même pas conscience de leur pouvoir coercitif. Ils pensent agir en toute logique, ne se rendant pas compte à quel degré leur point de vue est idéologique.

La contamination de l'espace cinématographique par le mode télévisuel prend plusieurs aspects. Ainsi, les cartes d'abonnement de certains circuits d'exploitation (UGC, Gaumont) permettent aux spectateurs de cinéma qui y souscrivent de voir un nombre de films illimités, en échange d'une somme forfaitaire. Pour « rentabiliser » leurs abonnements, nombre de spectateurs passent dans un même complexe d'un film à l'autre, sans les voir de bout en bout, adaptant ainsi au cinéma une autre forme de zapping… et de dévalorisation symbolique de l'œuvre.

Il fut un temps où le seul moyen de voir des films était d'aller dans une salle de cinéma – quand ni la télévision, ni la vidéo, ni le DVD, ni Internet n'existaient. Le statut du film s'en trouvait singularisé. Scorsese compare la salle de cinéma à une église, « un lieu de rassemblement où l'on partage une expérience commune. (…) Les films répondent à un besoin spirituel qu'ont les hommes de partager une mémoire. »[9] D'un point de vue historique et sociologique, la salle de cinéma constitua un temps le lieu où différentes couches de la population pouvaient se retrouver, vivre ensemble un désir de fictions. La télévision, comme la salle de cinéma, perd petit à petit sa capacité à créer une culture commune trans-généra-tionnelle qui réunisse le cadre et l'ouvrier, l'adolescent et le pensionné. Le cinéma, puis la télévision deviennent symptomatiques de l'échec d'un certain idéal démocratique d'accès égalitaire au savoir, au désir et à « ce qui fait sens ».

Si le cinéma en salles devient plus qu'auparavant destiné à un public adolescent, cela entraîne une infantilisation de la société entière. Comment le cinéaste peut-il rester toujours en phase avec un « public jeune » tout en vieillissant ? Demande-t-on pareille prouesse à l'écrivain ou au peintre ? Au chanteur de charme, peut-être.

9. *Voyage de Martin Scorsese à travers le cinéma américain*, par Martin Scorsese et Michael Wilson, Editions
de l'Étoile-Cahiers du cinéma, Paris, 1997, p. 166. Première édition en langue anglaise : *A Personal Journey with Martin Scorsese through American Movies*, Hyperion/Miramax books en association avec le Britisch Film Institute, 1997.

LA COMMUNICATION TUE LA CRÉATION

Confusions entre « cinéma », « audiovisuel » et « communication ». Les logiques attachées à chaque terme peuvent tantôt se conjuguer, tantôt se révéler complémentaires ou antagonistes.

*

Les nouveaux modes de diffusion audiovisuelle apparus depuis l'invention du cinéma (télévision, vidéo, DVD, VOD, Internet…) n'ont pas empêché les salles de continuer à présenter les films. Deux hypothèses. La première consiste à dire que rien ne va changer, que le cinéma continuera à être ce qu'il est (art et industrie). La deuxième consiste à n'envisager la situation actuelle que comme les prémisses d'une révolution à venir. Je veux parler de l'abolissement des frontières entre art et spectateurs. Le risque de dérive, de détournement de la création par un processus démagogique, du type : « tous artistes », a déjà été dénoncé par Frodon : « Dans la cyberculture, le mode d'apparition, d'élaboration et de transmission des "objets" (il est douteux de pouvoir encore parler d'œuvres) fait que ceux-ci, infiniment malléables et réinvestissables, n'ont plus d'auteur au sens classique, ils ne sont pas "signables". »[1] Certains jeux vidéo intègrent des images de films en fournissant aux usagers la possibilité de modifier les péripéties et la fin de l'action, par interactivité. Le joueur a l'impression d'influer sur le cours des événements. Il n'y a plus de sens, plus de loi. Le consommateur guide ses propres désirs, en fonction de sa dextérité, en prenant un plaisir narcissique qui nie l'altérité. Loin du processus de *projection* cinématographique. L'évolution de la *place* du spectateur aura forcément des incidences sur celle du cinéaste.

Les débats sur la convergence, qui animèrent la Commission européenne à la fin des années 1990, étaient intéressants à suivre, car ils revenaient, d'une autre manière,

---

1. Jean-Michel Frodon, *La Projection nationale*, *op. cit.*, p. 202.

sur l'« exception culturelle ». En considérant que les télécoms, l'informatique et l'audiovisuel ne formaient plus
qu'un vaste ensemble, il n'y avait plus de raison de protéger
les œuvres. Comme les télécoms avaient été privatisés dans
la plupart des pays d'Europe, comme la libéralisation était
de mise dans le domaine informatique : l'audiovisuel n'avait
qu'à suivre. L'industrie des contenus devait se mettre au
service des canaux qui lui permettaient d'être véhiculée. Au
sein même de la Commission européenne, certains défendi-
rent cette logique de dérégulation. D'autres continuèrent à
se battre pour préserver l'audiovisuel en dehors d'une stricte
économie marchande[2]. La contamination entre cinéma et
audiovisuel s'étend aux conglomérats de ce qu'on appelle
les « grands groupes de communication ». Ils intègrent en
leur sein aussi bien la fabrication des postes de télévision
que les productions des programmes qui leur sont destinés.
« L'objectif visé par chacun des titans de la communication
est de devenir l'interlocuteur unique du citoyen. Ils veulent
pouvoir lui fournir, aussi bien, des nouvelles, des données,
des loisirs, de la culture, des services professionnels, des
informations financières et économiques ; et le mettre ainsi
en état d'interconnectivité par tous les moyens de communication disponible », écrivait Ignacio Ramonet, dès 1999[3].
La communication englobe désormais *business* et vie privée.

*

Un parallèle se dessine entre l'information journalistique et le cinéma. L'information télévisuelle a cessé
d'être un contre-pouvoir, en se transformant en spectacle,
en *divertissement* rituel. Dans les journaux télévisés, il ne
s'agit plus de penser la complexité. Comment, en segments
de deux minutes, rendre compte d'événements aux quatre
coins de la planète ? Comment ne pas être troublé de voir,
à tous les journaux télévisés, les mêmes images d'actualité ?
Transposée au cinéma, cette distorsion se décline sur le
mode de la fin du *regard*.

*

2. Lire à ce propos : *Cinéma, audiovisuel, nouveaux médias. La convergence : un enjeu européen ?*, dirigé par Frédéric Sojcher, en coordination
avec Soon-Mi Peten et Yvon Thiec, Paris, L'Harmattan, 2001.
3. Ignacio Ramonet, *La Tyrannie de la communication*, Éditions Galilée,
Paris, 1999. Édition augmentée, Paris, Gallimard, « Folio », 2001, p. 232.

Le cinéma est un art du mensonge, mais par le mensonge on peut atteindre une forme de vérité, disait en substance Welles, dans *F for Fake* (*Vérité et Mensonge*).

Renversement dialectique. L'information - spectacle *ment*, mais ne nous élève pas, car elle n'est pas une forme artistique destinée à cerner la complexité du monde. Au contraire. Une manière de le réduire.

L'art est un contre-pouvoir. La communication, un pouvoir, c'est-à-dire l'exact opposé.

*

Les patrons des grands groupes de communication sont des démagogues qui manipulent comme ils respirent. Ainsi, Jean-Marie Messier avait-il juré la main sur le cœur que Pierre Lescure, dernier fondateur de Canal+ à être encore en place lors de la fusion entre Vivendi et Universal en 2000, était l'homme le plus compétent pour rester à la tête de la chaîne cryptée. Il le débarqua de son poste quelques mois plus tard. Était-ce une stratégie délibérée (qui accréditerait la thèse du mensonge et de la manipulation) ou une preuve de totale incompétence, d'une erreur de jugement (qui justifierait sa propre démission)? Ainsi, le patron de TF1 condamna-t-il avec ferveur les émissions de télé-réalité, tel *Loft Story*, en les déclarant vulgaires… avant qu'il n'adapte, l'année suivante, les mêmes concepts pour sa chaîne. Les patrons d'entreprises de communication ne visent qu'au plus vaste racolage. Les créateurs leur sont totalement indifférents.

La communication a une propension à favoriser l'émulsion médiatique plutôt que le contenu, plus subtil et plus complexe à manier. Les télés préfèrent le strass, le toc, les calembours lourds et le délassement aux philosophes. Tout se passe de plus en plus comme si la pensée était interdite d'antenne. Ce que l'on constate pour les films se décline sous d'autres modes dans la société. Communication rime avec immédiateté, que la raison ignore. Car sans recul, point d'analyse. La publicité fonctionne sur le principe des stimuli pavloviens. Communication et publicité se sont confondues. C'est un peu comme si le diffuseur s'était substitué à l'éditeur, comme si le responsable du marketing devait décider à la place du producteur de l'intérêt à mettre une œuvre en chantier. Comme si seuls comptaient désormais la promotion et l'effet qu'elle pouvait escompter sur le client-consommateur.

Patrick Le Lay, le patron de TF1, déclare en 2004 : « À la base, le métier de TF1, c'est d'aider Coca-Cola, par exemple,

à vendre son produit… Or, pour qu'un message publicitaire soit perçu, il faut que le cerveau du téléspectateur soit
disponible. Nos émissions ont pour vocation de le rendre
disponible. […] Ce que nous vendons à Coca-Cola, c'est
du temps de cerveau disponible. »[4] Disant cela, le patron
de la première chaîne de télévision française, avoue (sans
cynisme ?) que tout, absolument tout (émissions de variété,
films, mais aussi journaux télévisés) est tributaire de la loi
marchande… La culture, l'éducation et l'information n'ont
plus d'autre raison d'être autre que celle de *faire-valoir*.

L'intervention de Le Lay a été commentée, dénoncée,
mais cela n'a rien changé.

*

Le contre-pouvoir de la rêverie et de la fable, de *la représentation filmique*, tend par l'uniformité des productions à
être canalisé, muselé, détourné de sa fonction première. La
narration réorganise, restructure l'environnement qui nous
entoure – mélange de sentiments immuables et de saisie
de l'air du temps. Elle ne prend tout son envol, toute son
ampleur que quand elle parle au groupe et est singulière,
simultanément. Les griots, les dramaturges, les fous du roi
n'avaient pas à se soucier prioritairement de la rentabilité
de leurs paroles. Comme la presse digne de ce nom, la création dérange, car toutes deux refusent l'assujettissement. Le
journaliste, en investiguant, lève le voile des apparences ; le
cinéaste digne de ce nom pose un acte de *résistance* au réel.

Le film laisse une trace. La communication s'autodétruit,
une vague de stimuli chasse l'autre.

*

La télévision « est avant tout une machine d'oubli »,
écrit le scénariste Jean-Claude Carrière. « Elle nous interdit de distinguer, engourdissant ainsi notre mémoire. Parce
qu'elle confond tout, le grave et le frivole. […] Un des rôles
de la télévision est de faire oublier les films, et peut-être
même la vie. »[5] Cette proposition peut être généralisée à
Internet et aux différentes pratiques qui nous poussent à la
fébrilité communicationnelle.

*

4. Patrick Le Lay, in EIM (Executive Interim Manager), *Les Dirigeants
face au changement*, Paris, Éditions du Huitième Jour, 2004, p. 92.
5. Jean-Claude Carrière, *Le film qu'on ne voit pas*, *op. cit.*, p. 66.

Michael Peeters, le directeur général d'Euronews, la chaîne européenne qui émet en plusieurs langues, s'interroge : « À quelle heure et dans quelle position physique consommez-vous une info ? C'est tout à fait différent si vous êtes debout dans le métro avec un smartphone à la main ou si vous êtes assis au bureau, en utilisant l'interactivité d'un PC, ou affalé dans le salon, devant un grand écran. Pour tenir compte de ces conditions de réception, il faut fournir le bon contenu au bon moment. »[6] Ce primat consumériste pose un problème de déontologie journalistique. Appliqué à la fiction, il devient funeste.

*

Pour Régis Debray, une distinction fondamentale s'établit autour de deux notions antagonistes : celles d'« art » et de « communication » : « Disons qu'il y a "communication" lorsque l'offre se règle sur la demande, et "art" lorsque l'offre d'images peut se concevoir indépendamment de la demande. »[7] De là viennent les dérives actuelles… et la remise en cause implicite d'un certain cinéma, qui pouvait conjuguer *création* et *distribution* en salles. La communication, quand elle n'a plus d'autre fin que publicitaire, se détourne de la substance et des œuvres de sens. La communication tue la création. Elle lui est antinomique.

« Ce qui est dit ouvertement n'est pas de l'art, mais de la communication. […] Pourquoi ? Parce que ce qui est dit ouvertement n'a pas à franchir ce gouffre entre connu et inconnu, n'a pas besoin de produire de la beauté. »[8] Je ne vois pas de meilleure définition du cinéma documentaire, qui parie toujours sur un équilibre entre ce qui est connu et ce qu'il s'agit de révéler, sans que ni le cinéaste ni le spectateur ne sachent au départ jusqu'où nous mènera ce voyage.

*

Gilles Deleuze : « L'œuvre d'art n'a rien à faire avec la communication. »

*

6. Michael Peeters, interviewé par Alain Jeunotte, *Le Soir*, 17 juin 2011.
7. Régis Debray, *Vie et mort de l'image*, Paris, Gallimard, 1992. Nouvelle édition : « Folio essais », 1994, p. 421.
8. Jean-Michel Frodon, *Horizon cinéma*, Paris, Éditions Cahiers du Cinéma, coll. « 21ème siècle », 2006, p. 28.

Alors, que faire ? Aux débats du GATT, les associations de producteurs et de cinéastes ont montré qu'elles pouvaient peser sur des décisions politiques[9]. Il ne faut pas sous-estimer cette implication qui transcende l'individualisme. Mais on ne va tout de même pas demander au cinéaste de se transformer en *lobbyman*, qui assiège en permanence la Commission européenne, le ministère de la Culture ou les chaînes de télévision, pour veiller à ce que les règles du jeu de la *vraie* démocratie et d'une *réelle* diversité soient respectées. La responsabilité du cinéaste reste d'interroger le monde *à travers ses films*, sans compromission.

Réaliser des films qui lui ressemblent est le meilleur moyen, pour le cinéaste, de prendre « l'exception » à bras le corps, pour que la diversité ait encore un avenir.

9. Je pense à la force et au charisme de Pascal Rogard, délégué général de l'ARP (Association des Auteurs, Réalisateurs et Producteurs), pendant les débats du GATT. C'est grâce à la détermination d'hommes et de femmes de cette trempe que les batailles peuvent être gagnées. Aujourd'hui, Rogard est directeur général de la SACD.

SMALL IS BEAUTIFUL

Le cinéma d'avant-garde des années 1920, le néo-réalisme italien, le mouvement des « *angry young men* » au Royaume Uni, la Nouvelle Vague française et ses pendants en Pologne et Tchécoslovaquie, en Amérique centrale et en Amérique latine, le « nouveau cinéma allemand » des années 1970 et la figure tutélaire de Fassbinder, tout un pan du cinéma indépendant américain d'hier et d'aujourd'hui, de Cassavetes à Hal Hartley et Gus Van Sant, en passant par Roger Corman... posent la question des films à petit budget. Ces expériences interrogent les liens entre art et industrie, les marges de manœuvre qui peuvent se dégager, à un moment donné, au sein d'une cinématographie, pour permettre de tourner, sans beaucoup de moyens... et être néanmoins diffusé, reconnu par ses pairs, par la critique, par la distinction de prix dans les plus grands festivals. Avec les films à petit budget, les contraintes de tournage et de production sont toujours au rendez-vous, mais elles entraînent souvent, aussi, l'invention, elles sont toujours liées à une impérieuse nécessité, à un authentique *désir de cinéma*.

*

Les premières responsabilités du producteur et du cinéaste sont de soupeser, de connaître, d'instinctivement « sentir » la jauge budgétaire en dessous de laquelle il ne faut pas descendre pour que le film à réaliser et à produire ne pâtisse pas d'un sous-financement. Certains cinéastes, tels Dumont, Godard, Jean-Pierre Mocky, Rohmer... ont réussi à développer un univers filmique qui intègre les limites budgétaires, dont l'esthétique (la forme et le sens) se conjugue avec une petite équipe, peu ou pas d'effets spéciaux, un tournage en décors naturels... D'autres cinéastes débutent en réalisant des films à petits budgets, pour ensuite, une fois qu'ils ont acquis une certaine renommée, avoir accès à des moyens beaucoup plus importants.

Les tenants de la Nouvelle Vague avançaient l'idée de réaliser des films avec de plus petits budgets que ceux des productions « moyennes » françaises de l'époque. Les moyens techniques issus du cinéma documentaire permettaient une plus grande légèreté de tournages en extérieurs. La composition de l'équipe ne devait pas être pléthorique. Le vedettariat ne devait pas constituer le moteur de la production.

Lucas, après avoir tourné *THX 1138*, film qu'il qualifie lui-même de « quasi expérimental », deviendra par la suite l'initiateur de la saga *Star Wars*, superproductions aux succès planétaires pulvérisant le box-office.

Dans quelles conditions un cinéaste peut-il s'épanouir ? La liberté ne peut se vivre sans contrainte. Ce précepte se pose avec acuité en matière cinématographique (les films nécessitant des moyens financiers, mais aussi un travail de groupe avec différentes interventions dans le processus de création) ; il peut aussi devenir une approche philosophique et politique, au cœur de notre société contemporaine.

*

« Qu'est-ce qu'un film à petit budget ? » Il est difficile de répondre à cette question, tant la notion de « petit budget » peut renvoyer à des interprétations diverses. Un « petit budget » pour le cinéma français peut être un « grand » budget pour une autre cinématographie – tout est relatif aux coûts en vigueur (des salaires, des frais logistiques, des industries techniques). Pour définir ce qu'est un « petit budget », il faut d'abord savoir à quelle cinématographie on se réfère. Un « petit budget » se caractérise par rapport à une norme économique et la réalisation de films à petit budget évoque un cinéma à la marge, par rapport à un « cinéma dominant », à une forme d'indépendance par rapport au « système » classique de production et d'organisation (dans la composition de l'équipe, dans les modalités du tournage et de la postproduction), en cours à un moment donné. Cette première approche du film à « petit budget » n'est pourtant pas totalement satisfaisante. Certaines « petites » cinématographies se sont édifiées uniquement par la production et la réalisation de films à « petit budget », le marché national ne permettant pas d'amortir des financements plus importants. Dans ce cas, la bipolarisation entre cinéma « dominant » et cinéma à la marge ne peut plus être de mise… Un autre écueil est d'ordre méthodologique. Les budgets référés dans les statistiques économiques concernent généralement les longs métrages – la place pour le documentaire, pour le cinéma expérimental, pour les formats et les durées atypiques ou non commerciales étant minorée ou ignorée. Or, tout un pan des films à « petit budget » appartient à ces démarches. Chris Marker, l'un des cinéastes français les plus créatifs de ces cinquante dernières années, est cantonné essentiellement à une aura cinéphile, sans avoir jamais pu rencontrer le « grand public », en salle de cinéma. Est-ce parce que *La Jetée* (1962) a une durée de 29 minutes et est tournée uniquement (à l'exception d'un plan) sous la forme de photos filmées… qu'elle ne pouvait pas avoir un destin commercial important ? Est-ce parce qu'il a réalisé le *remake* de cette histoire fantastique, sous la forme d'un long métrage, et qu'il confia le rôle principal à une star internationale, Bruce Willis, que Terry Gilliam eut un plus grand nombre de spectateurs pour *L'Armée des 12 singes* (1996) ?

*

Au milieu des années 1960, la TSR (Télévision Suisse Romande) permit à des cinéastes comme Alain Tanner de réaliser des fictions à petit budget, en 16 mm, qui furent ensuite gonflées en 35 mm, connurent une exploitation en salles et une reconnaissance internationale. La télévision publique était à l'initiative de films qui questionnaient, sous le mode de l'insoumission joyeuse, la société helvète. Et cela donna « le nouveau cinéma suisse ».

*

Au Royaume-Uni, des cinéastes comme Stephen Frears ou Kean Loach ont commencé en réalisant des films à petit budget pour la télévision. En Angleterre, les producteurs ne savent pas forcément à l'avance si les films qu'ils produisent sont destinés exclusivement à la diffusion télévisuelle ou s'ils pourront également tenter la voie de l'exploitation cinématographique. La décision se fait en vertu des possibilités qui s'offrent éventuellement le film une fois achevé.

*

Dans les années 1990, plusieurs premiers longs métrages décapants, réalisés par de jeunes cinéastes avec des moyens financiers dérisoires (souvent proches de l'auto-financement), ont rencontré un succès critique et/ou commercial. Il ne s'agit pas exactement de « films de genre », mais plutôt de fictions réinventant des modalités narratives, repensant les manières de filmer et la place laissée au spectateur. Trois exemples : *C'est arrivé près de chez vous* (de Rémi Belvaux,

Belgique, 1992), *Seul contre tous* (de Gaspar Noé, France, 1998) et *The Blair Witch Project* (de Daniel Myrick et Eduardo Sanchez, États-Unis, 1999).

Pourquoi ne peut-on pas donner plus d'exemples de films atypiques auto-produits ? Le système qui prévaut privilégie le formatage à la prise de risque et ne laisse que peu de place à la diffusion en salles ou sur des chaînes de télévision à grande audience de films qui dérogent à la norme. Internet n'a pas apporté de modèle économique alternatif pour la rentabilité de ces productions singulières.

À quoi sert-il de tourner si d'avance on sait qu'on n'aura pas accès aux moyens de médiatisation permettant une rencontre avec un large public ? C'est généralement avant même qu'ils ne soient tournés que le destin économique des films se scelle.

*

Parfois, l'éclosion d'un cinéaste tient à peu de chose. Micheline Presle me raconte qu'elle s'est battue, quand elle était membre du jury au Festival de Cannes en 1959, pour que le film de Truffaut, *Les 400 coups*, obtienne la Palme d'or, qu'il n'a pas eue, à une voix près. C'est ainsi qu'un nouveau prix fut inventé, le Prix de la mise en scène. Malgré ce qui peut s'apparenter à un prix de consolation, *Les 400 coups* fut, grâce à Cannes, propulsé sur les devants de la scène.

*

La composition de l'équipe a un rôle déterminant dans le coût des films. Dans l'émission *Cinéma de notre temps* consacrée en 1994 à Éric Rohmer, le cinéaste revient sur le reproche qui lui a parfois été porté de ne pas employer assez de techniciens sur ses films. Rohmer explique que, pour les techniciens et l'industrie technique, produire dix films de 300 000 euros avec une équipe de quatre personnes ou produire un seul film de 3 000 000 d'euros avec une équipe de quarante personnes… revient au même. En augmentant le nombre de films, on aurait même l'avantage de donner une chance à davantage de techniciens de devenir « chefs de poste »[1].

---

1. Dans ce documentaire réalisé par André S. Labarthe, avec la complicité de Jean Douchet, Rohmer évoque des montants en francs français, l'euro n'ayant pas encore d'existence. J'ai fait la translation. Il faudrait aussi tenir compte de l'inflation et de l'évolution du coût des films pour

*

Alin Cavalier a rendu possible le rêve d'Alexandre Astruc, la « caméra stylo ». Lors de sa venue à l'université de Paris 1 Panthéon-Sorbonne, il explique : « C'est la caméra qui est devenue plus intelligente au fil des années. Pour mes premiers films, c'était le poids et le prix de la caméra qui commandaient. Le poids : il fallait deux machinistes pour la mettre sur le pied. Le prix : il fallait quatre personnes pour la servir, comme un canon. » Cavalier a aussi évoqué devant les étudiants la notion de scénario, dans une sorte de révolution copernicienne, la légèreté des moyens permettant de sortir de la « tyrannie du sujet » et d'inventer son film, en cours de route[2].

*

Plusieurs films de la Nouvelle Vague ont été des succès commerciaux, à l'étranger. « C'est grâce à la Nouvelle Vague que les producteurs ont découvert ou redécouvert la vente à l'étranger. Pour la première fois, en effet, les films à petits budgets étaient, dès le départ, fabriqués en vue de la vente à l'étranger, sans se soucier de son amortissement sur le sol métropolitain, comme il est de règle pour une production française dite "normale". »[3] L'aura de la Nouvelle Vague est passionnante à étudier, car elle est toujours persistante. Comme si les cinéastes de la Nouvelle Vague, en étant en phase avec leur temps, avaient quelque chose à dire au monde, à travers le cinéma. Force est de constater que c'est ce qui manque singulièrement au cinéma français aujourd'hui. La voix de la France ne porte plus si loin et si longtemps.

*

Trop peu de cinéastes se demandent comment raconter une histoire avec peu de moyens, sans que cela n'altère la cohérence de la narration et de la mise en scène. Trop souvent, les frais fixes (bureau, secrétariat, collaborateurs de la production engagés à l'année) viennent grever les coûts des films. Trop souvent, les producteurs sont pris dans un

avoir une idée sur la réalité des montants évoqués par le cinéaste-producteur.

2. Alain Cavalier, le 29 novembre 2005.

3. Jean-Luc Godard, cité par Francis Courtade, in *Les Malédictions du cinéma français*, Éditions Alain Moreau, 1978, p. 268.

tourbillon, doivent enchaîner projet sur projet, pour ne pas sombrer.

Les tenants d'une réduction du nombre de films souhaitent davantage rationaliser l'économie du cinéma et supprimer du paysage tout ce qui est marginal, hors norme, atypique, et donc incertain. L'uniformisation, la canalisation de la création transformeraient les œuvres cinématographiques en produits manufacturés. Le libre marché, au lieu de favoriser la concurrence, mènerait alors à un seul type de production. Il n'y a pas trop de productions, mais trop de films qui se ressemblent. Trop de films sans nécessité. Et, plus grave : sans désir.

*

D'après Steven Soderbergh : « Apprendre à faire des films, c'est aussi, et surtout, comprendre quel genre de film on veut faire et pourquoi. Personnellement, il m'a fallu du temps pour le découvrir. » Atom Egoyan énonce une autre évidence : « Plus vous demandez d'argent, plus il y a des gens à qui vous devez rendre des comptes, et plus il devient difficile de faire émerger votre propre vision. »[4] Les rapports entre émulation et budgets auxquels les cinéastes ont accès existent dans toutes les cinématographies.

*

L'essentiel est que le budget soit à la hauteur des besoins nécessaires au film. *4 mois, 3 semaines et 2 jours*, Palme d'or au Festival de Cannes 2007, a un budget de moins de 500 000 euros, et cela ne nuit en rien à la réussite artistique. L'objectif est de permettre aux producteurs de vivre (et donc de pérenniser leur entreprise) et aux cinéastes de réaliser des films qui soient des œuvres de forme et de sens.

Il faut faire une distinction entre les *no budget film* (productions où personne n'est payé et qui sont en général initiées par le cinéaste lui-même) et films à petit budget. N'avoir *aucun* moyen ou de petits moyens, ce n'est pas la même chose.

*

Il arrive plus fréquemment qu'on ne le pense à des cinéastes de se lancer dans l'aventure en autofinançant leur projet, en convaincant scénaristes, techniciens et comédiens

---

4. In Laurent Tirard, *Leçons de cinéma 2*, *op. cit.*, p. 48 et 84.

de travailler gratuitement ou en dessous de toute norme salariale, de tout tarif syndical. Ces films, réalisés à la limite de l'illégalité, arrivent parfois à trouver un financement en cours de route, à obtenir une « avance sur recettes » pour la finition (post-production, mixage, tirage de copies). Mais ce financement « après tournage » ne permet pas de rémunérer tous ceux qui ont participé au film.

Cette posture, *a priori* sympathique, de la débrouillardise et du tournage à tout prix est potentiellement dangereuse. En cas d'insuccès ou de non-reconnaissance des réalisations ainsi entreprises, des cinéastes peuvent se ruiner et s'enlever toute chance de poursuivre ensuite leurs rêves filmiques. Symboliquement, c'est aussi une dévalorisation du travail, les techniciens qui travaillent sur une production sans budget devant renoncer à vivre de leur métier, le temps du film. À moins de considérer qu'une expression artistique se fait en dehors des lois de l'argent, loin des soucis prosaïques du quotidien (pouvoir subvenir à ses besoins). Posture aristocratique (il faut pouvoir se le permettre) ou irresponsable (agir sans penser aux conséquences de ses actes). Mais certains films, parmi les plus grands chefs-d'œuvre de l'histoire du cinéma, n'auraient pas vu le jour sans un grain de folie.

*

L'idéal : permettre la réalisation de films à petit budget dont tous les participants soient rémunérés. Je dis bien « idéal », car cette démarche n'est pas toujours légalement possible. Elle pose les conditions d'une structure cinématographique qui adoube ce type de démarches (questions juridiques, réglementaires, syndicales).

Favoriser les films à petit budget a plusieurs avantages. Économiquement, cela permet pour un même investissement de produire plus de films. Financièrement, les risques sont moins élevés, ce qui permet davantage d'expérimentations, moins de standardisation. Quel que soit le coût de fabrication d'un film, le ticket d'entrée de la salle de cinéma reste au même tarif. En cas de succès commercial, le retour sur investissements est exponentiel. Artistiquement, la diversité et la singularité peuvent être privilégiées. Promouvoir les films à petit budget est aussi un acte politique, qui remet en cause certains privilèges, certaines habitudes de travail, une vision du cinéma comme étant réservé à un nombre limité d'élus, à une caste.

Une autre perspective, plus cynique (plus réaliste ?) est celle de l'industrie culturelle. Seuls auraient accès au « grand public » les films bénéficiant d'un puissant marketing, ce qui laisserait de côté tous les chemins de traverse. Plus un film serait financé, plus il serait ensuite promu, pour que les sommes investies aient une chance d'être amorties. À l'inverse, les films à petit budget ne relevant pas d'un enjeu financier aussi important seraient, sauf exception, cantonnés à la marge. Au lieu que le « libre marché » offre une réelle diversité, les produits formatés (sans prise de risque artistique) domineraient. Le cinéma, comme « art populaire » aurait vécu. Les démarches artistiques seraient réservées aux seuls aficionados. La concurrence sans réglementation, dans le domaine culturel, mène à une forme de mainmise sur l'imaginaire. Mais je refuse de sombrer dans cette vision désenchantée. Des contre-feux sont possibles. D'autres modèles économiques existent. Les questions de cinéma dépassent le cinéma. Il s'agit aussi d'un enjeu démocratique. La place de l'art dans la Cité.

*

Pourquoi les films à petit budget n'ont-ils pas davantage d'essor ?

Beaucoup de producteurs en Europe n'investissent pas leurs propres deniers dans les films, ont une part très réduite de retour sur les recettes et il est donc beaucoup plus important pour eux de trouver des financements conséquents, sur lesquels ils puissent prélever leur dîme. Beaucoup de réalisateurs préfèrent un certain confort dans l'organisation des tournages. Toute une série d'intermédiaires (à commencer par les agents artistiques) ont intérêt à ce que les budgets des films et les cachets restent élevés. Orthodoxie sur ce qu'il convient ou non de faire. Effets pervers d'une économie du cinéma qui privilégie les conformismes.

*

Former une troupe, comme au théâtre, afin d'avoir des collaborateurs et des interprètes fidèles, qui suivent un cinéaste de projet en projet, dans une autre économie de création.

Bergman, Chéreau, Fassbinder : capacité à fédérer une équipe, au théâtre comme au cinéma.

Patrice Chéreau a ressenti une nouvelle forme de liberté en réalisant le film *Son frère*. Au départ conçu pour Arte, avec de très petits moyens, *Son frère* est sorti en salles et a donné à Chéreau une autre manière de concevoir la mise en scène, la composition de l'équipe, son rapport aux acteurs. Revitalisation d'autant plus prégnante qu'il s'agit d'un film sur la maladie et la mort. Comme s'il y avait besoin de cette énergie-là pour ce sujet-là.

Penser à Fassbinder, à sa production foisonnante, à sa fureur de vivre. Cette ferveur n'aurait mené à rien sans la capacité de Fassbinder à tourner avec « presque rien ».

*

Les films à petit budget ne sont pas réservés aux jeunes réalisateurs.

*

Deux écueils.

Il ne s'agit pas de devenir ésotérique, mais bien de chercher, avec les comédiens, avec les techniciens, une nouvelle expression en adéquation avec le budget. Cela implique la capacité à trouver de nouvelles formes de récit, de nouvelles techniques de prises de vues. Cela peut amener au choix délibéré de jouer avec les accidents, avec les surprises de tournages. Mais ne pas se complaire dans une approche formelle sans sens.

Réaliser un film à petit budget n'a de pertinence que si sa mise en œuvre est en butte à moins de compromis entre coproducteurs et à moins de diktats des chaînes de télévision. Plus d'inventivité pour parer au manque d'argent. Équation à trouver entre création et diffusion.

*

J'ai un tropisme particulier pour les cinéastes qui passent indifféremment d'un petit budget à une production plus conséquente, qui ne se laissent pas cataloguer dans une seule catégorie, dans un seul genre, qui adaptent les nécessités de leurs mises en scène aux besoins du film, qui aiment se surprendre et prendre davantage de risques quand les enjeux financiers sont moindres. Jan Kounen aime autant s'épanouir dans la fiction que dans le documentaire (*D'autres mondes*, *Darshan : L'étreinte*, qui sont de vraies leçons de mise en scène).

Parfois, les cinéastes sont *malgré eux* cantonnés à l'étiquette du cinéma d'auteur et à la paupérisation qui lui serait consubstantielle. Joseph Morder : « J'ai toujours été mis en face de quelque chose que je n'ai jamais cherché : j'ai été marginalisé, sans doute parce que l'on ne savait pas par où m'attraper et qu'il semblait plus simple de me mettre dans la case "cinéaste expérimental". Mais je n'ai jamais cherché à être dans la marge et n'aurais rien contre tourner des films avec de plus gros budgets. [...] Pouvoir tourner tantôt seul, tantôt avec une équipe de trente personnes serait pour moi un idéal. »[5]

*

Avoir la capacité de se remettre en cause. Ne pas se complaire dans des habitudes de production et de réalisation.

*

Le documentaire est une forme de « laboratoire ». Une autre manière d'aborder les films à petit budget (la plupart des documentaires ont un financement moindre que les longs métrages de fiction). Les documentaires les plus intéressants, les plus innovants, qui recueillent des prix dans les plus grands festivals, ne sont pas ou peu diffusés sur les chaînes de télévision. Qui regarde ces documentaires et où ? Quelle place ont-ils dans les salles de cinéma ? Sur Internet ?

Exemple du cinéma documentaire belge. Qui connaît les documentaires d'Eric Pauwels, de Claudio Pazienza, les essais d'Olivier Smolders ? Les cinéphiles. Pas le public qui va voir les films en salles pour « se distraire ». Le fossé entre un cinéma documentaire qui expérimente et un cinéma « grand public » peut-il être comblé ? Je rêve d'un cinéma qui fasse voler en éclats ce gouffre.

*

Évoquer les films à petit budget revient à penser l'ensemble de la filière cinématographique et sans doute, au-delà, à réfléchir à l'organisation économique et démocratique de notre société. Certains scénarios apparaissent comme d'emblée adressés à un public marginal, mais justement le fait de tourner avec des petits budgets ne permet-il pas cette diversité ? Nous sommes ici dans un modèle économique exactement inverse à celui du *hard discount* ou du *low cost*, dans le domaine des grandes surfaces ou des transports aériens. Le consommateur qui se rend dans un supermarché *hard discount*, le client qui achète un ticket *low cost*, cherche à acquérir des produits ou des services moins oné-

5. Joseph Morder, in *L'Atelier du cinéaste. De la Nouvelle Vague à nos jours*, coordonné par José Moure, Gaël Pasquier et Claude Schopp, Klincksieck-Archimbaud, coll. « Essai caméra », à paraître.

reux, quitte à ce que leur présentation ou le confort offerts soient moindres. Le spectateur qui va voir un film à petit budget agit en fonction de son désir de découvrir telle réalisation plutôt que telle autre, dans une démarche élective et qualitative.

Un jour peut-être, des spectateurs avertis choisiront d'aller voir des films à petit budget, car sensibilisés à cette nécessité de vivre le cinéma dans sa diversité. Acte citoyen d'un rapport à construire avec les histoires que l'on se raconte.

Les films à petit budget ne sont pas l'alpha et l'oméga de l'avenir cinématographique. Il ne s'agit pas de renoncer aux productions plus onéreuses. Il s'agit en revanche de trouver un moyen concret et accessible pour favoriser la diversité artistique et culturelle à laquelle le cinéma participe.

QUEL CINÉMA POUR QUELS SPECTATEURS ?

Beaucoup de cinéastes commencent par réaliser des courts métrages. La plupart souhaitent « passer au long ». C'est que la médiatisation du film est aussi déterminée par sa durée, par les lieux où il a des chances d'être diffusé. On ne paye pas sa place d'entrée dans une salle de cinéma pour aller voir *un* court métrage. Exceptionnellement, on peut aller voir en salles un programme composé de *plusieurs* courts métrages (lors d'un festival ou d'une séance spéciale). Le rapport des spectateurs au film n'est pas le même.

Le court métrage pose la question de l'essai filmique et de sa place dans l'industrie[1].

*

L'obstacle majeur auquel les cinéastes et les producteurs du monde entier se heurtent est le problème de la diffusion, car il ne suffit pas de tourner un film pour qu'il soit vu. La situation économique actuelle n'est pas sans paradoxe. La diversité des formes de diffusion des films n'a jamais été aussi grande, mais cela ne suffit pas à créer une émulation, car parallèlement on constate une concentration des spectateurs sur un petit nombre de films commerciaux, qui bénéficient du marketing et d'un nombre de copies en salles qui les rendent « incontournables ». La place laissée à la découverte, aux « petits films » issus de cinématographies étrangères, aux expérimentations… est marginale. Comment établir des règles du jeu équitables, qui permettent aux œuvres singulières de rencontrer « leur » public ?

*

Le cinéma porté par un regard de cinéaste, le cinéma d'auteur et le grand public ont pu, à de multiples reprises dans l'histoire, se rencontrer.

---

1. Il faut lire la revue *Bref*, dirigée par Jacques Kermabon qui non seulement écrit sur les courts métrages, mais pose aussi des questions de production, de diffusion et de mise en scène.

Le cinéma français, en particulier, a simultanément développé des démarches commerciales et laissé une place importante à des cinéastes novateurs, a pu lié art et industrie.

Mais aujourd'hui cette conjugaison à la fois atypique et merveilleuse, car transcendant les origines sociales et générationnelles pour donner un espace de rencontre et d'échange à travers un imaginaire à la fois singulier et partagé, est en péril.

Le public dans les salles de cinéma n'est pas aussi diversifié que par le passé. Les multiplexes qui drainent la majorité des spectateurs diffusent essentiellement des *blockbusters* hollywoodiens et des comédies hexagonales à fort tapage médiatique.

Division entre un cinéma à objectif purement commercial et un cinéma davantage singulier, ghettoïsé.

Le cinéma, pour une part importante des spectateurs, est synonyme de *pur divertissement*. Cela a toujours été le cas, mais par le passé il y avait davantage de porosité entre un cinéma qui innove et le marché. Aujourd'hui, les œuvres qui portent à réflexion, les démarches différentes sur le plan de la forme et du sens, ont de moins en moins de chance d'attirer la curiosité du chaland.

*

Les films ne naissent pas libres et égaux.

*

Les frais de sortie (comprenant le nombre de copies) et le marketing ont connu ces dernières années une évolution exponentielle… mais seuls les films commerciaux bénéficient de ces dépenses promotionnelles. Les films plus fragiles, *a priori* moins consensuels, plus expérimentaux, ont une visibilité de plus en plus faible.

L'art risque de s'éloigner des masses, seul un public cultivé ou comme on le dit « averti » ayant encore l'attention portée vers des films non standardisés.

L'offre ne suffit pas à créer la demande, encore faut-il que le public soit au courant de ce qu'on lui propose.

*

Les principaux *talk-shows* sur les chaînes de télévision (ceux qui sont fédérateurs d'audience) n'invitent les comédiens et les cinéastes pour parler de leurs derniers films que s'il y a un nombre suffisant de copies distribuées dans l'hexagone pour permettre un succès commercial. Pas de coup de projecteur sur des films ne s'adressant pas au plus grand nombre. Le critique est libre de penser, dire, écrire ce qu'il pense – s'il ne peut s'exprimer que sur des productions suffisamment achalandées, ce n'est plus un critique libre. Peut-être plus un critique du tout. Même s'il se donne des postures d'irrévérence.

Les majors américaines invitent fréquemment des journalistes français aux États-Unis, pour une semaine de vacances, tous frais payés, avec comme seule obligation de voir un film en avant-première ou des bande-annonces des films à venir. Comment un journaliste qui bénéficie d'un tel « cadeau » peut-il ensuite faire une critique négative des films ainsi découverts. Des exemples de complaisance ? Des journalistes français furent invités à venir voir au Montana *Cowboys et envahisseurs*, avec stage de cheval offert en prime. Aucun de ces journalistes ne démonta le film. Spielberg et Peter Jackson se sont déplacés en France pour montrer huit minutes de *Tintin* à un groupe de journalistes « triés sur le volet », qui se sont ensuite empressés d'écrire tout le bien qu'ils pensaient de cette promesse d'adaptation de l'œuvre d'Hergé au cinéma. Des mensuels, des hebdomadaires, acceptent de négocier leur couverture, pour faire la promotion d'un film (une superproduction américaine, mais aussi, cela arrive, une comédie française) sans dire aux lecteurs qu'il s'agit d'une démarche promotionnelle. À quand un communiqué du Syndicat de la critique pour dénoncer ces pratiques ? Le marché instrumentalise tout ce qu'il peut, à commencer par les médias « dociles » (heureusement, il y en a qui résistent). Ce sont parfois les mêmes journalistes serviles avec les productions les plus commerciales qui sont les plus féroces avec les films d'auteur (que, la plupart du temps, ils ignorent).

*

Faut-il utiliser les mêmes canaux de distribution pour le cinéma d'auteur que pour les films « marketés », si on ne souhaite pas le marginaliser ? Faut-il cantonner les films d'auteur au réseau de salles art et essai, réservé à un public d'aficionados ? Tendance chez un certain nombre de directeurs de salles art et essai à ne programmer que les cinéastes qui ont déjà fait leur preuve, des films dont on a déjà parlé, à ne pas prendre de risque éditorial. Conformisme du « cinéma d'auteur » institutionnalisé.

En France, une salle est soutenue financièrement quand elle a le label « art et essai », qui s'acquiert en fonction d'un pourcentage de films classés « art et essai » diffusés. Problème : une part trop importante des films obtient ce classement, qui ne veut du coup plus dire grand-chose.

La salle d'art et essai doit se réinventer, si elle ne veut pas disparaître. Sinon, peut-être, un jour, le cinéma ne se jouera plus *là*.

*

Guerre entre les salles de cinéma, qui veulent toutes le même film, entre multiplexes et salles d'art et essai. Les multiplexes diffusent les films d'auteur dès qu'ils ont un potentiel commercial (le dernier Woody Allen, *Des hommes et des Dieux*...). Les salles d'art et essai se voient concurrencer sur les productions qui pourraient leur amener une bouffée d'oxygène, qui leur permettraient de mutualiser les risques pris toute l'année avec des succès populaires.

Guerre entre salles d'art et essai. « Utopia » tente de damer le pion aux salles d'art et essai qui ne font pas partie de son réseau, pour avoir les films d'auteur les plus porteurs, en exclusivité, tout en se présentant comme le parangon des cinémas indépendants.

*

Se souvenir de ce qu'écrivait Truffaut : « Seule la crise sauvera le cinéma français. Il faut filmer autre chose avec un autre esprit et d'autres méthodes. »[2] Peut-être, aujourd'hui, faut-il aussi diffuser autrement, avec de nouveaux rapports à dessiner entre films et spectateurs ?

*

Autour d'un café, tandis que je lui parle d'*Hitler à Hollywood*, un long métrage que j'ai réalisé et qui est sorti sur vingt copies, en France, Marie Vermillard me dit que l'un de ses films a failli ne pas sortir du tout en salles. Un distributeur, intéressé, avait montré son film à un exploitant art et essai... qui refusait de le programmer, ne croyant pas à son potentiel commercial. Le distributeur, du coup, s'est dégonflé. Et Marie Vermillard de se demander : « Ce directeur de salles, défenseur autoproclamé du cinéma d'art et d'essai, se rendait-il compte qu'il coulait mon film ? Avait-il conscience de sa responsabilité ? » Vermillard a finale-

---

2. François Truffaut, *Arts*, 8 janvier 1958.

ment trouvé un autre distributeur, il a été programmé dans d'autres salles et a reçu d'excellentes critiques.

Je reçois un appel téléphonique d'une amie réalisatrice, Charlotte Silvera. Elle est en pleurs. Son dernier film, *Escalade*, sort dans quinze jours et elle ne sait toujours pas quelles salles le programmeront. J'ai vu *Escalade*. Je trouve ce film, qui se passe dans le huis clos de l'appartement d'une femme proviseur (interprétée par Carmen Maura), d'une grande force. Des élèves de terminale viennent la voir sous le prétexte de lui souhaiter bon anniversaire et, de manipulation en manipulation, finissent par la séquestrer pour obtenir ce qu'ils souhaitent. Le compagnon de la femme proviseur (interprété par François Berléand), en dehors du huis clos, reste impuissant[3].

Silvera a passé plusieurs années de sa vie à produire et réaliser ce film, et il est « sacrifié » par sa « mauvaise » sortie. Cela donne un sentiment d'impuissance, l'impression qu'il n'y a plus d'instances de médiatisation pour « faire connaître » un film quand il ne bénéficie pas d'une exposition importante en salles. Un gâchis humain et financier. Et un questionnement sur le système actuel de distribution des films, qui s'apparente toujours davantage à une machine à broyer.

*

De nombreux exploitants programment des films dans leurs salles sans les avoir vus préalablement. Ces programmateurs « indépendants » établissent leurs choix en fonction du *buzz* (une réalisation auréolée de critiques ou de prix en festivals), de la maison de distribution qui leur propose le film (de sa réputation, de sa force de frappe), des autres productions à l'affiche, au même moment.

Producteur, distributeur, exploitant : chacun cherche à entraîner l'autre, et à lui faire partager le risque. S'en suit un

---

3. Edgar Morin, qui a vu le film lui aussi, a écrit à la réalisatrice, en lui donnant l'accord de diffuser sa critique. Morin évoque un film « remarquable », parce qu'il nous dérange et parvient à cerner « une des tragédies de notre civilisation : une partie de la jeunesse est dépourvue de ce "surmoi" qui nous enjoint de respecter autrui et de nous considérer comme les membres d'une communauté et comme citoyens ».
N'y aurait-il pas un lien entre notre surmoi et notre capacité à nous projeter dans une œuvre cinématographique (à nous identifier, dans un processus de proximité et d'altérité) ?

système de déresponsabilisations multiples. Il est tellement plus rassurant de tabler sur des « valeurs sûres ».

Et le *zapping* a gagné la salle de cinéma. Si un film ne « marche » pas, il faut qu'il dégage, tout de suite, pour laisser la place à un autre. Faire tourner la machine. Guillotiner les films.

*

Pour que le bouche à oreille puisse exister, il faut qu'il y ait suffisamment de paires d'yeux qui aient pu voir un film.

*

Schatzky et Rihoit, dans leur ouvrage, *La Société de la fin du spectacle*, établissent un parallèle entre l'évolution du monde et du cinéma : « Chaque nouvel objet artistique, chaque film doit conquérir, immédiatement et dès sa sortie, les médias et le public. Or, les chefs-d'œuvre mettent souvent longtemps à s'imposer, parce qu'ils apportent une nouvelle façon, dérangeante, de voir le monde. Bombardés de produits, et de communication sur ces produits, les gens n'ont plus le temps ni la force d'opérer un choix personnel. »[4]

*

Plus de la moitié, parfois deux tiers du parc d'exploitation hexagonal sont squattés chaque semaine par moins de dix films « porteurs ». Tout au long de l'année, des superproductions sortent sur plusieurs centaines, voire plus de mille copies… et des films d'auteur ne connaissent de débouchés que dans quelques salles – parfois dans un seul cinéma. Certains films, qui ont obtenu des prix dans des festivals prestigieux, qui ont connu à l'étranger des critiques élogieuses, restent invisibles ou sont diffusés de manière tellement marginale qu'ils ne peuvent rencontrer qu'un public d'*happy few*. Ce phénomène est d'autant plus inquiétant que le parcours d'un film en salles prédétermine en grande partie la possibilité de diffusions ultérieures à la télévision (à des heures et sur des chaînes de grande écoute). Comme aux États-Unis, si le succès du film n'est pas tout de suite au rendez-vous : celui-ci disparaît. Le temps de durée de vie des films en salles est devenu de plus en plus court.

*

4. Olivier Schatzky et Catherine Rihoit, *La Société de la fin du spectacle*, *op. cit.*, p. 52.

En allant présenter mon dernier film dans plusieurs villes de France, j'ai discuté avec les directeurs de salles qui m'ont spontanément parlé de la difficulté qu'ils avaient à programmer les films qu'ils voulaient.

Un distributeur impose à un exploitant, s'il veut avoir accès à un *blockbuster*, de programmer plusieurs autres films (y compris des productions à moindre potentiel commercial, qui « occupent » les salles). C'est ce qu'on appelle le « *packaging* ». Cette pratique est interdite, mais aucun exploitant ne s'en plaint, car, dans la nécessité de rester en bons termes avec la maison de distribution qui exerce sur lui ce chantage. Les *blockbusters* qui ramènent massivement les spectateurs en salles sont peu nombreux, et ils valent bien quelque sacrifice, si on privilégie la logique économique. Au détriment de la diversité et d'une compétition loyale. La « libre » concurrence est parfois trompeuse. Les abus de position dominante sont monnaie courante.

*

Les statistiques peuvent être interprétées de différentes manières. Si on cite le nombre d'entrées en France dans les salles de cinéma et le pourcentage de spectateurs qui vont voir des films français, ces dernières années, on peut dire que globalement tout va bien. Si on analyse plus en détail comment se répartissent ces chiffres (quels films ils concernent), on s'aperçoit qu'il y a un nombre restreint de productions qui recueillent de plus en plus de spectateurs. L'écart se creuse entre une minorité de films « qui marchent » et une majorité de films qui sont des échecs commerciaux (des films qui font moins de 30000 spectateurs, qui n'arrivent pas à couvrir leurs frais de sortie). Une étude sociologique devrait être menée pour comprendre les pratiques des spectateurs (quels spectateurs vont voir quels films). Cette étude devrait s'interroger sur les notions de cinéphilie et de divertissement (l'un et l'autre sont-ils encore compatibles ?), sur les enjeux sociaux et culturels que représentent les salles de cinéma dans le maillage d'un territoire (les salles de cinéma d'art et essai sont-elles réservées à une « élite » culturelle ?).

Alain Sussfeld, le directeur général du groupe UGC, reste optimiste. Dans une intervention faite devant les étudiants du Master en cinéma de la Sorbonne, il rappelle qu'aller en salle est plus que jamais une forme d'évasion. « Nous sommes envahis d'images dans notre quotidien, sur nos téléphones et nos ordinateurs portables, à la maison, avec la télévision et Internet. Le monde des images est devenu tellement présent, qu'il en devient banal. Aller au cinéma redevient quelque chose d'exceptionnel, d'original. Un lieu de référence culturelle. On ne parle plus de ce qu'on a vu à la télévision, comme du temps où il y avait un petit nombre de chaînes, mais de ce qu'on a vu ou de ce qu'on devrait voir au cinéma. » Et Sussfeld de constater que les jeunes vont de plus en plus au cinéma, que la salle reste pour eux un lieu de sortie, une manière de se retrouver[5]. On pourrait rétorquer au directeur d'UGC que les jeunes spectateurs – les données statistiques le montrent – fréquentent davantage les multi-plexes que les salles d'art et essai. Sussfeld, en parfait dialec-ticien, précise qu'il faut se battre pour préserver la diversité culturelle dans les salles et fait l'éloge de la réglementation.

*

Jonathan Nossiter, le réalisateur de *Mondovino* (2004), prend la parabole du vin, pour parler de cinéma et de diversité culturelle. « Un film pour moi est profondément unique, comme un vin. D'ailleurs, j'admire les vignerons qui ne cherchent jamais à reproduire un vin, même s'il s'agit d'un terroir identique, et qui restent sensibles à ce qu'il y a d'unique dans le millésime qui vient. »[6]

*

Le film de Raoul Ruiz, *L'Hypothèse du tableau volé* (1979), a fait 500 entrées en France ; le film de Manoel de Oliveira, *Francisca* (1981), 800 entrées. Cela n'a pas empê-ché le producteur Paolo Branco de trouver des finance-ments pour les films suivants des deux cinéastes, car « les spectateurs qui les avaient vus étaient tellement enthou-siastes qu'ils sont devenus des films phares. [...] À l'époque, la presse en général, mais surtout quelques critiques, avaient un pouvoir énorme quant à l'existence d'un film indépen-damment des recettes. Personne ne connaissait les chiffres. Donc, le film était jugé à partir des articles »[7].

5. Alain Sussfeld, devant les étudiants du Master pro en scénario, réa-lisation et production de l'université de Paris 1 Panthéon-Sorbonne, le 10 mars 2011. Intervention consultable sur le site : http://www.master-procinesorbonne.univ-paris1.fr
6. Jonathan Nossiter, interview sur le site Internet de *Télérama*, 16 février 2011.
7. Paolo Branco, interviewé par Nicolas Azalbert et Stéphane Delorme, *Cahiers du cinéma* n° 667, mai 2011.

Réfléchir aux notions de légitimation, de reconnaissance. Et à ce qu'un système cinématographique permet, à un moment, de produire.

Si la carrière d'Oliveira et de Ruiz avait dû s'arrêter à cause de leurs piètres recettes, ils n'auraient pas pu, ensuite, réaliser des films qui accueilleraient un nombre beaucoup plus important de spectateurs.

Encore faut-il des instances (la critique, mais pas seulement la critique) qui permettent de reconnaître un cinéaste, sans tomber dans le travers d'une expérimentation radicale coupée de tout public.

*

Des exceptions infirment la règle générale. En 2011, *Une séparation* et *La guerre est déclarée* sont des films d'auteur qui recueillent un large succès en France. Attention toutefois à ne pas pavoiser. Ne pas instrumentaliser ces quelques films qui passent au travers de la maille normative du marché. Ne pas s'en servir comme des paravents.

Une séparation et *La guerre est déclarée* ont d'abord été reconnus par de grands festivals (Berlin, la Semaine critique, à Cannes).

Rendre vertueux ces exemples, pour qu'ils ne restent pas des exceptions. France Télévisions achète *La guerre est déclarée* après son succès en salle. Pas *avant*.

*

De nombreux témoignages de cinéastes me reviennent, *off*, comme s'ils avaient peur de parler des pressions menées par les distributeurs sur leur travail : en amont (sur le scénario, pour le casting), mais aussi en aval du tournage (sur les choix de promotion, comme le graphisme de l'affiche, qui la plupart du temps leur échappent). Rares sont les cinéastes, tel Jaco Van Dormael, qui évoque librement comment le distributeur français et le vendeur international de son film, *Mr Nobody*, ont tenté de lui faire changer le montage, avec comme pression maximale… ne pas sortir le film, s'il résistait[8]. Ce type de chantage, qui enfreint le droit d'auteur est de plus en plus courant en France. Il peut sembler logique d'un point de vue industriel, mais rend caduque la notion

---

8. Lire l'entretien qu'accorde Jaco Van Dormael à Nicolas Crousse à ce propos, dans le journal *Le Soir* du 17 mars 2010.

d'« exception culturelle » et place le système cinématographique français dans un double discours hypocrite.

*

Les « petits » distributeurs essayent de survivre, et n'ont que difficilement accès aux salles. Cela peut tirer vers le bas les chances pour un cinéaste de rencontrer le public de son film.

Les « grands » distributeurs ont une tendance naturelle à privilégier le commerce aux artistiques. De là, toutes les dérives possibles. La salle n'est plus que l'un des maillons du tout audiovisuel, mais ce maillon est de plus en plus sumis au diktat des conformismes (économique, mais aussi culturel).

*

Si le cinéma a d'emblée été populaire, pendant long-temps il fut déconsidéré sur le plan artistique, ou perçu comme un art mineur.

Alors que la question ne se pose plus en ces termes, il redevient malheureusement possible de se demander si l'art peut encore être populaire.

*

Le rapport que Michel Gomez a écrit un rapport pour le CNC pose la question qui fâche : « tous les films pro-duits peuvent-ils ou doivent-ils sortir en salles ? » Si la logique du marché doit l'emporter, la réponse est simple : la majorité des films actuellement diffusés en salles… ne devraient pas l'être. La question devient donc : continue-t-on à défendre production, distribution et exploitation pour un cinéma qui ne soit pas rentable, comme on aide un secteur de recherche, et dans quelle proportion. Sans ce type de soutiens, des cinéastes aujourd'hui reconnus comme Almodovar, Guédiguian, Moretti… n'auraient pas pu émerger, en salles, en France[9].

*

Le lieu, la salle, n'est pas indifférent. S'agit-il d'une agora ? D'un espace sanctuarisé ? Un multiplexe situé en banlieue dans un centre commercial et une salle située au centre-ville amènent d'autres rituels. Les pratiques culturelles et l'évolu-

---

9. Lire : Michel Gomez, *Mission sur la transparence de la filière cinéma-tographique. La relation entre le producteur et ses mandataires*, CNC, septembre 2011 (le rapport est téléchargeable sur le site du CNC).

tion sociologique de la société interfèrent sur le rapport entre spectacle et spectateurs. Certains prédisent la diversification des activités pouvant se conjuguer dans la salle de cinéma. Diffusion de compétitions sportives. Diffusion d'opéras. Salle comme lieu de communion, au-delà du cinéma. Si cette multiplication des services devait se confirmer, ne serait-ce pas une autre forme de dévalorisation du film, qui perdrait, même dans la salle, son statut d'exception ?

*

« Lorsque le support vidéo s'est développé, beaucoup espéraient trouver dans les vidéothèques des films invisibles en salles ou à la télévision. La vidéo dans la pratique a favorisé les *blockbusters* au lieu d'augmenter la diversité. » Ce constat, établi par Joëlle Farchy[10], peut se décliner pour tous les nouveaux supports de diffusion des films. La multiplication des chaînes de télévision, Internet, le VOD permettent en théorie d'avoir de plus en plus facilement accès à un nombre de plus en plus important de films ; en pratique, ce sont certains types de productions (les plus médiatisées, les plus marketées) qui sont toujours davantage visionnés, téléchargés, achetés. Le paradoxe est là. La multiplication de l'offre réduit le choix. *Dans les faits.*

*

Trop de possibles tue le désir.

*

Walter Benjamin portait un regard négatif sur le cinéma et sur l'art de masse, opposant élévation esthétique et reproductibilité. Comme si un film, du fait qu'il pouvait être copié, reproduit à l'infini, perdait sa valeur intrinsèque d'œuvre artistique, son unicité. Quand je l'ai découverte, j'ai trouvé cette pensée désuète. Je me demande aujourd'hui si Benjamin n'a pas eu raison, non pas de son vivant, mais de manière prémonitoire. Si le cinéma, après être parvenu à rendre vivante une forme de démocratie culturelle, n'était pas entré dans une phase de régression.

« La quantité est devenue la qualité [...]. Les masses cherchent à se distraire alors que l'art exige le recueillement. [...] C'est un fait lié à la technique du cinéma comme à celle du sport que tous les spectateurs assistent en demi-

10. Joëlle Farchy, *Et pourtant ils tournent... Économie du cinéma à l'ère numérique*, Bry-sur-Marne, Ina éditions, coll. « médias essais », 2011, p. 21.

experts aux performances exhibées par l'un comme par l'autre. [...] S'il fait reculer la valeur culturelle, ce n'est pas seulement parce qu'il transforme chaque spectateur en expert, mais encore parce que l'attitude de cet expert au cinéma n'exige de lui aucune attention. »[11]

*

À l'opposé de Benjamin, la cinéphilie.

Les cinéphiles ont une attention et une « croyance » dans le cinéma, la volonté de distinguer le bon grain de l'ivraie, le désir de la découverte et, souvent aussi, de faire partager leurs plaisirs de cinéma (parler des films, écrire sur eux). Antoine de Baecque a étudié la cinéphilie, en France, au lendemain de la seconde guerre mondiale, il montre combien l'importance accordée au cinéma était générationnelle. La cinéphilie a inventé une contre-culture, qu'Antoine de Baecque définit comme une « culture en contrebande ». Les films reconnus (souvent des séries B), les cinéastes adoubés (souvent des cinéastes hollywoodiens) n'étaient pas ceux de l'intelligentsia, le cinéma porté aux nues par les jeunes cinéphiles était méprisé par leurs parents, par la « culture dominante ». Être cinéphile, c'est l'idée qu'on peut découvrir la vie à travers le cinéma. « Construire une représentation du monde. » Pour Antoine de Baecque, sommeille dans chaque cinéphile un cinéaste. « Apprendre à voir, en définitive, c'est essentiellement *créer du voir*. »[12]

Jacques Rancière revient sur cette notion de cinéphilie. « La cinéphilie liait le culte de l'art à la démocratie des divertissements et des émotions, en récusant les critères par lesquels le cinéma se faisait admettre dans la culture distinguée. Elle affirmait que la grandeur du cinéma ne résidait pas dans l'élévation métaphysique de ses sujets ou la visibilité de ses effets plastiques, mais dans une imperceptible différence dans la manière de mettre en images des histoires et des émotions. Cette différence, elle l'appelait mise en scène. »[13]

*

11. Walter Benjamin, *L'Œuvre d'art à l'époque de sa reproductibilité technique*, 1939 (quatrième et dernière version). Les passages cités ici viennent de la traduction du texte parue aux éditions Allia, 2009 (p. 46, 69, 71).

12. Antoine de Baecque, *La Cinéphilie. Invention d'un regard, histoire d'une culture, 1944-1968*, Paris, Fayard, 2003.

13. Jacques Rancière, *Les Écarts du cinéma*, Paris, La Fabrique, 2011, p. 8.

Qu'est devenue la cinéphilie, aujourd'hui ? Et cette idée de contre-culture est-elle toujours prégnante ? Dans les salles d'art et d'essai, très peu de jeunes spectateurs. Les adolescents, quand ils peuvent choisir les films qu'ils vont voir (quand ils ne sont pas avec leurs parents ou dans le cadre d'une activité scolaire, certaines projections de films étant organisées, en France, en partenariat avec des collèges et lycées), se rendent spontanément dans les multiplexes, car ce sont pour eux des lieux de reconnaissance sociale (là où on peut rire, draguer, se distraire… sans les adultes). Les salles d'art et d'essai agissent comme un repoussoir. Les multiplexes comme lieux de modernité. Comme si se démarquer et être majoritaire étaient devenus synonymes. La contre-culture épouse le *mainstream*. Victoire absolue du marketing. Cela explique pourquoi *tout le monde* veut voir *le même* film. Faire croire aux consommateurs qu'ils sont *différents* en les amenant à se fédérer sur des produits, qui deviennent leurs références générationnelles.

*

Certaines séries apparaissent aujourd'hui comme une nouvelle forme de rencontre générationnelle. Autres liens entre spectacles et spectateurs.

*

« Il y a actuellement dans les milieux du cinéma en France une grande violence contre le cinéma d'auteur, comme s'il s'agissait d'un ennemi à abattre pour ceux qui estiment ne pas être suffisamment reconnus par la critique et les festivals et souhaitent investir le petit pré carré qu'il nous reste. C'est une question de domaine de prestige. Il me semble que les carrières des uns et des autres ne sont pas inconséquentes. Quand on a mis le doigt dans un certain système, il faut l'assumer ; il n'est plus vraiment possible maintenant de toucher à plusieurs registres. Le modèle du cinéma d'auteur rentable en salle, qui était celui de la Nouvelle Vague, ne fonctionne plus. Les cinéastes sont amenés à des choix à la fois éthiques et esthétiques dans leurs rapports à l'art et au cinéma. Le grand rêve selon lequel il y a des cinémas qui cohabitent et s'enrichissent, suscitant "des publics" n'est plus d'actualité. On ne peut pas être à ce point relativiste. »[14]

14. Vincent Dieutre, in *L'Atelier du cinéaste. De la Nouvelle Vague à nos jours, op. cit.*

Peut-être le cinéaste Vincent Dieutre a-t-il raison ? Mais s'il fallait opposer œuvres de réflexion à œuvres de divertissement, ce serait, pour moi, la défaite d'une certaine conception du cinéma, mais aussi de la vie et du vouloir être ensemble à travers la fiction.

*

Et si les web-séries étaient une nouvelle forme de contre-culture ? Un *autre monde*.

*

Du moment qu'il y a élévation, plaisir, *rencontre*.

INTERNET, LE NUMÉRIQUE ET LES FILMS

Si j'ai pointé ici ou là des faiblesses ou des effets pervers dans l'organisation économique du cinéma, si j'ai souligné les risques de marginalisation de tout un pan du cinéma d'auteur et insisté sur la distinction à faire entre les productions de flux et les œuvres artistiques (dans le domaine de la fiction comme du documentaire), c'est pour mieux conclure sur les chances extraordinaires qu'offrent Internet et le numérique pour une renaissance du cinéma.

Le numérique donne de nouvelles opportunités de productions et de réalisations. Les coûts de fabrication d'un film peuvent être très largement réduits, grâce aux nouvelles technologies.

Internet permet une diffusion sans précédent, dans l'histoire de l'humanité, d'informations et d'œuvres audiovisuelles. C'est là une chance à saisir, inespérée.

Je rejoins largement l'analyse de Michel Reilhac, dans le livre d'entretiens que nous avons réalisé ensemble[1]. Il part du principe que le cinéma d'auteur a toujours été en crise, que les cinéastes singuliers ont toujours dû s'adapter, composer, ruser, inventer de nouveaux modes relationnels au sein de l'industrie ou à travers les productions indépendantes, pour tracer leur sillon. Être cinéaste, ce n'est pas se complaire dans la posture de l'artiste maudit, qui a des merveilleuses idées de films mais qui ne parvient jamais à les réaliser. Être cinéaste, c'est trouver les moyens pour que ses films se fassent.

Et personne aujourd'hui ne peut prétendre ne pas pouvoir tourner, tant l'accès à la technique de prise de vues et de prise de son s'est démocratisée.

Tous cinéastes ?

Je me garde bien, quand je suis face à un étudiant, de lui dire s'il sera ou non « cinéaste » un jour. Qui suis-je pour donner un brevet artistique ? Pour dire : « vous serez

1. In *Plaidoyer pour l'avenir du cinéma d'auteur*, op. cit.

"auteur" de film. » J'ai en revanche la conviction que, pour
être cinéaste, il faut en ressentir l'impérieuse nécessité. Que,
même avec des moyens plus accessibles, la part d'épreuves
et d'adversité sera toujours forte. C'est dans la durée que
le cinéaste se révèle : tant par la cohérence artistique de
l'œuvre qui se dessine, que par sa capacité à garder intact
son désir de cinéma – son désir d'« autre chose ».

Parier sur la contagion du désir.

*

Rôle des critiques, qui doivent s'emparer d'Internet :
révéler ce qui, à travers les nouveaux médias, sera diffusé et
digne d'intérêt. Faire le tri. Être un « passeur », comme se
désignait Serge Daney.

Je rêve d'une revue de cinéma qui porte mon attention
autant sur les films qui sortent en salles que sur les vidéos
auto-produites diffusées sur Youtube. Quand une singularité formelle ou narrative surfe sur le Net, pourquoi ne pas
s'en emparer, comme objet d'analyse ?

Je ressens un besoin immense de légitimation (pour les
cinéastes, pour les spectateurs) et la nécessité de « penser »
les nouvelles formes de création et de rapports à la narration filmique. Il me semble impossible de vivre « en dehors
du monde », comme si Internet et les nouveaux modes de
comportement qu'il entraîne n'existaient pas, comme si *tout*
continuait à se jouer dans la salle de cinéma.

*

Jean Collet : « Voir un film est une activité qui, semble-
t-il, va de soi. Ce qui en revanche ne va pas de soi, c'est de
savoir distinguer dans ce qu'on voit, dans ce qui est offert à
notre regard. »[2]

*

Nombre croissant de films diffusés à la télévision, sur
DVD, sur Internet. L'offre des productions qui sortent
chaque semaine en salles est aussi de plus en plus grande.
Mais cette surabondance de films nuit à la médiatisation
des œuvres les plus atypiques, qui ne bénéficient pas de
moyens de promotion suffisants pour que le grand public
connaisse leur existence.

---

2. Jean Collet, « Choisir, regarder, aimer ? » in *Revue des deux mondes*,
mai 2006, numéro spécial « Comment va le cinéma français ? », p. 67.

Que sur un même écran (le poste de télévision, l'ordinateur, le téléphone portable) on puisse voir *à la fois* des films et des programmes de flux, qui ne s'apparentent en rien à une quelconque forme artistique est source de confusion.

Le « tout visuel » a des effets vertueux *et* dévastateurs. *Par opposition* aux programmes de distraction et de variété, le film de cinéma peut apparaître dans toute sa noblesse et attirer les spectateurs qui ont le désir « d'autre chose » que des productions, aux expressions narratives et esthétiques extrêmement pauvres.

Il suffit d'un clic pour passer d'un site, d'un téléchargement à l'autre. On peut aussi voir l'aspect positif de cette soif d'images et de sons : une curiosité qui mène à découvrir de nouveaux talents, une aspiration à l'unique, à ce qui jaillira du flux. La quête du Graal.

*

Il faut oser analyser les téléchargements pirates de films sur Internet sur le mode positif. D'abord, parce qu'ils permettent aux internautes de découvrir des films qu'ils ne verraient peut-être pas autrement. Ensuite, comme cela se passe dans l'industrie du disque, un cycle vertueux peut se mettre en place : après avoir téléchargé un morceau musical, certains internautes décident d'acheter le CD de l'artiste ou de se rendre à son concert. De la même manière, on peut imaginer des effets bénéfiques pour le cinéma : le désir d'aller au cinéma, pour privilégier une démarche événementielle et garder le goût du spectacle cinématographique.

Les films qui ont la plus grande visibilité commerciale sont les plus piratés, et cela ne les empêche pas d'avoir un succès en salles.

Les procureurs les plus virulents du piratage sont les multinationales de l'*entertainment* (en France, une personnalité comme Luc Besson[3]). Au nom de la défense de l'emploi et de la rémunération des artistes, ces procureurs des pratiques illé-

---

3. Luc Besson déclare, dans *Le Monde* du 14 février 2009 : « Certains internautes se cachent derrière une idéologie, celle de la "culture gratuite", oubliant au passage les centaines de milliers de salariés qui vivent de ce secteur. [...] Le cinéma continue de vivre en France grâce à quelques professionnels passionnés. [...] La loi doit défendre ces artistes. Une société qui ne protégerait pas le talent et la passion de la cupidité et du cynisme serait une société à bien des égards désespérante. » Notons la confusion de Besson entre artistes et entrepreneurs.

gales de téléchargement défendent leurs intérêts industriels, ce qui est légitime. Mais il ne faut pas être dupe. La question du droit d'auteur se pose bel et bien. Les droits d'auteur, *pour qui*? S'ils sont proportionnels aux ventes ou aux téléchargements, garantissent-ils la diversité de la création?

Fustiger le piratage sur Internet? D'accord. Mais beaucoup plus méritoire serait une initiative des pouvoirs publics... pour qu'il y ait une mutualisation des recettes en provenance d'Internet... en faveur des artistes n'ayant pas la plus large diffusion, pour que le marché ne soit pas seul à dicter sa loi.

*

Se méfier des *a priori*. Se rappeler combien certains cinéastes, certaines revues fustigeaient le numérique, l'utilisation des « petites caméras », il n'y a pas si longtemps. Comme si l'enjeu du cinéma à venir se tramait là. Comme si le protocole du tournage en 35 mm était immuable. Faux débat.

Autre *a priori*, quand le réseau de salles art et essai « Utopia » prend comme mot d'ordre « cinéma garanti sans 3D » et affiche ce slogan en-tête de ses programmes mensuels, comme un acte de résistance. À l'« Utopia » de Toulouse, le film de Wenders *Pina* fut programmé dans une copie en 2D, tandis que le complexe Gaumont du centre-ville présentait le film en relief. « Utopia » préfère ne pas respecter le format originel d'un film, plutôt que de succomber à une technologie. Posture démagogique.

*

Dans *Virtuel? À l'ère du numérique, le cinéma est toujours le plus réaliste des arts*, Angel Quintana émet l'hypothèse que le numérique permet, par sa légèreté, de rejoindre l'ontologie cinématographique prônée par Bazin. Conjugaison entre reproduction et représentation : tel est le credo. « Le cinéma numérique a alimenté le désir de capture des vestiges du transitoire, la soif de filmer le monde pour pouvoir, à nouveau, le rendre visible. Les captures en

---

Notons qu'il dénonce également une société qui serait uniquement cupide. Les rapports entre l'art et l'argent sont au cœur de ce débat, au-delà d'Internet et du piratage.

caméra numérique conservent et accroissent l'apparence documentaire de l'image. »[4]

Une partie du cinéma contemporain le plus intéressant se joue précisément dans l'abolition des frontières entre documentaire et fiction.

Il y a longtemps déjà (bien avant le numérique), Rossellini avait ouvert la voie.

*

« Plus ça va, plus je trouve que le numérique convient à l'époque. J'ai une grande confiance en ce format pour montrer la réalité contemporaine. Sa texture colle parfaitement à la société de consommation, à ses couleurs, à ses emballages qu'on voit partout en Asie », écrit le cinéaste Jia Zhang-Ke[5]. Cette question de la texture liée à la technique de prise de vues est passionnante à analyser. La peinture comme le cinéma dépendent d'outils de création (selon qu'on utilise la peinture à l'huile ou la peinture à l'eau, selon qu'on tourne en argentique ou en numérique). Trouver la forme en fonction des moyens dont on dispose. Prendre un plaisir à s'adapter aux nouvelles techniques, les expérimenter, voir comment grâce à elles trouver des expressions inédites… et justes.

*

Le numérique permet un nouveau souffle. Dante Desarthe, quand il réalise avec une petite caméra *Je me fais rare* (2006), construit son film en cours de tournage et au montage. « Comme cela ne coûtait rien, j'ai pu m'affranchir de l'écriture du scénario. Je n'avais pas besoin de chercher de l'argent avant, j'y suis allé, c'est ça la vraie légèreté. »[6]

Depuis 2009, un appareil photographique, le Canon 5D, peut enregistrer des prises de vues filmées, avec une qualité comparable, voire supérieure au 35 mm.

Une caméra peut désormais tenir dans la poche.

La miniaturisation existe aussi pour l'enregistrement sonore.

Bonheur de la postproduction, quand on peut, grâce au numérique, retravailler chaque élément de l'image.

4. Angel Quintana, *Virtuel ? À l'ère du numérique, le cinéma est toujours le plus réaliste des arts*, Paris, Éditions Cahiers du cinéma, coll. « 21ème siècle », 2009, p. 54.

5. Jia Zhang-Ke, in *Cahiers du cinéma*, n° 602, juin 2005.

6. Dante Desarthe, interrogé par Sandra Laffont, lemondeinformatique. fr, 4 juillet 2006.

L'étalonnage permet dorénavant des possibilités infinies – mais il s'agit toujours d'avoir un *point de vue*.

*

Le numérique peut autant servir les productions les plus onéreuses (nouvelle gamme d'effets spéciaux) que permettre une plus grande liberté d'action aux productions les plus pauvres.

La projection numérique des films dans les salles peut être une chance pour une plus grande diversité offerte aux spectateurs. Elle peut autant être un moyen pour renforcer la position dominante des productions les plus commerciales. Le pire *et* le meilleur sont possibles.

*

Davantage de productions seront d'emblée conçues pour leurs déclinaisons sur différents supports de diffusions (avec montages et durées différents), ce que d'aucuns appellent le « *cross media* ». Cela aura-t-il à terme une influence sur l'esthétique des films, pourra-t-on encore appeler ces productions : des films ?

Le bourgeonnement d'un même projet en différents formats, en différentes durées de narration peut stimuler la création, être ludique – le cinéaste, le producteur peuvent y trouver leur compte, au lieu de subir cette nouvelle donne comme une contrainte castratrice. Au lieu de se cantonner dans la complainte, se positionner dans une attitude de résistance, de combat, de conquête.

*

Les « petits » films de trois minutes qui foisonnent sur Internet sont-ils considérés comme du « cinéma » ? Le formatage dont les cinéastes et les producteurs se plaignent aujourd'hui peut-il être dynamité par ces nouvelles formes de diffusion ?

Le critique Thierry Méranger constate que les courts métrages ne se projettent plus seulement dans les salles obscures mais sur une infinité d'écrans, de l'ordinateur au téléphone. Pourquoi ne pas partir de là pour réfléchir « aux enjeux de l'abolition actuelle des frontières traditionnelles du cinéma. »[7] Par un retournement dialectique, le court métrage… montrerait l'avenir d'un cinéma, au-delà des

---

7. Thierry Méranger, *Le Court Métrage*, Paris, Éditions Cahiers du cinéma, coll. « Les petits cahiers », 2007, p. 5.

contraintes du marché en salles… au-delà des normes de durée établies depuis des lustres, dans un rapport nouveau entre films et spectateurs.

*

Du moment qu'il y a *révélation*.

*

Cinéma, comme hybridation entre différentes formes d'expression (visuelle, sonore, narrative). Cinéma comme rapport au monde et à sa représentation – un pas de deux entre réalisme et fiction, toujours à réinventer. Cinéma, comme art de la transformation permanente. La manière de filmer et de raconter une histoire, le jeu des acteurs, la façon dont les personnes parlent, se tiennent dans le cadre…

*

Nature et statut de l'image.

Distinction essentielle entre ce qui appartient à une démarche de création, de recherche, à l'affirmation d'une singularité… et au « tout audiovisuel », qui renvoie à une logique strictement inverse.

Andrei Konchalovsky évoque la diarrhée audiovisuelle à propos de MTV, la chaîne de télévision musicale qui diffuse des vidéo-clips stroboscopiques, avec inflation du nombre de plans, de poses suggestives, une musique et un montage abrutissants. Il y voit le syndrome d'une certaine évolution d'une image cantonnée à son statut iconique ou publicitaire – sans substance, ni sens[8].

*

Guy Debord était visionnaire : « Le caractère fondamentalement tautologique découle du simple fait que ses moyens sont en même temps son but. »[9] Ou – autre citation : « Le flux des images emporte tout […] dans cette expression concrète de la soumission permanente. »[10]

8. Propos recueillis par Maria de Medeiros et moi-même, à Cannes, en mai 2007.
9. Guy Debord, *La Société du spectacle*, Paris, Gallimard, 1992, Folio, p. 21 (première édition, Paris, Buchet-Chastel, 1967).
10. Guy Debord, *Commentaires sur la société du spectacle*, Paris, Gallimard, 1992, Folio, p. 44 et 45 (première édition, Gérard Lebovici, Paris, 1988).

Je suis plus optimiste. Je crois aux contrebandiers qui cherchent à s'infiltrer dans la faille du système (et à l'industrie qui peut y trouver avantage). Les insoumis continueront d'exister, dans le cinéma et au-delà.

Mais je suis circonspect face au discours lénifiant des opérateurs Internet. Écouter ces nouveaux industriels de la communication nous parler de leur ligne éditoriale, en matière de création, relève du supplice chinois. Ces tenants de la langue de bois (« pour la création », mais sans donner les moyens aux créateurs ; « pour les œuvres singulières », mais privilégiant toujours les productions les plus consensuelles) parviendront-ils à ouvrir leurs canaux de diffusion aux iconoclastes sans les reléguer à la marginalisation ? Éviter un monde où : « tout est permis, rien n'est possible ». Il ne suffit pas de pouvoir réaliser des films en autoproduction et de pouvoir les balancer sur Internet pour qu'ils trouvent leur public. Il faut médiation, mise en valeur, *exposition*.

Éveiller, au lieu d'endormir.

*

Pour Jean-Louis Comolli « la mise en scène, c'est la question de la place du spectateur. » Tout grand cinéaste construit une narration en forme de pointillés, pour que le spectateur puisse s'y trouver et se construire, avec le film.

Parabole du jeu vidéo. « Il est frappant de voir à quel point les jeux vidéo ou les jeux interactifs supposent un sujet minoré, faible, débile. »[11] Mieux que le « temps de cerveau disponible » : des spectateurs décérébrés.

Et si *la place* laissée entre une œuvre et la personne qui la découvre (le lecteur, le spectateur, le contemplateur d'une peinture ou d'une sculpture) définissait l'expression artistique ? S'il fallait à la fois cet écart (la singularité de l'expression artistique) et cette proximité (qui permet *l'identification*) ? Se reconnaître et se différencier. Pas d'art sans altérité.

*

« La valeur d'une œuvre est également fonction de celui ou de celle qui la regarde », écrit Tarkovski[12].

*

---

11. Jean-Louis Comolli, *Voir et pouvoir. L'innocence perdue : cinéma, télévision, fiction, documentaire*, Lagrasse, Éditions Verdier, 2004, p. 217.
12. Andrei Tarkovski, *Le Temps scellé*, *op. cit.*, p. 55.

Est-ce le plaisir immédiat que le spectateur recherche en visionnant des films ou peut-il s'inscrire dans une démarche plus réflexive ? Peut-on allier divertissement et regard sur le monde, un film est-il destiné à se voir plusieurs fois, à se détricoter ? Comme le cinéaste est « travaillé » par son film, le spectateur peut-il être « habité » par une fiction cinématographique, qui se pose en intercesseur entre sa conscience, ses envies et ses craintes insoupçonnées ?

*

Est-ce un hasard si les jeux vidéo et les films pornos ont connu un tel développement économique ? Est-ce parce que ces deux expressions particulières de loisirs ont comme point commun de nier la place de l'auteur ? Et aussi, d'être dans une forme mécanique de rapport au monde.

*

« Le spectateur ne voit pas tout, n'entend pas tout ; il entretient avec le film un rapport orienté par ses propres filtres mentaux qui tiennent à son milieu social, à son histoire, à son inconscient, à son rapport au langage. »[13]

L'évolution du cinéma et de la place du spectateur met en jeu des références communes. Comment l'imaginaire se construit à la fois individuellement et collectivement.

La place du cinéaste et celle du spectateur, intimement liées.

*

« Pourquoi identifier regard et passivité ? » C'est dans le pouvoir « d'associer et de dissocier que réside l'émacipation du spectateur », écrit le philosophe Jacques Rancière[14].

*

La place du cinéaste, dans l'œil du Cyclone.

Hervé Chabadier évoque les jeux vidéo, en affirmant : « il y a tant de participants à la création du jeu qu'on ne sait plus qui en est l'auteur, si ce n'est le producteur, car c'est lui qui a réuni tous les talents. »[15] Cette logique appliquée au

13. Jean-Louis Comolli, in *L'Atelier du cinéaste. De la nouvelle vague à nos jours*, coordonné par José Moure, Gaël Pasquier et Claude Schopp, à paraître, *op. cit.*

14. Jacques Rancière, *Le Spectateur émancipé*, Paris, La Fabrique éditions, 2008, p. 18 et 23.

15. Hervé Chabalier, à la 3e Nuit des Médias, Paris, le 9 février 2009. Hervé Chabalierest rpoducteur.

cinéma aurait comme incidence de ruiner le droit d'auteur, tel qu'il est conçu en France. Cette analyse entraîne aussi un certain rapport à l'art.

Mon hypothèse est qu'il ne peut y avoir « cinéma » sans « rencontre » entre réalisation et production (le cinéaste et le producteur étant les deux maîtres d'œuvre du film).

Un film de commande peut être investi du point de vue d'un cinéaste.

Les séries télévisuelles – qui peuvent être passionnantes par leur intrigue, par une mise en scène extrêmement bien maîtrisée techniquement et grâce à la qualité de l'interprétation – dont les réalisateurs sont interchangeables ne sont pas portées par un *regard* et se rangent du côté du divertissement sans création véritable. La série, davantage en accord avec le temps télévisuel.

Il sera facile de me rétorquer qu'il y a dans l'histoire de l'art un grand nombre d'œuvres anonymes, que signer une toile est récent dans l'histoire de l'humanité. Je défends une vision romantique de l'art moderne, celle d'un homme (ou d'une femme) qui, en assumant sa création, affiche une perception, revendique sa subjectivité, s'expose à la critique. Cette idée est liée à celle qu'il n'y a pas de vérité omnisciente, l'artiste est ancré dans son temps et ne peut s'extraire de sa condition (*humain, trop humain*) qu'en l'assumant (la transcendance par l'œuvre). Sans tomber pour autant dans une sacralisation et dans les affres d'une politique des auteurs, déjà dénoncées.

L'artiste signe sa création, comme le journaliste signe son article. Pas de rapport possible avec l'autre, sans dire « je ».

Trouver « la bonne distance ». Dans le cinéma documentaire, comme dans la fiction.

*

Parmi les règles du « Dogma » prônées par Lars von Trier, dans les années 1990, l'une d'elles prétend vouloir supprimer les génériques des films, que le spectateur n'ait pas connaissance du metteur en scène. Je ne crois pas à cet énoncé, et Lars von Trier fut le premier à ne pas le respecter. *Les Idiots* (de Lars von Trier) et *Festen* (de Thomas Vinterberg) ne sont pas des réalisations anonymes. Le concept de cinéma d'auteur ne peut s'extraire de cette valorisation. Devant le nombre croissant de films, hiérarchiser les réalisations entre elles devient une nécessité. Cette donnée n'est pas forcément à l'avantage des cinéastes, car il est difficile d'atteindre le Panthéon du 7ᵉ art et, une fois que l'on a été reconnu comme metteur en scène, les attentes ciné-philes sont toujours plus fortes (et les désamours possibles).

Même si le « grand public » (la majorité des spectateurs) n'a pas connaissance des débats critiques et attache davan-tage d'importance au sujet du film, aux acteurs qui y ont participé, à la promotion qui en est faite… délaisser l'idée qu'il y a une personne derrière une réalisation serait faire « tomber » le cinéma du côté du flux d'images, du tout-venant audiovisuel, dans une société abolissant les fron-tières entre spectacles et spectateurs…

*

Michel Reilhac analyse la démocratie participative sur Internet et se range à l'idée que chacun peut donner son avis. « La perception populaire du savoir est devenue parti-cipative. […] Il n'y a plus de hiérarchie. Il n'y a pas de raison aujourd'hui de faire valoir une supériorité de mon juge-ment, parce que soi disant il serait plus éclairé. Plus éclairé pourquoi ? Parce que j'ai des références littéraires, cultu-relles, intellectuelles et cinématographiques ? Parce que j'ai la chance de voir beaucoup de films ? De pouvoir comparer les films entre eux ? Je peux certes mettre en perspective mon expérience par rapport à ce champ de connaissance, mais cette pratique de la culture n'est plus valorisée. Elle est considérée comme égale, sinon inférieure, à l'expérience directe de quelqu'un qui commence à aller au cinéma, et qui y découvrira un film sans *a priori* […]. Le réseau et Internet accélèrent cette propagation d'une vision de la culture qui n'est plus dans la transmission. »[16]

Reilhac a raison d'établir ce constat : les forums partici-patifs sur Internet permettent à chacun de donner son avis, mais je continue à penser qu'un avis n'équivaut pas à un autre, que l'on ne percevra pas un film de la même manière si on a connaissance de *Citizen Kane* que si on se rend pour la première fois au cinéma. Je pense qu'il ne faut pas se contenter de cet état de fait, sans réagir. Cette question de la transmission renvoie à la démocratie : faut-il accep-ter n'importe quelle idée, sous prétexte qu'elle recueille un avis majoritairement positif des internautes ? L'avenir du cinéma, au cœur d'un enjeu de civilisation. Pas de démocra-

---

16. In *Plaidoyer pour l'avenir du cinéma d'auteur*, Klincksieck-Archimbaud, *op. cit.*

tie véritable sans *distinction*, même si l'on sait, depuis Pierre Bourdieu, à quel point elle est sociologiquement marquée. Sans *distinction*, tout se vaut – et l'idée de savoir (artistique, intellectuel) devient obsolète. Le plaisir (à percer une œuvre, à s'élever par la connaissance) s'en trouve anéanti.

*

Il ne faut pas confondre sa place de spectateur et celle de créateur, l'écrivain et le lecteur, le cinéaste et le spectateur. Frédéric Beigbeder : « Le talent n'est pas démocratique, au contraire il est une injustice, aristocratique. Internet est devenu le nouvel opium du peuple : on fait croire que chacun peut être artiste, ce qui est faux ». Cela relève de « la croyance »[17].

L'enjeu démocratique est que l'art puisse parler à tous, pas que chacun devienne artiste.

*

Le cinéma continuera à exister, mais *quel* cinéma ? Le cinéma en salles comme lieu collectif réunissant différentes générations et différentes origines sociales est-il condamné ? Est-ce vers d'autres formes narratives, visuelles, que les créateurs véritables se tourneront ? L'avenir des cinéastes est-il de réaliser des films pour les musées ? N'est-ce pas ce que font déjà Godard, Kiarostami, Lynch, en organisant des espaces scéniques et audiovisuels dans des expositions ? Le retour vers les arts plastiques ?

Différentes formes de cinéma pourront-elles toujours cohabiter avec bonheur, sans s'exclure mutuellement ?

*

Frodon, dans un essai sur le cinéma à venir, parie sur « des places *minoritaires* ». « L'art, pour ceux qui le font mais aussi pour ceux qui s'y confrontent, ne construit jamais du majoritaire. »[18] La rencontre régulière entre l'art cinématographique et le grand public serait un accident lié à l'histoire du XXe siècle.

Dans *La Mort dans l'œil*, Stéphane Zagdanski prétend que le cinéma « joue la communauté contre l'individu »[19].

17. Frédéric Beigbeder, interrogé par le journal des aéroports de Paris, *Lifestyle*, mars 2011, p. 22.
18. Jean-Michel Frodon, *Horizon cinéma, op. cit.*, p. 81.
19. Stéphane Zagdanski, *La Mort dans l'œil*, Paris, Maren Sell Éditeurs, 2004, p. 123.

Ce serait considérer que le cinéma tel qu'il a existé s'est définitivement altéré au point de ne plus laisser de place à un « voir ensemble ».

L'art se définit par sa part d'indicible. Comment le « voir ensemble » et l'indicible peuvent-ils trouver un terrain de jeu commun ?

*

Constitution de nouveaux publics, par agrégations. Partout dans le monde, existent des spectateurs férus de cinéma d'auteur, et en se réunissant, grâce au réseau tissé par Internet, ils peuvent constituer un public suffisamment important pour créer de nouveaux équilibres économiques (de financement et de diffusion des films).

*

Deux modèles possibles.

L'industrie (si elle permet de porter des regards de cinéastes, comme à la grande époque d'Hollywood). Avantage : une force de frappe pour la production et la diffusion.

L'artisanat (l'exemple belge). De plus petits moyens, une plus grande liberté, de nouvelles formes de diffusion à inventer.

*

C'est une guerre asymétrique à laquelle il faudra se livrer. D'un côté, l'industrie (qu'il faut combattre, ignorer ou dévoyer). De l'autre, de nouveaux modèles de productions et de créations indépendantes. L'objectif est simple : permettre aux minorités de s'exprimer, empêcher qu'il y ait une seule voie normative et totalisante.

*

Éloge des singularités.

*

Entrer en guérilla artistique.

L'art ne peut être consensuel que par effraction (ou grâce à un malentendu).

UNE MÉTAPHYSIQUE DE L'ACTION

Le cinéma est un baromètre de la société et le cinéaste un métaphysicien qui, souvent, s'ignore. La question que pose Dominique Chateau – « le cinéma en tant que pratique spécifique aurait-il quelque modalité qui l'apparente à l'attitude philosophique ? »[1] – prend toute son ampleur, quand on aborde le cinéma comme le symptôme du rapport entre l'art et la société.

Jacques Aumont a raison de dire : « Le cinéaste est un homme qui ne peut pas faire l'économie de la conscience de son art, de la réflexion sur son métier et ses fins, et pour tout dire, de la pensée. »[2] C'est pourquoi, Truffaut, en 1966, alors qu'il met en œuvre son livre d'entretiens avec Hitchcock, affirme : « Les seuls bons livres sur le cinéma sont généralement ceux écrits par les metteurs en scène. »[3]

Gilles Deleuze conclut son ouvrage, *L'Image-temps*, en rendant hommage à la pensée des praticiens : « Les grands auteurs de cinéma sont comme les grands peintres ou comme les grands musiciens : c'est eux qui parlent le mieux de ce qu'ils font ». Mais, précise Deleuze, en parlant « ils deviennent autre chose, ils deviennent philosophes ou théoriciens »[4]. Le cinéaste serait donc parfois un analyste, un créateur de concepts... en plus d'être cinéaste (l'un n'impliquant pas l'autre, mais fonctionnant de manière causale). Pour Deleuze, il y a d'un côté le cinéma et de l'autre la philosophie : « Une théorie du cinéma n'est pas "sur" le cinéma, mais sur les concepts que le cinéma sus-

1. Dominique Chateau, *Cinéma et philosophie*, Paris, Nathan, coll. « Cinéma », 2003, p. 28.
2. Jacques Aumont, *Les Théories des cinéastes*, Paris, Nathan, coll. « Cinéma », 2002, p. 1.
3. Antoine de Baecque, qui a eu accès aux archives de Truffaut, cite cette correspondance, in *La Cinéphilie. Invention d'un regard, histoire d'une culture. 1944-1968*, Fayard, 2003.
4. Gilles Deleuze, *Cinéma 2. L'Image-temps*, Paris, Les Éditions de Minuit, collection « Critique », 1985, p. 366.

cite. »[5] J'adhère à ce point de vue et suis en même temps en désaccord. Certaines disciplines (l'histoire, la philosophie, les sciences humaines…) peuvent « s'alimenter » du cinéma pour des réflexions propres à leurs modes d'investigation, les films servent alors de documents, d'instruments de travail, de pierres d'achoppement. Mais cette approche présuppose que l'on reste en dehors de l'ontologie cinématographique.

Honneur aux cinéastes qui dépassent leur ego et qui, au-delà d'une analyse de leurs propres films (de leur biographie), écrivent articles et livres qui interrogent le cinéma : Antonioni, Astruc, Boisset, Bresson, Chabrol, Cocteau, Delluc, Dreyer, Eisenstein, Godard, Green, Koulechov, Lewis, Pasolini, Ray, Rohmer, Ruiz, Scorsese, Tarkovski, Tavernier, Truffaut, Vecchiali, Wenders ou d'autres, que je n'ai pas encore cités : Jean-Charles Tacchella[6]… Certains ont écrit sur le cinéma avant de passer derrière la caméra. D'autres en alternance avec leurs réalisations. Ils sont, souvent, parmi les cinéastes les plus passionnants de leur génération. L'amour du cinéma irrigue leur pensée. Pour eux, la pensée et le *passage à l'acte* ne sont pas incompatibles. Ils procèdent de deux phases distinctes, qui s'enrichissent mutuellement.

La propension à « penser le cinéma » *et* réaliser des films est plus répandue en France que dans n'importe quel autre pays au monde. C'est pour moi l'une des grandes forces du cinéma hexagonal. Il est intéressant de constater à quel

---

5. *Ibid.*, p. 365.

6. Tous les cinéastes mentionnés ici ont écrit des ouvrages (de réflexions et d'entretiens) ou rédigé un nombre suffisant d'articles sur le cinéma, pour qu'après coup leurs propos soient réunis sous forme de livre. Cette liste n'est pas exhaustive. On peut citer aussi un certain nombre de cinéastes, généralement de génération postérieure à la Nouvelle Vague, qui ont le point commun d'avoir écrit dans les *Cahiers du cinéma* : Assayas, Bergala, Biette, Bonitzer, Comolli, Jousse, Moullet, Le Peron, Simsolo… De manière moins importante, d'autres revues du cinéma ont également essaimé. Un cinéaste comme Ado Kyrou était l'un des piliers de *Positif*. On peut aussi citer Christophe Gans, co-fondateur de la revue *Starfix*, avant de passer derrière la caméra. Ou des critiques de *Studio Magazine*, qui sont passés derrière la caméra (Marc Esposito et Laurent Tirard, pour la fiction, Christophe d'Yvoire, pour le documentaire). Ou encore, Alain Riou, du *Nouvel Observateur*, qui réalise, en 2004, un film à tout petit budget, avec dans le rôle-titre la critique de cinéma Élisabeth Quin : *Elle critique tout !* (tout un programme).

point une « pensée du cinéma » va souvent de pair avec les innovations artistiques. Jeux de miroirs, entre écrits et réalisations. En témoignent les cinéastes-théoriciens russes. Les articles des cinéastes italiens, tel Visconti, ont été en partie à l'origine du néo-réalisme. Un article célèbre du cinéaste Jonas Mekas salua la naissance d'un « nouveau cinéma » à l'occasion du premier long métrage de Cassavetes…

*

Trop peu de revues rendent compte des derniers livres sur le cinéma[7]. Dans les librairies, ces ouvrages ont tendance à être relégués à une part de plus en plus congrue – un nombre croissant de publications étant très peu diffusées. Mon *credo* est que des analyses sur le cinéma dépassent le cinéma et peuvent transmettre non seulement une perception esthétique, mais aussi une approche sociologique, politique et philosophique du monde.

Chateau a raison de s'interroger sur ce qu'on entend par « philosophie *du* cinéma » : « Est-ce philosopher *sur le cinéma* ou bien *le cinéma qui philosophe* ? »[8] Il faut aussi distinguer « le cinéma » (dans son ensemble) et « le cinéaste » (dans son action de mise en scène).

Pour Chateau, l'aptitude philosophique consiste à être dans un état perpétuel de questionnement, à prendre davantage plaisir à la dialectique qu'à la formulation de réponses définitives, à avoir une pensée en mouvement.

Le cinéaste doit avoir la capacité de remettre en cause ses certitudes en fonction des aspérités qu'il rencontre. Dialectique du cinéaste : ce qu'il espère, ce qui existe ; comment il en fait une synthèse. Le cinéaste est un philosophe qui *agit*.

Agir, ce n'est pas gesticuler, s'affairer, donner son avis sur tout et sur rien – c'est au contraire diriger le cours des événements, et pouvoir *faire face* aux contingences. Agir, ce n'est pas foncer droit devant, comme un chien fou, mais plutôt tel un joueur d'échecs, être un stratège qui avance ses pions.

---

7. Je voudrais ici rendre hommage à Jacques Kermabon, Xavier Leherpeur et Jean-Michel Vlaminckx. Ils sont parmi les rares critiques (en France et en Belgique) à régulièrement rendre compte et donner leur analyse sur des ouvrages de cinéma.
8. Dominique Chateau, *Philosophie d'un art moderne : le cinéma*, Paris, L'Harmattan, coll. « Champs visuels », 2009, p. 8.

C'est dans l'action que le cinéaste révèle sa pensée, dans sa capacité à trouver *sa* cohérence (sa *perception*). Mon hypothèse est que derrière « l'exception cinématographique » se dessine (se dessinait ?) une nouvelle transcendance laïque, celle du mensonge-vrai de la fiction (ou de la « fable » documentaire). Je vois le cinéaste comme un philosophe artiste, intercesseur d'un imaginaire empreint de réalisme (ou inversement, d'un réalisme empreint d'imaginaire).

Le cinéaste pose précisément la question du rapport à l'autre. Rapport à son équipe. Rapport aux personnes filmées (dans le documentaire comme dans la fiction). Liens avec le public : quelle place laisser au spectateur pour qu'il complète le film ? Le grand cinéma explore le monde (les rapports humains, les tensions propres à une époque). Le grand cinéma n'est pas normatif, il construit un récit avec des interstices.

*

Dans *Le Discours de la servitude volontaire*, La Boétie part du postulat suivant : « Pour avoir la liberté, il ne faut que la désirer. » D'après le philosophe : « La première raison de la servitude volontaire, c'est l'habitude. » Et si le cinéaste véritable nous permettait de « sortir de l'habitude » en nous offrant une nouvelle forme d'histoire, en nous révélant une part d'inconscient, sur nos craintes et sur nos désirs, en créant du sens – une forme de plaisir, mais aussi d'inconfort (car se confronter à soi est autant jouissif qu'incommode) ?

*

Richard Miller, ancien ministre de la Culture et de l'audiovisuel belge, convoque l'imaginaire comme le lieu qui détermine nos actes. Il fait l'éloge des « voies tumultueuses de la fiction » et définit le cinéma comme l'art qui permet cette rencontre entre réel et pensée[9].

Le philosophe Jacques Rancière définit le cinéma comme « un moyen de déchiffrer le monde ou de lui faire révéler sa vérité dans ses apparences mêmes »[10]. L'imaginaire, comme force de propositions. Un enjeu démocratique. Le cinéaste est un alchimiste et sans doute, aussi, un homme politique.

---

9. Richard Miller, *L'Imaginisation du réel. Pour une politique des imaginaires singuliers*, Thèse dirigée par Baudouin Decharneux et Lambros Couloubaritsis, Université Libre de Bruxelles, 2011. Cette thèse a été publiée aux éditions Ousia, Bruxelles, 2011.
10. Jacques Rancière, *Les Écarts du cinéma, op. cit.*, p. 17.

*

Des historiens ont bien compris combien le cinéma pouvait leur servir d'outil, pour comprendre une société, à un moment donné. Les films de fiction leur sont autant, sinon davantage, utiles que les documentaires pour percer l'imaginaire, pour « l'étude de la mentalité des temps passés »[11].

Au-delà des retombées économiques d'un film, on a trop tendance à sous-estimer l'influence que peuvent avoir certaines productions sur le grand public. La société influe sur les films, mais les films peuvent aussi influencer la société. Quand Serge Kaganski, à propos du *Fabuleux destin d'Amélie Poulain*, évoque une « esthétique publicitaire rétro », une « poésie frelatée » et un « propos insignifiant », qui masquent mal « une vision particulièrement réactionnaire et droitière »[12], peut-être est-il excessif dans son propos, mais il porte avec justesse une réflexion sur l'état de la France, sur les liens entre un succès populaire et l'évolution politique dans le pays. Toujours dans *Les Inrockuptibles*, Jean-Baptiste Morain s'interroge sur *Je vous trouve très beau*, d'Isabelle Mergault. Le personnage principal du film est un cultivateur qui vient de perdre sa femme ; il s'adresse à une agence matrimoniale qui lui conseille d'aller en Roumanie pour trouver une nouvelle compagne. Monde rural de la France profonde, peur de la solitude, rapport entre homme et femme sont au rendez-vous de cette comédie, qui finit bien[13]. « Un film qui attire autant de public en renvoyant des êtres humains une image aussi niaise et sans danger, ne

11. Marc Ferro, *Cinéma et Histoire*, Paris, Denoël/Gonthier, 1977. Nouvelle édition refondue : Paris, Gallimard, 1993, p. 75.
12. In *Libération*, 31 mai 2001.
13. Il est intéressant de mentionner la position d'Isabelle Mergault sur la mise en scène : pour elle, il s'agit de « bien filmer » un scénario, avec l'aide d'une « bonne équipe » et de « bons acteurs ». C'est-à-dire : à ne pas avoir un lien organique avec son film, mais à raconter une histoire, qui dramatiquement est bien construite, et à assurer, techniquement. Il faut ici faire une distinction entre cinéma classique et cinéma académique. Le cinéma classique laisse la place à un cinéaste qui arrive en creux à avoir une vision du monde et du cinéma (Ford, par exemple). Le cinéma académique ne vise qu'à adouber par la narration et par la forme une histoire convenue, de manière aseptisée. Sans rien laisser déborder. Sans point de vue artistique personnel.

remettant rien en cause de la société et du monde tel qu'il est, m'inquiète. »[14]

La polémique est d'autant plus intéressante qu'elle porte, qu'elle ne laisse pas indifférente. L'échange d'arguments permet à la pensée d'avancer.

*

Depuis que je suis cinéaste, il m'est interdit d'être critique. Je l'ai encore constaté récemment. Je fustigeais *The Tree of Life*, de Terence Mallick, étant énervé par le hiatus entre le brio de la mise en scène (la force visuelle du film, le charisme des acteurs) et la vacuité du propos. Une métaphysique de bazar mélangeant le *big bang* et l'idée que Dieu existe ; une esthétique publicitaire avec un pot-pourri de musiques classiques. *The Tree of Life* est pour moi le type même de film à combattre car il donne bonne conscience à bon compte, on peut avoir l'impression de défendre un « cinéma d'auteur » à grand spectacle, en le plébiscitant… alors que c'est bien un film nauséabond, en terme de sens. Une famille de beaufs américains (avec un père autoritaire interprété par Brad Pitt) et le paradis en ligne de mire. Ils sont beaufs, mais ils ont droit au ciel. « Pourquoi es-tu jaloux ? », me rétorque mon interlocutrice.

Les cinéastes connaissent l'angoisse que l'on a une fois que le film est terminé de voir comment il sera perçu, quelle sera sa destinée. Il est, c'est vrai, indécent, de fustiger ses confrères… sauf quand ils ont une reconnaissance telle que s'attaquer à eux ne puisse en rien leur porter grief. Dire ce que l'on pense pour le cinéma que l'on défend, cela passe aussi par une forme de clivage.

*

Incroyable prétention de la part des réalisateurs de films commerciaux, qui voudraient aussi être adoubés par la critique, comme si le succès public ne leur suffisait pas, comme s'il devait y avoir une équation entre le nombre de spectateurs venus voir leurs films et la qualité esthétique. Dany Boon, qui avec *Les Chtis* recueille plus de 20 millions d'entrées, s'étonne que son film n'ait pas été davantage nominé

---

14. Jean-Baptiste Morain, in Laurent Jullier, *Interdit au moins de 18 ans*, Paris, Armand Colin, 2008, p. 190. Jullier y interroge Morain sur l'article qu'il a écrit sur *Je vous trouve très beau*, à l'occasion de la sortie du film, en 2006.

aux César, comme si les professionnels du cinéma devaient se ranger derrière son succès populaire et n'avaient pas le droit de préférer d'autres films au sien. Perversion de la pensée. Manque de distance.

Une partie du monde politique et des décideurs économiques voue une haine de plus en plus féroce à tout ce qui s'apparente au domaine de la pensée, à tout ce qui, d'une manière ou d'une autre, peut s'apparenter à une remise en question du monde.

Est-ce dès lors un hasard si un acteur « *bankable* » comme Franck Dubosc déclare « pour moi, le mot intellectuel est péjoratif »[15] ? Est-ce pour justifier le bien fondé des niaiseries auxquelles il participe ? Un côté franchouillard et fier de l'être : est-ce cela, le cinéma dominant, aujourd'hui, en France ?

Le cinéma est toujours le reflet de la société.

*

Les cinéastes sont des entomologistes. À la manière de Luis Buñuel qui ouvre son film surréaliste *L'Âge d'or* par un documentaire sur les scorpions, les cinéastes exposent les gesticulations, les sentiments, les affres et les bonheurs : les pulsions de leurs contemporains. Leur philosophie du monde peut être débridée (Preston Sturges) ou enchantée (Demy). Les cinéastes peuvent vouloir dire « j'accuse » (Francesco Rosi) ou être empreints de culpabilité chrétienne (Hitchcock). Ils sont tantôt fascinés par la vanité du pouvoir (Welles), tantôt obnubilés par la complexité humaine (Renoir). Leurs caméras décryptent les tourments de la manipulation (Mankiewickz) comme la nostalgie d'un monde qui disparaît (Visconti).

*

Les cinéastes n'existent que par la concrétisation de leurs projets. C'est cela, la « métaphysique de l'action ». Un écrivain peut laisser dans son tiroir un manuscrit que personne n'a lu et que l'on ne découvrira qu'à sa mort. Un peintre peut accumuler les toiles et les laisser à la postérité. Un architecte peut transmettre le plan d'une construction, qui sera entreprise ou se poursuivra après son décès. Au trépas du cinéaste correspond le point final. Ce qu'il n'a pas

---

15. Franck Dubosc, « Je ne suis pas un intellectuel », propos recueillis par Caroline Vié, *20 minutes*, 2 avril 2008.

réalisé de son vivant n'existera jamais. Le cinéaste se différencie de l'acteur. Ils dépendent tous deux du présent, mais
l'acteur *interprète* un texte qu'il n'a la plupart du temps pas
écrit ; un cinéaste œuvre *par* sa mise en scène à l'assemblage
de toutes les composantes du film.

*

Le cinéaste est comme le fou du roi nécessaire à la
société, pour qu'à travers les histoires qu'il raconte il y ait
possibilité de catharsis et de remise en cause. C'est parce
que le cinéma, puis l'audiovisuel ont pris une telle importance dans les loisirs et dans notre univers mental… que le
cinéaste se retrouve aux croisements d'enjeux qui touchent
autant l'art que la citoyenneté.

L'insoumission fait partie de l'acte créatif. Le simple fait
d'abstraire et de représenter est déjà une réécriture et donc
une marque d'insatisfaction de *l'état des choses*, un besoin
de troubler l'ordre établi pour le restructurer différemment.

Le problème est que désormais les dés sont pipés. Assiste-
t-on à un détournement de valeurs qui nous entraîne vers
un semblant de démocratie, empêchant toute réelle alternance – toute *autre* représentation ?

Hannah Arendt définit l'artiste moderne « par une rébellion véhémente contre la société en tant que telle »[16]. Mais
comment vivre en dehors du système ? Quelle place reste-t-il
pour un cinéma réellement indépendant, qui ne soit pas automatiquement marginalisé ? La pire des censures n'est-elle pas
celle qui se fait à l'insu de ceux-là mêmes qui la pratiquent,
dans le dogme d'un libéralisme transformant sans ambages
l'œuvre en produit – et ne laissant plus de place pour ce qui
ne se range pas sous l'emprise de cet ordre économique ?
Comment expliquer ce sentiment d'un cinéma qui, auparavant, arrivait à conjuguer des contraintes de production et une
innovation créative, et d'un cinéma qui, aujourd'hui, a de plus
en plus de difficulté à préserver cet équilibre, sa spécificité ?

*

Alain de Greef, qui a été dix-huit ans à la direction de
Canal+, établit un parallèle entre la course aux spectateurs
en salles et la course à l'audimat à la télévision, pour arriver
à la conclusion que cette recherche effrénée du plus grand
nombre amène à la médiocratie, à un nivellement par le bas

---

16. Hannah Arendt, *La Crise de la culture*, *op. cit*, p. 254.

sans précédent. Plus original, il prétend que c'est la divulgation instantanée des chiffres (nombre de spectateurs, part d'audimat) dans des médias grand public qui mène à la dérive. Les statistiques d'audience, en devenant le principal référent, obturent tout débat sur la qualité. « La publication des chiffres du box-office du cinéma américain dans le cadre de l'émission quotidienne *Entertainment Tonight* à partir de la fin des années 1970 accéléra la victoire de la médiocratie à Hollywood et le début des problèmes pour des cinéastes comme Scorsese, Coppola, Cimino, Bogdanovich, Hal Ashby et les autres. La divulgation des résultats d'audience des émissions de la veille nous permet de ne plus avoir honte de la daube que nous avons regardée, mais d'être fier d'appartenir à ce nombreux public. »[17]

La démocratie ne se résume pas aux choix du plus grand nombre. Toute démocratie qui se respecte implique l'*opposition* et promeut la possibilité pour les minorités de s'exprimer. Mais quelles sont les minorités cinématographiques aujourd'hui ? Et quels moyens d'expression leur sont-ils réservés ?

Pas de démocratie sans un processus d'*élection*, qui permette que soient confrontés différents programmes, dont l'électeur (le spectateur) puisse avoir connaissance, de manière équitable.

Pascal Mérigeau dénonce « l'opinion commune qui a valeur de loi » et parle d'une démocratie qui se transforme en « dictature ». Le critique pointe une société normative, une société où toute singularité serait vouée à la marge, et condamnée à y rester. « Un bon film est un film que tout le monde va voir ? Non, un film que tout le monde va voir est un bon film », raille à raison Mérigeau. « L'individu ne décide plus ce qu'il aime ou non, il se fond dans le magma de l'uniformité collective et toute tentative d'expression d'une opinion personnelle est par principe condamnée. »[18]

Les grandes cinématographies établissent des passerelles entre la marge et le centre, qui s'alimentent mutuellement. Cela a été vrai pour le cinéma indépendant américain et Hollywood. Cela a été vrai pour la conjugaison entre cinéma d'auteur et cinéma commercial, en France. Des acteurs, des

17. Alain de Greef (avec Gilles Verlant), *Vous regardez trop la publicité*, Paris, Flammarion, 2005, p. 12.
18. Pascal Mérigeau, *Cinéma : Autopsie d'un meurtre*, *op. cit.*, p. 8 et 9.

cinéastes, des producteurs passaient d'un cinéma à l'autre. Il y avait un phénomène de contagion entre l'innovation formelle des uns et l'appropriation des autres. Si on suit la pensée de Mérigeau, ces aller et retour ne seraient plus guère possibles – ou à titre de plus en plus exceptionnel.

La censure invisible serait à la fois économique et culturelle. Économique, « par imposition d'une norme, de la logique commerciale ». Culturelle, « en entretenant l'illusion d'une abondance et d'une diversité de l'offre, là où règnent, en réalité, uniformité et conformisme. »[19] L'essayiste Pascal Durand évoque ici l'édition des livres, mais ces propos peuvent être élargis à toute entreprise artistique et interroge notre époque.

La canalisation narrative entraîne une forme de censure plus pernicieuse encore.

*

J'ai parmi mes étudiants dans le Master professionnel en scénario et réalisation de la Sorbonne de jeunes cinéastes prometteurs, dont certains se destinent au documentaire. L'une de mes étudiantes, Anne-Laure Bonnel, avait comme projet de filmer la fin de vie de son père, atteint d'un cancer. Les *rushes* qu'elle m'a montrés étaient d'une force inouïe, elle réussissait à trouver la bonne distance face à la mort, à ne jamais tomber dans un regard condescendant ou voyeuriste. J'ai recommandé son projet, *Coucou Papa*, auprès d'un producteur. Il lui a répondu que ce qu'elle faisait était très juste, sur le plan cinématographique, mais que jamais une télé ne pourrait diffuser des images aussi poignantes, qui mettraient trop à mal les spectateurs[20].

À quoi bon enseigner la pratique cinématographique si la création ne trouve pas sa place dans le marché ? Doit-on former de bons petits soldats chargés de programmes qui distraient et ne remettent surtout rien en cause ? C'est la

---

19. Pascal Durand, *La Censure invisible*, Actes Sud, coll. « un endroit où aller », Arles, 2006, p. 19.
20. Je voudrais rendre hommage à Bruno Deloye, qui a permis aux étudiants du Master pro que je coordonne de réaliser des documentaires de création, pour la chaîne de télévision Ciné-Cinéma. De la même manière, Catherine Derosier-Pouchous a fait confiance aux étudiants en cinéma du Master pour réaliser des films au musée du Louvre. Ce sont là de véritables essais cinématographiques. Pistes alternatives de production et de diffusion, qu'il faudrait explorer au-delà de l'université.

tendance qui prévaut dans nombre d'écoles privées et la question est de savoir jusque quand l'université va résister.

L'enseignement est une approche du monde.

*

Pratiquer et enseigner le cinéma[21]. Il n'y a pas d'un côté la réflexion, et de l'autre côté l'action. Non à une vision uniquement pragmatique. Oui à une approche associant théorie et création[22]. C'est aussi une position politique. Apprendre à voir par soi-même.

*

Nombreux sont les cinéastes qui, à un moment de leur parcours, ont éprouvé le besoin d'enseigner. Eisenstein, Ray, Rohmer, Scorsese, Wajda, Wenders… Ce n'est pas un hasard. Transmettre et mettre en scène ne sont pas des activités si éloignées.

Mais un « bon enseignant cinéaste » sera celui qui parviendra à comprendre que ses étudiants doivent trouver leur propre voie. Et il saura séparer les deux pratiques : il y a un temps pour créer et un autre pour transmettre.

*

Attention aux écoles privées de cinéma, qui demandent des droits d'inscription pharaoniques, défendent une approche technique (« utilitaire ») du 7e art et n'assurent à leurs étudiants aucun avenir.

Attention aux enseignants de cinéma qui rêvent de réaliser des films, et doivent « se contenter » de professer.

Noël Herpe raconte dans *Journal en ruines* combien il consacra de temps à étudier l'œuvre des autres (comme critique et comme universitaire), et combien il a été vital, pour lui, de passer de l'autre côté, de l'analyse à l'acte. Dans une propédeutique de *la réalisation*[23].

---

21. C'est ce que font les cinéastes Serge Le Peron et Jean-Henri Roger, à l'université de Paris 8. Jean Rouch percevait ses activités d'enseignement à l'université de Nanterre et ses réalisations comme une seule et même démarche, au service de la recherche ethnographique. Guy Chapouillié, longtemps directeur de l'ESAV (l'école de cinéma de Toulouse) a à la fois réalisé des films, enseigné et écrit des livres sur le cinéma.
22. C'est la thèse développée dans : *Pratiques du cinéma*, *op. cit.*
23. Noël Herpe, *Journal en ruines*, Paris, Gallimard, coll. « L'arbalète », 2011.

*

Le cinéma ne peut se réduire à son contenu, à sa forme ou à sa valeur de divertissement – car aucune de ces trois propositions n'est éthiquement et esthétiquement satisfaisante sans être associée à au moins une des deux autres.

Il s'agit à la fois d'accepter des contraintes et en même temps de revendiquer des possibilités de réalisation en dehors de la seule logique économique. Il en va d'un enjeu de liberté et du contre-pouvoir qu'est la création.

*

Philippe Reynaert évoque à juste titre « l'expression » et « l'adhésion ». Pour qu'il y ait cinéma, il faut à la fois l'expression d'un cinéaste et l'adhésion d'un public[24].

Tout est dans l'équilibre entre ces deux pôles, pour que l'action soit porteuse de sens.

*

Je vois un parallèle entre l'évolution pernicieuse du cinéma actuel (ne visant plus qu'au rendement économique) et celle de la politique (se réduisant de plus en plus à une posture populiste). Ainsi, certains populistes arrivent à se faire élire « démocratiquement » en évitant de débattre avec leurs adversaires autrement qu'à coups de slogans publicitaires et avec des propos démagogues refusant toute complexité… comme si exprimer une pensée était devenu une faiblesse (pour les spectateurs, pour les citoyens).

La politique se résume à « raconter des histoires » et à créer l'événement – comme dans le marketing cinématographique. Chaque jour, il faut une nouvelle « *storytelling* ». Chaque semaine, un film chasse l'autre.

Mais de quelles « histoires » parle-t-on ?

Et est-ce encore la démocratie, quand les chances de réussite pour se faire élire tiennent plus aux moyens financiers de la campagne du candidat et de son marketing qu'aux idées défendues par lui ?

Est-ce de cette société du spectacle sans substance dont nous voulons ? De la politique et des films qui se réduisent à des *shows* ?

24. Philippe Reynaert, directeur de Wallimage (fonds régional wallon), dans une intervention à mon cours à l'université de Paris 1 Panthéon-Sorbonne, le 30 septembre 2011.

Sans films qui dérangent, qui dérogent à la norme, qui la contournent ou la détournent : ni diversité artistique, ni exception culturelle. Pas de singularité. Pas de démocratie. Et quelle civilisation ?

*

Culture et démocratie sont-elles solubles dans le marché, à l'heure où l'offre de divertissements et de loisirs est toujours croissante ? Sommes-nous condamnés, car trop sollicités ?

*

Dis-moi quelles histoires tu écoutes, quels livres tu lis, quels films tu vois…

Contagion entre le spectacle et le spectateur. Entre la vie et les récits de vie. Entre le quotidien et nos envies.

*

Rêve d'un cinéma pornographique à la hauteur de Georges Bataille et de *Madame Edwarda*.

Rêve d'un cinéma mystique, dans la quête du mystère de l'Autre. À l'opposé des films de copulations consuméristes.

*

« Si l'on ne comprend pas sa propre vie, on ne peut pas comprendre celle des personnages dont on veut parler, celle des autres gens. Les philosophes le savent très bien. Les artistes devraient aussi en prendre conscience, ceux du moins dont le métier est de raconter des histoires »[25], dit le cinéaste Krzysztof Kieslowski.

Je voudrais ici éviter le débat socratique : faut-il ou non « se connaître soi-même » ? Certains philosophes prétendent que cette introspection est impossible. Je ne retiens de la citation que la nécessité, pour un cinéaste, d'avoir « observé ». Cela me rappelle une conversation que j'avais eue avec André Delvaux, qui était mon professeur de cinéma à l'INSAS et qui prétendait qu'il ne fallait pas réaliser de long métrage avant d'avoir 30 ans, que l'on ne pouvait pas construire une intrigue, diriger des acteurs, orchestrer les émotions sans avoir vécu. Je ne devais pas être trop pressé. Je me souviens de l'avoir traité, en mon for intérieur, de « vieux » qui ne comprenait rien à l'élan des jeunes… mais – peut-être est-ce un effet de l'âge –

25. In *Le Cinéma et moi*, *op. cit.*, p. 52.

j'aurais tendance aujourd'hui à rejoindre mon « maître » dans sa pensée. J'ouvre là un autre débat : celui des « jeunes cinéastes » et de la place qu'ils peuvent (doivent ?) avoir au sein d'une cinématographie. Question non sans rapport avec les nouveaux moyens de création et de diffusion.

L'expérience de vie peut aussi s'ébaucher à travers la mise en scène.

La mise en scène, comme *expérience*.

DIX PISTES

Comment insuffler de nouvelles créations cinématographiques ? Comment inventer de nouveaux modèles économiques ? Cela dépend aussi bien de la capacité qu'ont les producteurs et les cinéastes à se saisir de nouveaux outils, que d'une volonté politique. Une révolution copernicienne doit s'opérer, semblable à celle menée par Jacques Flaud, directeur du CNC de 1952 à 1959, qui avait anticipé la Nouvelle Vague en souhaitant soutenir un renouvellement générationnel de cinéastes. La France a plus que jamais besoin d'une politique culturelle, comme Malraux avait su l'insuffler (c'est sous son égide, en tant que ministre de la Culture que fut créée l'avance sur recettes)[1]. La force d'une cinématographie est de pouvoir s'adapter aux nouveaux défis qui lui sont posés. Son avenir dépend de sa capacité ou non à rebondir.

Attention de ne pas se complaire dans un discours officiel lénifiant. Veiller à ce que les objectifs (autoproclamés par les producteurs, les cinéastes, les pouvoirs publics) et les possibilités de financement et de diffusion ne soient pas d'emblée en porte-à-faux. Revoir le rapport de force entre producteurs et diffuseurs. Ne plus permettre que la télévision publique fasse n'importe quoi au nom de la création et de la culture, en détournant l'esprit de sa mission et en pervertissant ses obligations réglementaires. Réhabiliter la fonction du producteur, lui redonner ses lettres de noblesse, établir quelles sont ses responsabilités, lui permettre de prendre des risques sans jouer, sur chaque film, sa survie.

*

---

1. C'est ce qu'a commencé à faire le Club des 13 (13 personnalités du cinéma : scénariste, réalisateurs, producteurs, distributeur, exploitants, vendeur international). Un livre paru en 2008 développe les réflexions et les propositions du Club. Une commission sera créée au CNC pour tenter d'y répondre. Elle accouchera d'une souris.

Ne pas être tétanisé par la « réalité » des chiffres (le nombre de films produits, le box-office, l'audimat) – il n'y a pas de fatalité, pas d'impossibilité à inverser une tendance. Veiller à ce que les décideurs issus des écoles de commerce ne canalisent pas le cinéma.

*

Je me suis parfois exprimé de manière trop pessimiste. Être passéiste ne sert à rien. Mon credo. Continuer à croire à *un cinéma des cinéastes*, qui puisse rencontrer un large public. Voici dix pistes, pour être concret et constructif. Panoplie de dispositifs. Leurs modalités d'application dépendent de différents niveaux, régional, national et européen. Toutes ne sont pas tout de suite réalisables, mais une seule mesure, aussi juste soit-elle, ne pourra pas rendre vertueuse la conjugaison entre art, culture et économie. C'est cela, le défi à relever : avoir une vue d'ensemble.

*

Plus de financement pour le développement

Ne pas rendre antagonistes les rapports entre scénaristes, cinéastes et producteurs. Tendance actuelle à renforcer les liens scénaristes/producteurs, au détriment de la mise en scène (dont les enjeux sont le plus souvent ignorés). Cela, c'est nier la force ontologique du cinéma.

Financer non seulement l'écriture, mais aussi le laps de temps pendant lequel un cinéaste prépare un nouveau film. Mettre en place des leviers qui favorisent la prise de risque artistique, le développement de projets novateurs. Penser simultanément le scénario, la mise en scène, l'économie du film.

Une réglementation vertueuse

Les industries culturelles doivent participer au financement et à la diffusion des œuvres des marchés auxquels elles ont accès. Cela a le double avantage de responsabiliser les opérateurs tout en ne coûtant rien au contribuable. Ce modèle a prévalu lors de l'apparition des chaînes de télévision privée en France.

En 1994, René Bonnell, à l'époque responsable des achats et coproductions cinématographiques à Canal+, proposait d'étendre ce système de réglementation à l'ensemble des opérateurs télévisuels européens[2]. Sa proposition n'a

---

2. René Bonnell, « Rôle des télévisions dans le financement des films », in *Actes de la Conférence européenne de l'audiovisuel, op. cit.*, p. 49.

pas été suivie d'effets. Pourtant, si, en Europe, chaque télévision consacrait 3 % de son chiffre d'affaires à la production cinématographique, cela amènerait une manne financière supplémentaire de plusieurs centaines de millions d'euros.

Des clauses de mutualisation et de diversité

La réglementation ne suffit pas. Il faut qu'elle soit vertueuse, et pour cela qu'elle ne favorise pas seulement la production et la diffusion de films, mais aussi différents types de réalisations.

Responsabiliser. Rendre conditionnelles les aides publiques à la prise en compte d'objectifs culturels et artistiques (sortir des doubles discours, pour que la politique de création ne soit pas une farce). Réglementer le secteur privé, avec des clauses de diversité (garantir que les chaînes de télévision investissent dans des films aux budgets variés et pas seulement dans les plus grosses productions, imposer aux distributeurs importants de diffuser de « petits » films, s'ils veulent avoir accès à l'aide automatique du CNC).

Une licence globale ponctionnée sur les opérateurs Internet serait redistribuée au profit des premiers longs métrages ou des films qui n'ont pas de financement des chaînes de télévision. Cela afin de permettre aux projets non consensuels de voir le jour. Veiller à ce que l'invention et les paris artistiques soient intégrés au nouveau modèle économique.

Inclure des dispositifs qui permettent la mutualisation des moyens financiers dégagés par les financiers « classiques » du cinéma et par les nouveaux opérateurs.

La télévision à dynamiser

À l'heure de la concurrence entre la télévision et Internet, à l'heure de la *catch up tv* (pouvoir revoir des programmes en ligne, après leur première diffusion), plus que jamais la télévision doit se réinventer.

Dans ses liens avec la fiction et avec le cinéma, la télévision peut avoir un rôle qui permette à la création de s'épanouir, au lieu de la formater.

Les télévisions pourraient développer et produire des films à petit budget. Les fictions réalisées dans ce cadre ne seraient pas corsetées par un casting, un scénario et une mise en scène préprogrammés. L'équipe serait peu nombreuse. Mais il pourrait y avoir adéquation entre forme et fond.

Les télévisions diffuseraient davantage de longs métrages et documentaires de création. Nombre d'entre eux ne sont jamais programmés, alors que reconnus pas la critique ou par des sélections et des prix dans les festivals.

Rôle éditorial des télévisions publiques. Leur cahier des charges doit être totalement revu, si l'on souhaite que leur existence ait encore du sens. Revenir aux fondamentaux, aux piliers qui ont justifié la naissance des télévisions publiques : information, culture, éducation.

Internet à hiérarchiser

Sur Internet, tout est possible : le pire et le meilleur. Le défi, pour les créateurs, est de trouver un moyen pour mettre en avant leur travail, qu'il ne se perde pas dans la masse. Cela est autant vrai pour le financement des films (certains sites invitant l'internaute à devenir « actionnaire » de films en cours de production) qu'en terme de diffusion (de téléchargement) et de promotion. Il faut s'emparer d'Internet en créant de nouveaux lieux de légitimation.

Des médias plus anciens (télévisions, radios, journaux…) peuvent participer à l'émulation d'Internet en mettant en perspective contenus et créations. L'arborescence prend toute son ampleur quand les racines sont solides. Je ne crois pas à une société du « tous artistes », « tous critiques », « tous égaux », par un clic de souris d'ordinateur. L'égalité s'acquiert par et à travers la connaissance. C'est elle qu'il faut rendre possible.

De nouvelles techniques

J'ai été le premier à réaliser en Europe un long métrage, entièrement avec un appareil photo (*Hitler à Hollywood*, tourné en été 2009). De nombreux autres cinéastes m'ont emboîté le pas. Les nouvelles techniques peuvent apporter de nouvelles formes d'écriture. Vincent Dietschy lance une « collection » de films qui seront réalisés par différents cinéastes, avec l'appareil photo Canon 5D. Laurent Cantet, qui fera l'un d'entre eux, évoque l'envie de retrouver un tournage « à échelle humaine », avec une plus petite équipe, avec « la possibilité de tâtonner, d'hésiter, de se tromper », avec un scénario qui peut s'écrire en cours de tournage… « J'ai envie de pouvoir garder une part d'improvisation, d'inconscience même, et de faire confiance à une intuition

qu'on a des choses. »[3] Cela n'est possible qu'avec une légèreté logistique à laquelle l'appareil photo participe.

De nouvelles formes de promotion

Penser à la promotion dès le début (avant même de commencer le tournage). Adapter la promotion au type de film.
Au lieu de concurrencer les *blockbusters* sur leur propre
terrain (le marketing et des moyens publicitaires aux coûts
exponentiels), inventer de nouvelles formes de promotion.
Internet peut être un vecteur dans ce combat de David
contre Goliath.

Penser à des médiatisations alternatives. Exemple : offrir
gratuitement un affichage dans les lieux publics… aux films
soutenus par des fonds publics.

Le cinéma « art et essai » à définir

Le cinéma d'auteur, le cinéma d'art et essai, le cinéma
indépendant, le cinéma expérimental : autant de nuances,
à la fois nécessaires et porteuses de confusions (il faut
d'abord s'entendre sur les termes utilisés).

Si deux tiers des films français sont classés « art et essai »,
cette notion perd tout son sens et la mission originelle de
ses initiateurs (défendre une alternative cinématographique aux productions *a priori* davantage commerciales)
se voit dévoyée.

Le cinéma d'auteur a sa place en salles, qu'il s'agit de
défendre et de promouvoir. Pour atteindre cet objectif,
imposer des quotas de séances dédiées aux films d'art et
essai (cela afin d'éviter l'abus de position dominante des
superproductions) et soutenir davantage les salles qui se
dédient exclusivement aux films d'auteur, avec un travail
d'accompagnement auprès des spectateurs, comme le font
l'AFCAE et l'ACID[4].

Rôle des festivals comme éclaireurs. Les festivals
devraient davantage accompagner les films vers leur public,
au-delà du temps festif. Le label « festival », pour créer de
nouveaux réseaux.

Le cinéma expérimental a sa place dans les musées. Le
film comme œuvre d'art.

3. Propos tenus par Laurent Cantet, communiqués par la maison de
production à l'origine de cette opération (Sombrero), juin 2011.
4. AFCAE : Association française des cinémas d'art et essai.
ACID : Association du cinéma indépendnat pour sa diffusion.

La diversité cinématographique passe autant par les moyens de production que par la diversité des circuits de diffusion.

L'école du cinéma

Comment transmettre le goût du cinéma ? Comment éveiller les nouvelles générations aux films singuliers ? Comment rendre contagieuse la curiosité : l'envie de découvrir d'autres formes cinématographiques ?

Aviva Silver, directrice du programme MEDIA, milite pour initier au cinéma dans les différents réseaux d'éducation, en Europe : de l'école primaire à l'université. Pas de destin commun pour l'Europe sans une connaissance par ses citoyens de ses différentes composantes, et le cinéma est un formidable moyen d'ouverture à l'autre.

L'Europe du cinéma

Propositions concrètes.

Projeter une fois par mois (au moins) à tous les lycéens d'Europe un film européen, en salle. Faire précéder et suivre cette projection d'un débat, mises en perspective historique et sociologique. Esprit ludique. Pour un « gai savoir » (ne jamais perdre de vue l'idée de plaisir).

Diffuser une fois par mois (au moins) un film européen (dans une autre langue que l'idiome national) sur les chaînes publiques, en Europe, à une heure de grande écoute. Avec cette idée : une pratique culturelle se construit dans le temps.

Créer un réseau de distributeurs européens qui puisse mutualiser les risques (les investissements) et penser à la promotion des films de manière transnationale.

Sortir du double discours sur la diversité culturelle, en évitant que les mécanismes financiers de chaque État, de chaque région, se concurrencent ou s'excluent mutuellement.

Inciter chaque fonds public à investir dans les coproductions (avec une clé de répartition : 2/3 des fonds pour le cinéma national ; 1/3 pour les autres cinématographies européennes, cela afin d'inciter l'émulation et la circulation *des* cinémas européens).

Participer à la construction d'une politique européenne du cinéma digne de ce nom, en augmentant de manière substantielle les moyens consacrés aux coproductions et à la diffusion des films européens. Ces moyens existent, mais sont insuffisants, au regard des défis que le 7ᵉ art dévoile.

*

À la question : « le cinéma est-il un art sans avenir ? », Thierry Frémaux, délégué général du festival de Cannes, répond : « Sur le plan industriel, il faut compter avec les mutations technologiques liées à l'apparition du numérique, au phénomène des DVD et au téléchargement légal des films sur Internet. Ce qui aura de nombreuses conséquences sur le comportement des spectateurs. […] Sur le plan artistique, c'est le temps des interrogations. Le cinéma a plus d'un siècle. Les territoires ont-ils été tous défrichés ? Les expérimentations sont-elles toutes faites ? » Frémaux conclut : « C'est en prenant à bras-le-corps les formes impures de sa propre descendance artistique et technologique que le cinéma continuera à vivre et à s'inventer. »[5]

*

Quelle place pour le cinéma dans le marché ? Quels enjeux pour la démocratie (notre rapport à l'imaginaire ne forme-t-il pas notre perception du monde) ?

*

Soutenir le cinéma, *pour qui* et *pour quoi*.

5. Thierry Frémaux, « Quel avenir pour le cinéma au 21ᵉ siècle ? », in *Lettre de l'Académie des Beaux-Arts*, n° 38, automne 2004, Institut de France, p. 9.

CONCLUSION

Le cinéaste qui n'est pas en phase avec son temps manque à tout jamais la possibilité de fusion entre son regard et une communauté de spectateurs. Rater le succès public et critique à la sortie de son film, c'est l'impossibilité d'avoir une session de rattrapage. Dans le meilleur des cas, les cinéphiles et les historiens pourront donner au film un territoire de rédemption. Aucun cinéaste ne se satisfait de ce « salut des dictionnaires ». Certains manuscrits, certaines toiles, certaines compositions musicales connaissent un retentissement bien après la mort de leurs auteurs. Aucun film ne rencontre le succès public des décennies après avoir été conçu… sans dès le départ avoir trouvé l'osmose avec ses contemporains. Comme le dit Godard : on parle de « vieux films », jamais de « vieux livres ».

*

Comment un désir véritable de cinéma et la société de consommation peuvent-ils se conjuguer ? Un film est déjà vieux six mois après être sorti en salles. Un téléfilm appartient déjà au passé le lendemain de sa diffusion. Si le cinéma a toujours été éphémère, cette accentuation de sa fugacité ne pose-t-elle pas problème ? L'art peut-il se concevoir sans aucune pérennité ? Sans doute, mais il ne faut pas confondre création et consommation. C'est autant l'œuvre que le rapport qu'on tisse avec elle qui porte le sens.

*

Platon, déjà, dans *La République* : « La perversion de la cité commence par la fraude des mots. »

Ceux qui ne voient dans le cinéma qu'un pur divertissement et défendent une logique commerciale ont pour eux la cohérence.

Trop nombreux, en France, les discours sur l'art et la création détournés de leurs sens premiers. Refus de ces glissements sémantiques. Accorder la pensée et l'action.

*

Grâce au cinéma, je suis déjà mort et ressuscité plusieurs fois.

La mort, pour un cinéaste, c'est quand il réalise un film qui ne trouve pas « son » public et qu'il a l'impression d'être en déphasage avec son temps. La nouvelle vie, c'est quand il a réalisé un film qui tout à coup trouve un écho émotionnel auprès de ses contemporains.

Le trépas, pour un cinéaste, c'est quand il a l'impression qu'il ne pourra plus jamais réaliser de films. La renaissance, c'est quand le miracle d'un nouveau tournage se présente, parfois après des années et des années d'acharnement, des années et des années d'abstinence.

Le karma du cinéaste est, comme dans la religion hindouiste, prédestiné par ses précédentes vies – par ses précédents films. La totalité des actions passées et la réincarnation présente permettent d'évoluer, de se racheter ou de se perdre, au gré de l'adversité. Chaque accomplissement filmique participe de l'extase et du renoncement.

*

Aucun cinéaste ne gagne *toutes* ses batailles. L'échec (un film qui ne prend pas vie comme le cinéaste l'a espéré) permet de se remettre en cause, de grandir, de se construire. Le succès amène à goûter au bonheur, dont le cinéaste connaît le prix.

*

« Le succès, c'est d'aller d'échec en échec sans perdre son enthousiasme », disait Winston Churchill.

*

Chaque cinéaste a sa manière particulière de travailler, il n'y a pas de règles générales, applicables à tous. Mais on peut défendre une approche, qui place le cinéaste au cœur de la création cinématographique. Cette position, qui paraît évidente à certains, est de plus en plus contestée dans les faits. Le cinéma est aussi un art de combat et on peut avoir toutes les raisons de croire qu'il y aura toujours une place pour ceux (producteurs, cinéastes, critiques) qui croiront suffisamment au cinéma pour en faire un sacerdoce.

*

« Il n'y a rien de si beau que ce qui n'est pas encore tourné », écrit Mocky[1].

*

Adolescent, je voyais le cinéma comme la *vraie* vie. Devenu cinéphile, je pensais et je vivais le cinéma comme un *art total*, réunissant peinture, musique, sculpture, architecture, poésie et roman. Cinéaste, le cinéma est devenu pour moi une expression personnelle *et* collective. Que toute l'équipe puisse suivre une direction, que le navire (le film) arrive à bon port tiennent du miracle. Les acteurs ne sont qu'émerveillement. Les obstacles, les personnalités s'estompent face au bonheur de tourner et de trouver la *vérité* du film.

*

L'écrivain polonais Witold Gombrowicz : « Écrire est très facile, c'est pourquoi c'est très difficile. » Je sais aujourd'hui combien il est facile de faire des films (je ne suis plus complexé par la technique et comprends combien peuvent être décisifs les rapports avec l'équipe). Je sais aussi combien il est difficile de trouver sa voie. Dans la vie, le cinéma est ce qui m'a apporté le plus de plaisir, mais faire des films est une forme d'abnégation. Un engagement tel qu'il déborde (comme entrer en religion) et qu'on n'en sort pas indemne. Dans le cheminement : autant d'obstacles que d'émulations.

*

Tarkovski : « Le cinéma est le seul art où l'auteur peut créer une réalité absolue, littéralement son propre monde. […] Un film est une réalité sensible, et il est perçu comme tel par le public : comme une seconde réalité. »[2]

C'est pour cela, que le cinéaste est prêt à toutes les endurances, pour atteindre cette *seconde réalité*, la seule qui compte.

*

Éloge de ce qui se vit intensément, au temps *t* du présent.

Éloge de l'éphémère, quand la noblesse de l'acte créatif nous élève, dans la concordance de notre condition humaine.

Émotion on motion, comme on dit en anglais. Profondeur de l'air du temps. Le cinéma participe de ce pas de deux :

---

1. Jean-Pierre Mocky, *M le Mocky*, Paris, Denoël, 2001, p. 263.
2. Andrei Tarkovski, *Le Temps scellé, op. cit.*, p. 208.

entre fragilité et frémissement de l'instant. La fugacité donne au cinéma sa noblesse.

*

Être un voyant.

*

Entendre *différemment*.

*

Un jour peut-être tous les noms de cinéastes cités dans ce volume auront disparu de la mémoire. Un jour peut-être tous leurs films seront réduits à être entreposés sur les rayons d'une cinémathèque, comme objets d'archéologie. Un jour peut-être aura-t-on oublié jusqu'à la nature des cinéastes. Mais, dit Malraux : « La métamorphose est notre seule et fugitive immortalité. »

Tenter. Tenir.

Je vais arrêter d'écrire et me consacrer à mon prochain film.

MANIFESTE DU CINÉASTE

1. Une affaire de désir
Pas de film sans désir, insufflé par le cinéaste. Il se propage, idéalement, par contagion, à tous ceux qui participent au film.

2. La nécessité du film
La première qualité du cinéaste est son opiniâtreté. Pas de réalisation cinématographique sans obstacles à franchir, avec détermination.

3. Avoir un point de vue
Même quand il n'a pas écrit le scénario, le cinéaste porte un « point de vue » sur l'histoire. La narration est autant engendrée par le scénario que par la mise en scène.

4. Avoir un regard
Que ce soient avec les acteurs ou des non-acteurs, pour un film de fiction ou pour un documentaire, le lien tissé par le cinéaste avec les personnes filmées est au cœur de la création organique. Même les « grands » films animaliers sont portés par un regard.

5. Faire un film « de cinéma »
Ce n'est pas la taille de l'écran sur lequel le film est diffusé qui fait qu'on a ou non affaire à une approche singulière. Ce sont les choix de mise en scène qui font œuvre de forme et de sens.

6. La création est aussi une question de production
Le cinéaste intervient sur des points de production : casting, nombre de semaines de tournage, composition de l'équipe… Et si ce n'est pas possible, il essaie que les contraintes qui lui sont imposées deviennent la force motrice du film.

7. Être cinéaste, c'est être seul

Le cinéaste ne peut communiquer tous les éléments de la mise en scène à tous les membres de son équipe. Parfois, il les découvre lui-même en cours de route. Il ne peut pas tout partager, à tout instant. Équilibre, toujours instable, entre le travail collectif et le rêve du film, solitaire.

8. Être cinéaste, c'est savoir s'entourer

Le producteur, le scénariste, les acteurs, l'équipe : le cinéaste trouve les alliés avec lesquels il pourra s'entendre, humainement et artistiquement. Chacun apporte sa part de création, mais c'est le cinéaste qui donne la direction du film.

9. Ici et maintenant

Le cinéaste doit composer avec les réalités économiques de la cinématographie dans laquelle il s'épanouit. Il ne sert à rien de rêver à un « âge d'or » ou à des conditions de travail que l'on ne peut pas avoir. Créer, ici et maintenant.

10. Vive la critique

Pour un cinéaste, la liberté de la critique est essentielle. Il doit se battre pour qu'elle puisse garder son indépendance, y compris à ses dépens. La critique est le seul contre-pouvoir aux lois du marché. Sans critique, pas d'« auteur » de film.

BIBLIOGRAPHIE

Cette bibliographie se limite volontairement à un petit nombre d'ouvrages. Il existe peu de livres traitant spécifiquement de la mise en scène cinématographique. Ou alors, il s'agit de livres sur des cinéastes qui, quelles que soient leurs qualités, se cantonnent à une filmographie, à un parcours particulier. Les livres d'entretiens procèdent de la même logique, même si certains (comme le livre de Michel Ciment sur Elia Kazan et Joseph Losey) peuvent par extrapolation poser de manière plus large des questions de mise en scène et de dramaturgie. Ne sont relevés ici que les livres parus en français qui ont pour ambition d'aborder la mise en scène dans ses différents éléments constitutifs.

Je mentionne également les livres d'économie du cinéma qui alimentent la réflexion de la seconde partie du *Manifeste du cinéaste*, sur l'évolution du 7e art, à l'aune du débat sur l'exception culturelle et des questions posées par les nouveaux médias, pour la création et la diffusion audiovisuelles.

Livres sur la mise en scène cinématographique

Alexandre Astruc, *Du stylo à la caméra... et de la caméra au stylo. Écrits (1942-1984)*, Paris, L'Archipel, 1992.
Comme le titre de ce recueil d'articles l'indique, Alexandre Astruc doit être autant considéré comme écrivain que comme cinéaste. Inspirateur de la Nouvelle Vague, il inventa l'expression « caméra stylo » et fut le premier à considérer le film comme un théorème.

Jacques Aumont, *Les Théories des cinéastes*, Paris, Éditions Nathan, coll. « Cinéma », 2002.
Approche passionnante des liens qui existent entre pratique et théorie du cinéma. Jacques Aumont montre combien certains cinéastes ont une « pensée du cinéma » qui peut donner lieu à des textes théoriques de grande teneur.

Jacques Aumont, *Le Cinéma et la mise en scène*, Paris, Éditions Armand Colin, coll. « Cinéma », 2006.
L'ouvrage tente de cerner les enjeux et les spécificités de la mise en scène cinématographique. Le point le plus intéressant concerne la critique analytique de la mise en scène... ou comment mettre en œuvre des outils scientifiques pour permettre une théorie de la mise en scène, qui puisse fonctionner de manière empirique.

Daniel Banda et José Moure (textes choisis et présentés par), *Le Cinéma : l'art d'une civilisation, 1920-1960*, Paris, Flammarion, coll. « Champs arts », 2011.
En réunissant les textes de cinéastes (Eisenstein, Griffith, Pagnol, Rossellini, Truffaut...), se dégage toute une série de notions de mise en scène. Du « point de vue documenté » de Jean Vigo et de ce qu'est le cinéma documentaire aux réflexions sur le montage, en passant par les rapports entre peinture et cinéma et par des questions de dramaturgie. Et si le cinéma était bien l'art du XXe siècle, par excellence ?

Alain Bergala, *L'Hypothèse cinéma*, Paris, Éditions Cahiers du Cinéma, 2002.
Alors qu'il ne s'agit pas d'un livre sur la mise en scène, mais sur l'enseignement du cinéma, Alain Bergala définit sans doute mieux que quiconque le processus de création cinématographique. Les passages sur le cinéma comme art me paraissent essentiels. « Un cinéaste digne de ce nom n'est pas un cinéaste qui fait son film principalement pour dire ce qu'il a à dire sur tel sujet, même si le sujet est crucial. Le véritable cinéaste est "travaillé" par une question, que son film à son tour travaille » (p. 32).

Jean-Claude Biette, *Qu'est-ce qu'un cinéaste ?*, Paris, P.O.L.-Trafic, 2000.

Recueil d'articles, parus dans la revue *Trafic* que Jean-Claude Biette avait fondée, avec Serge Daney. L'article qui donne le titre au livre – « Qu'est-ce qu'un cinéaste ? » – évoque différentes clés pour comprendre l'acte de mise en scène cinématographique. Il s'agit pour Biette autant d'une question de relation au monde qu'au cinéma. La position démiurgique du cinéaste et le curieux processus de décantation du film sont ici analysés avec acuité.

N. T. Binh, Catherine Rihoit et Frédéric Sojcher (dirigé par), *L'Art du scénario*, Paris, Klincksieck-Archimbaud, coll. « Essai caméra », à paraître 2012.

Livre d'entretiens sur le scénario perçu du point de vue des cinéastes, acteurs, agent, producteurs, documentaristes, monteur. Jean-Pierre Bacri, Claire Blondin, Valéria Bruni-Tedeschi, Laurent Cantet, Robin Campillo, Emmanuel Carrère, Agnès Jaoui, Serge Lalou, Vincent Lindon, Noémie Lvovsky, Stan Neumann, Nicolas Philibert et Carole Scotta exposent leur « rapport » au scénario… et on s'aperçoit que les questions de récit et de production et d'interprétation posent aussi des enjeux de mise en scène.

David Bordwell et Kristin Thompson, *Film Art : An Introduction* (1979), trad. par Cyril Beghin, *L'Art du film, une introduction*, Bruxelles, Éditions De Boeck Université, 2000.

L'ouvrage universitaire, par excellence. Une approche pluridisciplinaire (entre histoire, économie, esthétique et analyse de films), richement illustrée. Glossaire, avec les principaux termes techniques et concepts utilisés. Les auteurs parviennent à relier théorie et pratique du cinéma, ce qui les entraîne naturellement à poser des questions de mise en scène.

Robert Bresson, *Notes sur le cinématographe*, Paris, Gallimard, 1975.

Robert Bresson donne une série d'adages et de réflexions sur son cinéma, qui renvoient autant à des questions artistiques qu'éthiques. C'est ainsi qu'il conceptualise une approche du cinéma qui dépasse très largement sa seule filmographie. On prend d'autant plus de plaisir à lire Bresson qu'il y a quelque chose de pascalien dans ses écrits : une grande simplicité de style au service d'une pensée complexe.

Jean-Claude Carrière, *Le film qu'on ne voit pas*, Paris, Plon, 1996.

Étonnant essai sur ce qui définit le cinéma. Jean-Claude Carrière interroge autant la narration filmique que notre place de spectateur. Et par ces deux « détours », parvient à nous faire comprendre les liens entre scénario et mise en scène.

Claude Chabrol, avec la collaboration de François Guérif, *Comment faire un film*, Paris, Manuels Payot, 2003.

Dans un ouvrage peu volumineux, Claude Chabrol réussit à décrire les différentes étapes de la conception d'un film, mais aussi les différents rapports qui peuvent exister au sein de l'équipe. Il fait œuvre de pédagogie, puisqu'il ne parle pas de lui en tant que cinéaste, mais plus généralement des paris de la mise en scène.

Dominique Chateau, *Cinéma et philosophie*, Paris, Nathan, coll. « Cinéma », 2003.

Il ne s'agit pas d'un ouvrage sur la mise en scène cinématographique. Pourtant, en posant le cinéma comme un « objet d'expérience philosophique », Dominique Chateau place le cinéaste comme un dialecticien du réel et de la fiction…

Dominique Chateau, *Philosophie d'un art moderne : le cinéma*, Paris, L'Harmattan, coll. « Champs visuels », 2009.

En questionnant l'art moderne, Dominique Chateau interroge le cinéma comme un mode de pensée spécifique, susceptible d'enrichir la pensée philosophique. Et si la philosophie pouvait à son tour éclairer les questions de mise en scène ?

Jean Cocteau, *La Belle et la Bête*, Monaco, Éditions du Rocher, 1958. Nouvelle édition, avec une préface de Serge Toubiana, Monaco, Éditions du Rocher, 2003.

Jean Cocteau est un véritable « écrivain du cinéma » : ses livres, comme *Du cinématographe*, méritent d'être redécouverts. Mais son ouvrage qui cerne sans doute le mieux les questions de mise en scène reste son journal de bord du tournage de *La Belle et la Bête*, qui nous apprend notamment les tensions que le cinéaste eut à l'époque avec son directeur de la photographie, Henri Alekan. Au-delà d'une expérience personnelle, Cocteau arrive à démontrer combien faire face à l'adversité relève de l'acte créateur.

Jean-Louis Comolli, *Voir et pouvoir. L'innocence perdue : cinéma, télévision, fiction, documentaire*, Lagrasse, Éditions Verdier, 2004.

Recueil d'articles, de chroniques, d'interventions de Jean-Louis Comolli, cinéaste, mais aussi critique, théoricien et enseignant du cinéma. Ses réflexions sur le documentaire et la place du spectateur sont passionnantes, car elles interrogent autant la mise en scène cinématographique qu'une manière d'être et de vivre ensemble.

Antoine de Baecque (édition établie par), *Les Leçons de cinéma*, préface de Gilles Jacob, Paris, Éditions Festival de Cannes-Panama, 2007.

Depuis 1991, le Festival de Cannes convie de grands cinéastes internationaux à donner une « leçon de cinéma », en faisant part de leurs expériences, de leurs « désirs de cinéma », de leurs choix de mise en scène. La plupart du temps animée par Michel

Ciment, ces rencontres entre un cinéaste et les festivaliers permettent, sur le ton de la complicité et de la confidence, de percer
(en partie) les mystères de la création cinématographique.

Eugène Green, *Poétique du cinématographe*, Arles, Actes Sud, 2009.
Notes et pensées sur ses réalisations, comme dans le livre de
Bresson (*Notes sur le cinématographe*). Un titre proche de celui
du livre de Raoul Ruiz (*Poétique du cinéma*). Le livre se présente comme « un précis, mi-manifeste, mi-mode d'emploi ».
L'auteur fait de nombreuses références littéraires et philosophiques pour tenter de cerner l'ontologie de sa passion.

Laurent Heynemann, *Un tournage en Afrique*, Paris, Presses de la
Renaissance, coll. « Les Essais », 1993.
Plutôt que d'établir un carnet de bord fidèle aux événements
s'étant déroulés sur un film, Laurent Heynemann réunit plusieurs histoires vécues ou entendues. Il ne s'agit pourtant pas
d'un livre de fiction, le cinéaste parvenant à nous communiquer
les enjeux d'un tournage et les liens parfois tendus qui se tissent, de la préparation aux prises de vues d'un film. Document
remarquable, pour comprendre l'autorité, la solitude et la responsabilité du cinéaste.

Gilles Jacob, *La vie passera comme un rêve*, Paris, Robert Laffont,
2009.
Gilles Jacob est associé au Festival de Cannes qu'il préside,
depuis 1977. Parce que le Festival de Cannes est le plus grand
festival du monde (le seul à pouvoir réunir les plus grosses productions hollywoodiennes et les films indépendants les plus
innovateurs) et parce que Gilles Jacob a un talent littéraire
indéniable, ses souvenirs dépassent le cadre autobiographique.
À Cannes, cinéastes, stars et producteurs font perdurer la
légende du cinéma. Jacob évoque autant le bûcher des vanités
que les parcours artistiques des personnalités qu'il rencontre.
La vie et le cinéma se rejoignent, dans un songe.

Jerry Lewis, *The Total Film Maker* (1971), trad. par A. Nordmehr,
Quand je fais du cinéma, Paris, Buchet-Chastel, 1972.
Rares sont les cinéastes qui parviennent à la fois à parler d'eux-
mêmes, tout en transcendant leurs parcours. Les questions abordées dans le livre sur les rapports entre production et mise en
scène, sur la direction d'acteur, sur le combat à mener pour la
diffusion des films… dépassent de très loin Jerry Lewis, qui fait
preuve ici d'un vrai talent de pédagogue.

Joël Magny, *Le Point de vue. De la vision du cinéaste au regard du
spectateur*, Paris, Éditions Cahiers du Cinéma, coll. « Les petits
Cahiers », 2001.
À partir de la question du *point de vue*, Joël Magny tente non
seulement une définition de la mise en scène, mais démontre
aussi les liens entre dramaturgie et histoire du cinéma.

Jacques Mandelbaum, *Anatomie d'un film*, Paris, Grasset, 2009.

Le critique de cinéma au journal *Le Monde* suit toutes les étapes de création et de production du film d'Arnaud des Pallières, *Parc* : du scénario, en passant par le financement, le casting, le choix de l'équipe, le tournage et la sélection aux festivals, enjeu essentiel pour un film d'auteur. Le réalisateur et le producteur du film, Serge Lalou, ont accepté de montrer l'envers du décor, y compris en dévoilant leurs faiblesses. Le livre éclaire, au-delà d'un cas précis, comment se font des choix de mise en scène et il expose les difficultés pour un film d'auteur à trouver sa voie.

José Moure, Gaël Pasquier, Claude Schopp, *L'Atelier du cinéaste. De la Nouvelle Vague à nos jours*, Paris, Éditions Klincksieck-Archimbaud, coll. « Essai caméra », à paraître, 2012.

Livre d'entretiens avec des cinéastes choisis autour de deux critères : leur ancrage dans le cinéma français, leur manière de se démarquer des standards de la production industrielle. Les cinéastes interrogés ont tous réalisé au moins un long métrage. Portrait de groupe prégnant sur ces chemins de traverse. Alain Cavalier, Joseph Morder, Jacques Rozier, Jean-Michel Straub et Paul Vecchiali… ou des cinéastes de la nouvelle génération, comme Jérôme Bonnell, Philippe Gandrieux et Vincent Dieutre… dressent un état des lieux *en creux* du cinéma français, avec la mise en scène au cœur de la création.

Michel Mourlet, *La Mise en scène comme langage*, Paris, Éditions Henri Veyrier, 1987.

Recueil d'articles de Michel Mourlet, ancien rédacteur en chef de *Présence du cinéma*, l'ouvrage est intéressant à plus d'un titre. Il permet de mieux décrypter la « politique des auteurs », poussée à sa quintessence, la mise en scène cinématographique devenant un « art absolu », dont seuls certains élus (cinéastes comme spectateurs) sont dignes. Pour Mourlet, cela va de pair avec une dérive droitière.

Pan Nalin, *Notes sur le « Zenematographe »*, livret accompagnant l'édition DVD « collector » du film *Samsara*, Éditions TF1 vidéo, 2002.

Le réalisateur du film *Samsara* livre 45 adages ou aphorismes sur ce qu'est « être cinéaste », en lien avec une pensée bouddhique. Beaucoup moins connu que les *Notes sur le cinématographe* de Bresson, le livret devrait être lu par tous les exégètes de la mise en scène.

René Prédal, *Esthétique de la mise en scène*, Condé-sur-Noireau, Éditions Cerf-Corlet, 2007.

Ouvrage universitaire et didactique sur la mise en scène comme art du récit. Questionnement sur le réalisme cinématographique, sur le découpage technique, sur le montage. Perspective historique. Nombreux exemples de cinéastes et de films.

Philippe Rouyer, *Initiation au cinéma*, Paris, Edilig, coll.
« Médiathèque », 1990.

Destiné aux étudiants en cinéma, sans doute le meilleur ouvrage
d'introduction sur le découpage technique et les différents
outils à disposition d'un metteur en scène.

Raoul Ruiz, *Poétique du cinéma*, Paris, Dis voir, 1995.

Traduction d'une série de conférences données par le cinéaste
en Amérique latine, en Italie et aux États-Unis, la *Poétique du
cinéma* propose une autre manière d'aborder la genèse d'un
film… très loin des conseils habituellement prodigués dans les
livres sur le scénario. Pour Raoul Ruiz, le cinéma reste avant
tout un art de la mise en scène.

Raoul Ruiz, *Poétique du cinéma 2*, Paris, Dis voir, 2006.

Onze ans séparent le premier et le deuxième volume de la
« poétique » du cinéaste Raoul Ruiz. Écrits sous forme de pensées énigmatiques, ces témoignages et réflexions n'auraient pas
été reniés par Borges, tant ils sont empreints de vérités et de
mystères. En voici un extrait. « De la lumière, de la lumière,
disait Goethe. Moins de lumière, moins de lumière, répétait
Orson Welles sur un plateau de cinéma, la seule fois où je l'ai
vu. »

Frédéric Sojcher, *Main basse sur le film*, préface de Bertrand
Tavernier, Biarritz, Éditions Séguier, 2002.

À travers l'expérience de mon premier long métrage, un « cas
d'école » sur les enjeux de la mise en scène et les rapports de
force qui peuvent exister au sein d'une équipe. J'ai écrit ce livre,
car les événements qui y sont relatés dépassent ma personne et
peuvent intéresser les apprentis cinéastes.

Frédéric Sojcher (coordonné par), *La Direction d'acteur*, Paris,
Klincksieck-Archimbaud, coll. « Ciné débat », 2011 (Première
édition : Monaco, Éditions du Rocher, coll. « Caméra subjective », 2008).

La direction d'acteur est au cœur de la mise en scène. Mais
quelles sont les spécificités des rapports entre cinéastes et
acteurs ? Quelles différences avec le théâtre ? Olivier Assayas,
Youssef Chahine, Patrice Chéreau, Michel Deville, Karim Dridi,
Bruno Dumont, Claude Lelouch… apportent des éléments de
réponses, à partir de leurs propres expériences.

Andrei Tarkovski, *Le Temps scellé*, Paris, Petite bibliothèque des
Cahiers du cinéma, 2004. Première édition : Cahiers du cinéma,
1989.

S'il fallait retenir un livre sur la mise en scène cinématographique, peut-être serait-ce celui-là. Le cinéaste évoque son
propre parcours et les questions de scénario, de réalisation, de
direction d'acteur, de montage qui se sont posées à lui… mais
ses réflexions dépassent son itinéraire car Tarkovski a le souci

de comprendre et de transmettre les spécificités de l'art cinématographique.

Bertrand Tavernier, *Amis américains. Entretiens avec les grands
auteurs d'Hollywood*, Arles, Institut Lumière/Actes Sud, 2008
(première édition : 2003).

Reprenant l'idée de Truffaut (être réalisateur soi-même et
interroger un cinéaste qu'on admire, comme il l'avait fait avec
Hitchcock), Tavernier part à la rencontre, non pas d'un, mais
de *tous* les cinéastes américains (vivants) qui le font rêver. Il
entreprend avec eux un dialogue. Portrait en creux du cinéma
américain. Entreprise cinéphile, passionnante et passionnée.
Véritable somme (près de 1 000 pages). Gai savoir cinématographique, avec les cinéastes comme héros romanesques de la
vraie vie : l'imaginaire qu'ils portent à l'écran.

Bertrand Tavernier, *Pas à pas dans la brume électrique*, Paris,
Flammarion, 2009.

Le récit du film de Tavernier, *Dans la brume électrique*, permet
de mieux connaître le cinéaste, son rapport avec Tommy Lee
Jones, avec son équipe et sa compagne (photographe de plateau, mais surtout complice de création), les différences entre
tourner un film en France et aux États-Unis (l'action se déroule
en Louisiane), comment le montage diffère pour la version
française (Tavernier y préserve le « *final cut* ») et la version
américaine. Un cas d'étude concret sur les rapports entre création et production.

Laurent Tirard, *Leçons de cinéma*, Paris, Éditions du Nouveau
Monde, 2004.

Laurent Tirard, journaliste à *Studio Magazine*, interroge Woody
Allen, Pedro Almodovar, Jean-Luc Godard, David Lynch,
Martin Scorsese… Laurent Tirard est depuis lors devenu lui-
même cinéaste, et il y a fort à parier qu'il était le premier desti-
nataire de ses « leçons de cinéma ».

Laurent Tirard, *Leçons de cinéma 2*, Paris, Éditions du Nouveau
Monde, 2006.

Sur le même principe que le premier volume, série d'entretiens
entre Laurent Tirard et les plus grands noms du cinéma mondial, autour des questions de mise en scène.

Mark Travis, *La Mise en scène*, Paris, Éditions Dixit-ESRA, 2005
(traduit de l'anglais par Brigitte Gauthier, première édition aux
États-Unis sous le titre : *Directing Feature Films*).

Même si certains éléments de l'ouvrage sont intéressants
(quand Mark Travis aborde les liens qui peuvent s'établir entre
un cinéaste et son scénariste, par exemple), les propos sont
généralement réducteurs ou caricaturaux. Vouloir donner une
approche normative à la mise en scène cinématographique est
le principal écueil du livre.

François Truffaut, *Hitchcock/Truffaut*, édition définitive, Paris, Ramsay, 1983 (première édition : 1966).

Le livre de référence. Truffaut, le premier, comprend comment, en interrogeant un cinéaste sur son parcours, toutes les questions de mise en scène peuvent être abordées (narration, découpage, production, direction d'acteur…). Truffaut décortique les réalisation du « maître du suspens », voit avec lui comment il procède.

François Truffaut, scénario de *La Nuit américaine*, suivi du journal de bord de *Fahrenheit 451*, Petite bibliothèque des Cahiers du Cinéma, 2000 (première édition : Seghers, 1974).

Lire le scénario de *La Nuit américaine* peut intéresser les cinéphiles. Mais c'est surtout le carnet de bord tenu par François Truffaut sur *Fahrenheit 451* qui nous révèle l'envers du décor : car le cinéaste se dévoile dans ses rapports avec son équipe et ses acteurs, de manière beaucoup moins idyllique et sans complaisance que dans la *Nuit américaine*.

Franz Weyergans, *Mais oui, vous comprenez le cinéma*, Bruxelles, Éditions du Jour, 1963.

Père de François Weyergans et écrivain lui aussi, Franz Weyergans a comme point commun avec son fils (qui avant de recevoir le Prix Goncourt avait été critique aux *Cahiers du cinéma* et cinéaste) d'être passionné par les questions de mise en scène. *Mais oui, vous comprenez le cinéma* s'inscrit dans la lignée de la « politique des auteurs ». Franz Weyergans tente de cerner ce qui fait qu'un cinéaste développe un style cinématographique qui lui soit propre.

Livres sur l'économie de la réalisation et la place des spectateurs

Joël Augros, *L'Argent d'Hollywood*, Paris, L'Harmattan, coll. « Champs visuels », 1996.

Le livre le plus complet, le plus accessible et le plus intéressant à lire, publié en français, sur l'industrie hollywoodienne, ses forces et ses travers (avec celui d'Henri Mercillon, *Cinéma et monopoles*, Armand Colin, 1953).

Jean-Claude Batz, *L'Audiovisuel européen : un enjeu de civilisation*, Biarritz, Éditions Séguier, coll. « Carré Ciné », 2005.

En posant le débat de la diversité culturelle sous le mode d'un enjeu de civilisation, Jean-Claude Batz démontre avec brio combien la défense d'une diversité cinématographique n'a rien d'un repli corporatiste. C'est au contraire l'avenir de la démocratie qui prend corps à travers le cinéma et l'audiovisuel.

N. T. Binh, François Margolin et Frédéric Sojcher (dirigé par), *Cinéaste et producteur : un duo infernal?*, Paris, Klincksieck-Archimbaud, coll. « Essai caméra », 2010.
  Livre d'entretiens sur les liens entre réalisation et production. Jean-Jacques Beineix, Lucas Belvaux, Robert Guédiguian, Benoit Jacquot, Patrice Leconte, Patrick Sobelman, Bertrand Tavernier racontent.

Club des 13, *Le milieu n'est plus un pont, mais une faille*, Paris, Éditions Stock, 2008.
  État des lieux du cinéma français, prenant en compte les enjeux qui se posent en matière de scénario, de réalisation, de production et de diffusion des films. Le Club des 13 (constitués des cinéastes Jacques Audiard, Pascale Ferran et Claude Miller, mais aussi d'une scénariste, de producteurs, de distributeurs, d'exploitants) fait une série de propositions pour redonner au cinéma d'auteur l'élan qu'il mérite. Toute la difficulté est de pouvoir mener une réflexion d'intérêt général en arrivant à s'abstraire de ses propres expériences, de ses intérêts particuliers.

Laurent Creton (dirigé par), *Le Cinéma et l'argent*, Paris, Éditions Nathan, coll. « Cinéma », 1999.
  Laurent Creton est l'auteur de nombreux ouvrages sur l'économie du cinéma. Les rapports entre économie et choix de mise en scène sont intéressants à observer, un cinéaste n'étant jamais totalement indépendant du système cinématographique dans lequel il opère. Dans *Le Cinéma et l'argent*, des articles, comme celui de Luc Moullet, donnent des clés sur ces liens entre création et production cinématographique.

Régis Debray, *Vie et mort de l'image*, Paris, Éditions Gallimard, 1992.
  C'est seulement la dernière partie de l'essai de Régis Debray qui aborde la question cinématographique, puisque son propos vise à parcourir chronologiquement l'Histoire occidentale à l'aune de la « culture de l'image ». Ses réflexions sur « la vidéosphère » tendent à marquer une distinction entre l'art cinématographique et la communication audiovisuelle. Le « grand » cinéma ferait œuvre de sens, de singularité, de distinction. Le tout-visuel de la télévision nous entraînerait au contraire dans une logique de banalisation du monde, qui peut se révéler totalisante et dangereuse.

Jean-Michel Frodon, *La Projection nationale. Cinéma et nation*, Paris, Éditions Odile Jacob, coll. « Le champ médiologique », 1998.
  Jean-Michel Frodon présente le cinéaste comme un griot des temps contemporains, celui par qui se véhicule l'imaginaire d'une société, à un moment donné. À partir de ce constat, se

pose la question de l'hégémonie hollywoodienne sur le monde et de la place qui reste pour une diversité cinématographique. Frodon aborde autant des questions d'histoire du cinéma que les enjeux économiques et artistiques actuels.

Jean-Michel Frodon (dirigé par), *Le Cinéma sans la télévision. Le Banquet imaginaire 2*, Paris, Éditions Gallimard, coll. « L'exception-réfléchir le cinéma », 2004.

Le groupe de réflexion « L'Exception » créé sous l'égide de Jean-Michel Frodon se donne comme objectif d'explorer librement « un autre environnement économique et institutionnel pour le cinéma ». *Le Cinéma sans la télévision* reproduit une série de débats entre critiques, universitaires, cinéastes, producteurs… sur les rapports entre cinéma et télévision, sur les possibilités d'indépendance face aux nouvelles contraintes de financement télévisuel et face aux nouvelles formes de diffusion.

Jean-Michel Frodon, *Horizon cinéma*, Paris, Éditions Cahiers du cinéma, coll. « 21ème siècle », 2006.

Quelle place l'art cinématographique peut-il s'octroyer dans le nouveau rapport au monde instauré par la mondialisation, les nouveaux moyens de production et de diffusion (le numérique, Internet) ? En posant la question de l'avenir, Jean-Michel Frodon parvient également à définir la place spécifique du cinéma au XXe siècle.

Laurent Jullier, *L'Écran post-moderne. Un cinéma de l'allusion et du feu d'artifice*, Paris, Éditions L'Harmattan, coll. « Champs visuels », 1997.

Le cinéma post-moderne serait proche de l'univers publicitaire, qui recycle sans cesse des sources d'inspirations diverses, en déconnectant la forme du sens. Seule compte l'efficacité sonore et visuelle. Laurent Jullier analyse cette approche du cinéma, que l'on trouve aujourd'hui tant dans les *blockbusters* hollywoodiens qu'en France chez Luc Besson. Assiste-t-on à une mutation du cinéma, qui reviendrait à sa vocation première : une distraction foraine ?

Laurent Jullier, *Qu'est-ce qu'un bon film ?*, Paris, La Dispute, 2011. Première édition : 2001.

En posant cette question faussement candide, Laurent Jullier analyse les critères qui habituellement déterminent tout discours sur le cinéma : qu'il s'agisse d'une valorisation critique ou marchande. La *doxa* nous emprisonne dans une série d'*a priori*, dont la révélation ne peut que nous aider à mieux cerner les enjeux cinématographiques, dans toute leur polysémie.

Pascal Mérigeau, *Cinéma : Autopsie d'un meurtre*, Paris, Flammarion, coll. « Café Voltaire », 2007.

Essai au vitriol sur le cinéma français, qui démontre comment *le lieu commun* triomphe du « bon goût », dans une médiocratie dominée par l'audimat... ou comment la logique télévisuelle peut détruire les bases de la création du cinéma hexagonal.

Edgar Morin, *Le Cinéma ou l'homme imaginaire*, Paris, Les Éditions de Minuit, 1956.

Edgar Morin fut le premier à s'interroger sur le rapport de projection et d'identification du spectateur, face à une œuvre cinématographique. Comprendre ces mécanismes serait aussi une façon d'étudier le fonctionnement psychologique de l'homme, dans ses références culturelles et imaginaires, ce pourquoi Morin définit son livre comme un « essai d'anthropologie ».

Thomas Paris (dirigé par), *Quelle diversité face à Hollywood ?*, numéro spécial de *CinémAction*, Condé-sur-Noireau, co-édité par Arte, Corlet et Télérama, 2002.

Ouvrage collectif essayant de cerner les spécificités du modèle cinématographique américain, pour déterminer quelle alternative serait possible à la position hégémonique d'Hollywood, en Europe. Lire en particulier la préface de Jérôme Clément, qui éclaire avec pertinence les enjeux et les forces en présence.

Angel Quintina, *Virtuel ? À l'ère du numérique, le cinéma est toujours le plus réaliste des arts*, Paris, Éditions Cahiers du cinéma, coll. « 21ème siècle », 2008.

Enseignant et critique de cinéma en Espagne, Angel Quintina revisite la théorie d'André Bazin sur l'ontologie cinématographique, à l'heure du numérique. Il aborde aussi les nouvelles formes artistiques que le numérique peut apporter au cinéma.

Michel Reilhac, *Plaidoyer pour l'avenir du cinéma d'auteur*, entretiens avec Frédéric Sojcher, Paris, Klincksieck-Archimbaud, 2009.

Le cinéma d'auteur est confronté à des mutations profondes, engendrées par les évolutions technologiques vers le numérique, par son divorce avec le cinéma populaire, mais aussi par l'intégration fulgurante d'Internet dans le quotidien. Plutôt que d'ajouter un diagnostic de crise grave, Michel Reilhac choisit une posture résolument constructive : il dresse l'inventaire des atouts et avantages dont le cinéma d'auteur dispose aujourd'hui (envers et contre toutes les apparences du marché).

Serge Regourd, *L'Exception culturelle*, Paris, Presses universitaires de France, coll. « Que sais-je ? », 2003.

L'ouvrage de référence sur la question de l'« exception culturelle », pour laquelle les professionnels du cinéma, en France, ont fait bataille commune.

Olivier Schatzky et Catherine Rihoit, *La Société de la fin du spectacle*.

Dans une pensée proche de celle de Guy Debord (auquel le titre de l'ouvrage fait allusion), Oivier Schatzky, cinéaste, et Catherine Rihoit, écrivain, interrogent l'avenir du cinéma. Les questions de narration et du rapport entre films et spectateurs sont pour eux intrinsèquement liées. Le cinéma est ici perçu comme décryptage métaphorique de notre société de consommation.

Frédéric Sojcher (dirigé par), *Cinéma européen et identités culturelles*, Bruxelles, Éditions de l'Université de Bruxelles, 1996. Articles et entretiens autour de questions économiques et artistiques, visant à cerner les enjeux de la diversité culturelle. Thé Angelpoulos, Bernardo Bertolluci, André Delvaux, Bertrand Tavernier, Wim Wenders... donnent leur définition du cinéma européen.

REMERCIEMENTS

Plusieurs personnes ont permis à ce livre d'exister. Chantal Chawaf, Pierre-Guillaume de Roux, Patrick Mahé, Colette Manne, Vincent Wackenheim, aux éditions du Rocher. Dany de Ribas, Jackie Harend, Jean-Marc Loubet, Caroline Noirot aux éditions Klincksieck. Je tiens à les en remercier chaleureusement.

Des cinéastes et amis ont alimenté les réflexions présentes dans ce livre. Jean-Jacques Andrien, Alain Berliner, N. T. Binh, Emmanuel Bourdieu, Dan Cukier, Fabrice du Welz, Mizué Hayashi, Louis Héliot, Luc Jabon, Nicolas Klotz, Joachim Lafosse, Vincent Lannoo, Serge Le Peron, François Margolin, Alex Masson, Bruno Podalydès, Martin Provost, Serge Regourd, Catherine Rihoit, Jaco Van Dormael, Jean-Michel Vlaminckx. Je leur en suis reconnaissant.

J'ai été très sensible à l'attention portée par Alain Cavalier, Claude Chabrol, Matthias Chouquer, Antoine de Baecque, Claire Denis, Richard Olivier, Catherine Rihoit, Jean Rouch, Frédéric Taddéï, qui ont spontanément réagi en m'apportant leur soutien ou en me faisant part de leur intérêt, à la lecture du livre ou de son manuscrit.

Merci à mon père.

INDEX DES NOMS

INDEX DES FILMS CITÉS

TABLE DES MATIÈRES

Ce volume,
publié aux éditions Klincksieck
a été achevé d'imprimer en novembre 2011
sur les presses de la Nouvelle Imprimerie Laballery,
58500 Clamecy

N° d'éditeur : 00122
N° d'imprimeur : 110347
Dépôt légal : novembre 2011